每一次困境，都是療癒的開始

遇見內在
12 種人格原型，
重新找回生命主導權

天海——著

推薦序

向內探索，走在回家的路上！

王玥

我是誰？這個問題永遠是個大哉問。

古代哲學家早就提出「認識自己」是人生首要任務，但什麼是認識自己呢？「自己」指的是身體？還是心理狀態？是人生際遇、挫折故事，還是與他人關係的起伏？抑或是必須上溯原生家庭的影響？家族基因、業力結構？甚至是宇宙使命？自問「我來自哪個星系」？甚至，當面對內心那股想回家的衝動，以及生命種種難以言詮的跡象，哪一個才是認識自己的起點呢？難道一切都是幻想，只因自己業障太重？到底哪個才是真的呢？當大哉問出現，全宇宙都在幫忙找答案。

提到與天海的緣分，必須先從戲劇說起。戲劇是虛擬的人生，比現實還更精采、濃烈，可能因為短短一齣戲時間有限吧！學表演的我在搞懂劇中人物之前，一定要先搞懂自己，於是，星座變成了切入點之一，也因此與天海結識了。或許，都因為是戲劇人，對人生也都懷抱著同樣的探詢、同樣的疑惑，所以我們都在星象學中試圖理解自己是誰。

這本書和其他書哪裡不一樣？市面上這類書為數不少，天海在《每一次困境，都是療癒的開始》中，卻有獨一無二的切入點。如果讀一般十二星座的書，我只會關注自己的部分，因為熱切地想認識自己，其他的就顧不到了。除非，有其他目的，例如想了解不同的朋友或是想「把誰」之類的，這種時候才會去翻閱他們的星座。但這本書不僅如此，因為，一旦探索到自己內在的其他面向，就會吃驚地發現：原來我不只是「我」，事實上，我們內在還有很多個「其他的我」，平時隱藏起來，偶爾才出來嚇人或鬧場，有時則是喜歡自閉。讀到這裡才發現，隱藏於內在的人格是需要被認識與整合的，而自己內在也同樣隱藏著我所不知道的其他星座面向。看到這部分，我簡直心花怒放，因為終於明白：原來我們的內在、我們的生命如此寬闊開放。我不再是單調而狹隘的「我」，而是潛藏無限可能、無窮玄機的「我們」了。

此後，便是回家的路。

認識自己是走向內心之旅，了解自己更是深入世界的管道。因為，我們終究是要回家的。

謝謝天海，用她開闊的心靈展現新的視野。

祝福我們都上路。

前言

自我療癒的工具——占星與覺察

這是一本幫助大家學習自我療癒的書。更完整地說，我希望透過這本書，幫助大家找回自我療癒的能力。而自我療癒，要能透徹並直抵根本，最重要的基礎是對自己內在的覺察。

先從痛苦與療癒談起。

最初踏入身心靈這行，是從塔羅占卜師的身分開始。人們來找我占卜，當然是因為內心有不安、徬徨、痛苦，需要透過占卜來尋得安心的答案，或是得到一個方向，讓他知道他可以繼續往前走，而且前途一片美好。

但事情往往不能盡如人意。即使這次占卜的結果讓你滿意、心安了，也不能保證下一次你就能得到想要的答案。人生亦然，現在你感覺一切順利、輕鬆愉快，但很可能下一秒就遇到鳥事，立即陷入愁雲慘霧。

更多的時候，愁的都是同一種課題，苦的都是同一種執著。

許多來找我占卜、看星盤的客人，都有各自的煩惱，所煩惱的事也幾乎沒有變化。為感情而煩的，幾乎總在問戀愛問題，為工作煩惱的，也是每次都問工作困擾。就算每次所問的事情細節不一樣，核心問題也還是類似。經驗上來看，試著從事情層面解決問題，或許可以暫時改善狀況，但過不了多久，同樣的問題又會再出現。

為什麼？

因為人沒有變。因為**人的內心沒有變，想法沒有變，慣性沒有變，遇到的問題就不會改變**。

人改變不了的原因很多。其中一個很重要的原因，是因為內心有個很深的傷或痛，一直沒有被覺察與療癒。

因為恐懼與傷痛，靈魂得以成長

我看著許多客人，為了內心那個傷痛而不斷的尋求慰藉，越用力卻越受傷；又或者不敢用力、放棄努力，但遺憾萬千抱怨連連。怎麼做都不對，好茫然。

我開始明白，這樣的客人，已經不能單用塔羅占卜、簡單的星盤指引來幫助了。他們需要更深的療癒，需要對自己有更深的認識，才可能跳脫這種無明而痛苦的生命循環。於是我陸續學習了一些靈性療癒的工具，並讓塔羅與占星更大幅度的轉而運用在自我認識上（原本就已經有自我認識的部分了，只是此後方向更明確）。

用星盤來看個案的內在狀態，很能夠切中核心議題，如果加上個案自己夠敞開信任，也有改變的決心，往往能在諮詢過程中，對自己內在有深入的認識。也會明白外面情境與自身內在的關聯，開始為自己負責，做些內在的改變。我越來越覺得占星對人的幫助，可以很深遠。

然後，我發現一件有趣的事。

每一次諮詢，為不同的個案解讀他們的星盤，探討他們的人生，明明是不同人、不同事件，但怎麼講到後來，核心議題都很像？不外乎安全感、自我價值、自我認同等等。於是，我突然有個想法，既然大家都有類似的議題，為什麼不一起討論？為什麼不寫本書來分享，如何克服這類共同的課題呢？這樣，大家都可以為自己進行療癒了。

後來我也明白，這些大家都有的議題，其實是人類的集體無意識，人類普遍存有的模式。每個人都具有同樣的一些原型（人格），所以我們都攜帶了從原型而來的恐懼與課題，其實是為了讓靈魂藉此成長。

而星盤，可以明確指出一個人的原型如何運作，今生攜帶了哪幾個特別重要的課題，最深的恐懼何在，有哪些需要療癒的傷痛模式。

如果知道自己的星盤，就能知道療癒要從何處著手，自我療癒便不是件難事。但偏偏學習看懂星盤不是件容易的事，如果對占星沒興趣，恐怕難有毅力學成，想要自我療癒，卻沒心力與時間學習占星的人，該怎麼辦呢？

於是，我將龐大的占星系統加以濃縮、歸納成十二種人格的運作，呈現十二種類型的生命課題，讓大家透過十二種人格的言行與情緒，往內探索到自己的內在狀態、恐懼與傷痛。有困難、痛苦就表示生命有相關課題，而我們都可以感覺到困難與痛苦，接下來只需在困難與痛苦中更進一步覺察與剖析。和占星相較之下，「探索十二人格」同樣可以領悟今生的課題，同樣能夠找得到面對課題的做法、療癒傷痛的方法，卻可以省去學習占星的繁複過程。

然而，請必須理解：本書提供的十二人格內容，並不能取代正式而專業的占星諮詢。星盤所呈現的絕對是更精確、更具個人性的，單向的閱讀和雙向的諮詢，也各自具有獨一無二的效果。

不過，本書設計的覺察過程，能帶來改變的意願與向內探索的能力，對於個人內在成長與生命情境的轉換一定能有關鍵性的助益。

其實這個做法有點挑戰主流，因為一旦講到十二個人格或十二星座，很多人都會想立即知道「我是哪個人格星座」，馬上將算命、心理測驗的邏輯套用在這本書上。本書期望讀者能夠「明白自己有十二種人格，每一種人格都很重要、都需要覺察，更重要的是自己親身去發現與覺察」。該如何引導讀者聚焦於此，是需要下一點功夫的。

即使有點挑戰性，我還是選擇相信，有許多讀者會願意用全新的視角來看這本書。我相信，這本書一定會抵達有需要的人那裡，提供某種程度的幫助。

原型、占星與覺察：圓滿人生的工具

原型的概念，是心理學家榮格提出的。他認為，人類心靈的最深層為集體無意識，包含了「普遍存在的模式與力量」，可稱之為「原型」。（《榮格心靈地圖》p.113-114）每個人都有相同的原型，所以也就擁有相同的集體本性。不過，我們還是有各自的意識，在相同本性上選擇各自不同的道路，讓自己的個體性逐漸明確，走向個體化。

榮格的原型概念也早已經有不少心理學家、占星家採用研究，進一步提出原型對一個人的影響，以及占星中所蘊含的原型概念。

卡蘿．皮爾森博士（Carol S. Pearson, Ph.D.）在其著作《影響你生命的十二原型》提到：「每一種原型都代表一種人格，在不同的人生歷程中，它們不僅是我們的內在指引，也存在於我們的潛意識中。」他認為原型會因為創傷而更突顯，如果對這類原型有清楚認識，自由運用原型的「積極面」，而不受其「陰影面」所控制，就能夠減少情緒的困擾，改寫自己的人生。

美國著名的直覺診斷師凱若琳．密思博士（Caroline Myss, Ph.D.）也主張用象徵的原型觀點來看待事件，看見自己的內在運作。當我們能看出自己對事情的反應其實是原型的反應，我們就可以停止耗損不必要的能量，放下相關的負面信念與模式，反之，「每一種力量都能以特定的方式，幫助我們以更平衡、更有意識的方式生活。」（《點燃療癒之火》p.231-232）

身兼諮商心理師的占星學家史蒂芬．阿若優（Stephen Arroyo），著有多本心理占星著作，在

《占星、心理學與四元素：占星諮商的能量途徑》中，提到「黃道十二星座也被稱為能量場、原型模式、宇宙構成法則等等。……它們和榮格所說的原型十分類似，而榮格的原型也可以用來解釋星座能量模式的本質。」（p.103）。此外，他認為占星最重要的目的在於促進一個人對自身的深層覺知，占星師是要幫助個案洞察自己，占星學則是要幫人們提高覺察，以圓滿人生。

> 他（占星師）能貢獻的就是他的洞見、理解與支持；他可以藉由占星學釐清一些問題、提供一種秩序感與意義、幫助人提高意識的層次，以及讓對方看見目前情境中的終極價值。以這種方式來運用占星學，就能幫助個案更有效地面對他們的人生，發現他們在宇宙週期循環中的功課，並且幫助他們真正洞察自己，了解自己與外在世界的關係。本命盤並不是一個看一看就了事的僵固之物，它其實是一個可以幫助人發現自己、了悟自己的生命藍圖。占星學最大的目的不是要改變一個人的命運，而是要增長覺知來圓滿自己的人生。（《占星、業力與轉化》p.416-417）

以上這段引文影響我至深。我自學占星是從高中開始，但初次閱讀到這段文字，是在研究所時期。那時正在念戲劇學碩士班，已經從戲劇的角度開啟了對人性的探索與好奇，同時接觸到阿若優這個先進的占星概念，彷彿打開了內心某個通道，我心裡一股聲音非常明確地告訴自己：「這就是我要的占星學，這就是我想徹底明白的。」

那時起，我開始了解占星學與自我覺察的關係。我直覺地認為，我要用占星來覺察自己，而且「覺察自己」會是開拓生命可能性非常重要的關鍵。

因著這份渴望與信念，促使我去進修靈性或占星相關課程。我接觸到的也多為同樣重視自我覺察的老師。他們的共通點，都是非常重視根本，不花稍，不斷於內在下功夫。

近期在「光的課程」修習過程中，我發現課程中老師提到的概念，多半也是我從自身經驗、個案諮詢中已經悟得的道理與法則，儘管詮釋方式不同，核心概念還是一致的。我深感宇宙法則其實放諸四海皆然，只要我們保持覺知，遲早會從各自的生命經驗中明白同樣的道理。我在不斷進修、不斷回頭省視的過程中，一次又一次地領悟「覺察自己」的重要性。

生命從不吝於教導，端看我們是否開放自己接受，化為成長的養分。

從外到內，從控制他人到控制自己，從批判他人到覺察自己。這是我自己在這幾年靈性療癒之路上的轉變，或許還有不足，還有很多的進步空間，但我想就自己已經學會的部分，來提供需要的人一點幫助。

諮詢方向轉向自我覺察後，個案來來去去，其中有些長期找我諮詢的個案，也開始出現一些變化。原本緊抓一切的控制狂，開始可以隨性而為，信任老天的安排；對自己極度沒自信不敢追求夢想的，也開始踏出了第一步，越來越勇敢；那些向來忽略自身需要、總過度付出、能量耗竭的人，也開始關注自己的需求，滋養自己，發現更多「自找」的樂趣。當然還有很多很努力的個案，都進步成長了許多。

個案有所成長，我很開心，但也陷入了某種擔憂：如果個案一直依賴我的建議，一直透過我的諮詢才能知道該怎麼做、療癒內在的傷，該怎麼辦？只是偶爾來還好，我是指頻率很高的，例如每個月都找我的個案，他們真的找回力量了嗎？我是否反而無形中剝奪了他們的自決能力、自療能力？

如果可以，我希望來找我的人們能在一次次陪伴與療癒下，越來越找回自己，相信自己的自我療癒能力。

如果可以，我希望帶給人們的不是更多向外的依賴（包括對我的依賴），而是他們對自身力量的信心（當然，還是要懂得適時求助，在依賴與獨立之間找到平衡）。

畢竟，我們能給一個人的最大幫助，不是讓對方依賴自己，而是讓對方找回自己的力量，用自己的力量站起來。給人吃魚，不如給人一支釣竿，教他釣魚。

我希望這本書可以成為那支釣竿，成為大家獲取內在資源與力量的工具。

無論如何，謝謝你們。當你們接觸到本書，打開它，讀到這裡，新的可能性就已在醞釀了。

謝謝你們的信任與嘗試，甚至努力。讓我們一起成長。

目錄

第二章

第三章

你有哪些人格？——12人格探索

本書案例均經由當事者同意，更動姓名、地點、時間等資訊，重新改寫。如有雷同，純屬巧合。

第一章 ▶▶
認識十二人格覺察療法

自我覺察，是療癒的開始。

1 認識「人格」所帶來的療癒

為什麼要療癒？

我們許多痛苦與情緒，都是因為某種目的受到阻礙而產生的。例如，如果你的目的是在感情關係中得到對方的愛，但對方某些行為讓你覺得他並不愛你，這時，對方的行為就阻礙了你這個「想得到愛」的目的，你便因此覺得沮喪、痛苦，甚至憤怒。

這種情況下，你當然可以怪對方：為什麼不用你期待的方式來愛你，讓你達成目的？然而，這種怪罪通常只會讓對方更反感，更不要說用你要的方式來愛你了。你也可以要求對方改變，但再有心為你改變也終有限度，如果你內在對於愛的匱乏感始終未變，不論他對你付出多少，你也無法相信他是真的愛你。

這是因為，**你內在早有對愛的匱乏與得不到愛的恐懼，這份匱乏與恐懼不是他造成的，而是你本來就有的。**根源在你，你需要在自己身上下功夫，改變他只會徒勞無功。

外在的境遇，往往反映我們內在的匱乏與衝突。表面上是別人來阻礙我們，其實是我們內在早已存在著負面意識與匱乏之感，他人只是為我們反映出來而已。

內在價值感不足，外境便容易出現一些人來扮演「否定你」的角色。

內在對愛抱著匱乏感，不愛自己，外境便容易出現一些人來扮演「不愛你」、「無法滿足你」的角色。

內在認為自己容易失敗，外境便容易出現一些人來扮演「看衰你」，「認定你不可能成功」的角色。

外在境遇的人事物，都只是我們的鏡子，讓我們看清楚自己的內在。

也就是說，所有痛苦的根源都不是外來的，而是我們自己內在的意識與信念顯化成外境，重現你內在的痛苦。而這些內在意識與信念，常常來自生命早期尚未復原的創傷。

從生命早期開始，所有內在人格就伴隨我們成長，且帶有各自的目的，一旦在目的上受挫，需求得不到滿足，便會感到受傷而痛苦。我們帶著每一個人格的傷，害怕再度被傷害，因而戰戰兢兢，或用各種控制來預防傷害。

也因此在往後的人生中，繼續創造各種類似的情境，反映出歷年生命經驗的傷害，和隨之而來的負面信念。

所有痛苦的源頭，在於目的受阻帶來的傷害，所以，要療癒過往心裡的傷，必須了解當下的自己因為哪一個目的受挫而痛苦。也必須了解自己內在的每個人格，了解他們的目的與需要；明白他們為何痛苦、為何失衡；失衡時可能促使你產生什麼樣的想法與行動，用以覺知自己是否已經失衡。了解之後，找回平衡，放下對目的的過度執著。用最平衡的方式來發揮人格特質，你會更容易處在中心，不讓某一人格牽制你，要你非達成他的目的不可，更能減少因執著於目的而帶來的各種痛苦。

為什麼**認識內在人格可以帶來療癒**呢？

唯有覺察自己的每個人格，才能明白你每個行為的目的與挫折感來源，經由此刻的療癒，來療癒過往的傷痛。

你甚至不一定要追溯過去受了什麼傷，只要於當下提升自我覺察，明白自己哪些人格已經失衡，運用適合的療癒方式（本書會提供），就能重新為人格找回平衡，幫助釋放舊傷。

遇到傷害或痛苦時，永遠聚焦於自己的內在，不批判他人也不批判自己，只是覺知自己的人格遇到阻礙而痛苦。當你願意開始這麼做的時候，就等於為自己開闢了一條自我療癒的道路。

2什麼是「十二人格覺察」？

人格，指的是我們每一個人內在都具有的人格。基於多年來對占星學的認識與個案諮詢時的觀察，我發現每個人都有基本的十二個人格在運作，只是強弱程度、作用層面上的不同。一般而言，每個人比較強，也就是較常運用的人格集中在三到五個，但也有人比較分散，多至六到七個，或更為集中，僅有一到兩個較強的人格。

覺察，意味著我們抽離出來，清楚看見自己此刻的狀態，彷彿有個核心的自己永遠不受外界與情緒影響，儘管此刻再痛苦、再快樂，外界有再多的波動紛擾，這一個核心的自己總能處在中心的位置觀照著自己、自己內在的狀態。

十二人格覺察，便是覺察自己的十二種人格，在當下或事後的回顧中，看清自己處在什麼人格狀態，明白因為某個人格而來的意念、行動、挫折、情緒，造成什麼樣的動機促使著我們如此表達與選擇。當我們能清楚看見自己為什麼而行動、為什麼而痛苦時，就有機會重新選擇做法，以便改善困境、緩解情緒，並因接納而療癒自己。

3 每個人都有十二種人格

你是否發現，人都是矛盾而複雜的？既想自我獨立，又想與人建立關係、互相依賴；既想佔有，又想分享；既想冒險挑戰，又害怕突破成規。

不管是誰，無論再如何單純得像單細胞生物，人的內在總是有衝突矛盾、互相干擾的各種性格。

之所以會有這些矛盾，是因為每個人都不只是一種人格而已，而是由十二個人格構成的。不同人格的性格湊在一起，自然會產生矛盾。這十二種人格分別是：

- 戰士
- 製造者
- 信使
- 嬰兒／母親
- 孩童／英雄
- 完美主義者

- 女神
- 煉金術士
- 旅人
- 嚴師
- 改革家
- 拯救者

然而，每個人的人格各自強弱不同。有的人可能是戰士、完美主義者、女神人格較強，其他人格較弱；有的人可能是改革家、拯救者、信使、孩童／英雄人格較強，其他較弱。但請注意，較弱的人格不代表並不存在，只不過是這個人格在生活中表現較少，對個人影響較低。

此外，每種人格會在不同的生活面向上表現。例如，同樣是完美主義者人格，有的人會在感情中表現這個人格，顯得對關係和對象較為挑剔，不容易滿意；有的人則展現於工作時，總是覺得工作狀況不夠好，看到服務或技術上的瑕疵就渾身不對勁。當然，同一個人格也可能同時展現於兩個以上的生活面向，這種時候，這個人無論感情或工作都容易覺得不夠完美。

十二個人格雖然會引發矛盾，但每一個都很重要。每個人格各自有其目的，每種目的都能夠引領我們在生活上獲得所需，滿足各種物質、精神上的渴望，缺一不可。且人格之間帶來的矛盾雖然令人困擾，卻隱含著一份禮物：**平衡**。當我們其中一個人格過度極端之時，另一個矛盾的人格就會有制衡的作用，幫我們找回平衡。例如，有時戰士人格燃燒過度，只想衝鋒陷陣，一心達成目標，而忘了體諒周遭與兼顧關係，這時，女神人格在意他人看法的特質，就會讓戰士人格收斂一點，重新學習在意身邊的人，採取較兼顧關係和諧的做法。

為什麼有的人格強、有的人格弱？事實上，就靈魂的學習目的來說，各人格強弱不一的組成對今生是有幫助的。例如，如果你有較強的嚴師人格，對自己批判較多，雖然常感覺辛苦、憂鬱，但也許你會因此更努力精進，對於你今生成就事業其實有很大的助益，又或許，「如何建立事業」就是你的靈魂主要想學習的課題。那麼，該如何理解通透這些強弱設定呢？或許就有賴你的直覺智慧了。

因此，**你是你，也是十二種人格的綜合體**。這十二個人格，**是宇宙與你的靈魂共同的創造，也是你今生用來體會人生、創造與成長的禮物。**

4 人格 vs. 占星

「十二人格覺察療法」中，這十二種人格的模板，來自占星學中的**星座與行星**。

太陽星座（即平常聊天討論的星座，全名應為「太陽星座」）成為流行文化之後，雖拓展了大眾對於占星的接觸，但也僅止於表面的認識，讓大家誤以為占星不過如此。其實占星的廣度和深度，絕非太陽星座可以涵蓋之。

以下將解釋人格原型如何以占星為基礎延伸而出，以及為何每個人一定都會有十二個人格。但要充分了解會需要一點占星學的基本認識。如果看不懂是無妨的，並不妨礙運用「十二人格覺察療法」來進行療癒。

每個人依照自己的出生時間、地點排出來的星盤，皆含有「星座」、「行星」、「宮位」、「相位」等眾多元素。其中，黃道十二星座（人格）在星盤中圍成一圈，成為星盤的外圈，這表示我們都有十二個星座（人格）。內圈則是十二個宮位（生命領域），每一個宮位會連結到不同的星座，通常橫跨兩個星座，宮位與星座的結合，就是生命領域與人格的結合，也表示你會在哪個生命領域展現哪種人格。簡言之，假設象徵事業與公眾身分的第十宮坐落於和「孩童／英雄人格」對應的獅

範例

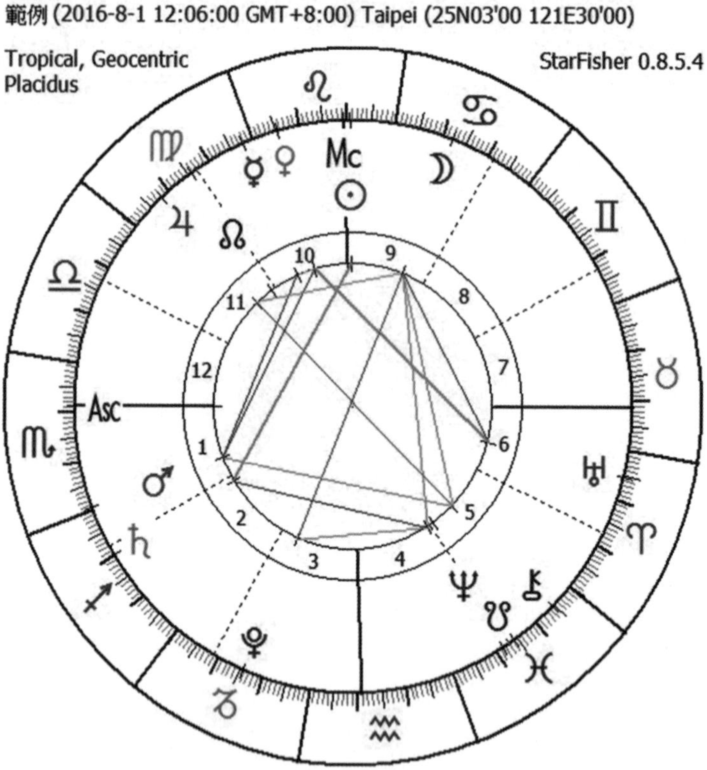

圖片來源：占星軟體StarFisher

子座，那麼就表示你容易在事業與公眾身分領域中展現孩童／英雄人格。*

換句話說，**沒有一個人格不在你的生命中，每一個人格都至少會出現在一個生命領域。**

至於行星和星座類似，由於行星守護星座，每顆行星的特質也能與它守護的星座互通。例如：水星守護雙子座，與雙子座屬同性質、金星守護天秤座，與天秤座同性質。行星分布在不同宮位，它們與星座互通的特質，也會對所在的宮位（生命領域）造成影響。因此，我以十二個星座為主，整合性質相通的行星與十二星座，歸納出十二個人格，深入這十二個人格的核心特質，並以最能切中核心的角色為之命名。至於這十二個人格分別展現於哪些生命領域，則有賴讀者的自我覺察，透過自己的觀察和經驗，探索自己在每個生命領域中出現了哪些人格？

將星座與行星簡化歸納成十二種人格，有助於我們探索到最核心、最原始的心理動機，以便掌握與認識；對於不懂占星學的人，也能夠省略學習占星這門龐雜知識系統的步驟，直接運用類似占星的覺察技巧，來進行療癒。

---

* 作者注：懂占星的讀者，可能會想到截奪宮位的問題。雖然宮位起始線坐落星座才是主管該宮位的星座，但宮位含括的星座也會對該宮位有影響，以圖片為例，二宮起始線坐落射手，二宮的範圍含射手、魔羯，案主在二宮的生命領域也會有魔羯性格的表現。因此，即使是有截奪宮位的人，也一樣有十二個星座（人格）。此問題論及進一步的占星學，若讀不懂的讀者不用在意，即使不理解這點也不妨礙人格覺察。

人格與星座／行星對照表

每個人都具有的十二人格

十二人格		對應占星學的星座、行星
1	戰士	牡羊、火星
2	製造者	金牛、金星
3	信使	雙子、水星
4	嬰兒／母親	巨蟹、月亮
5	孩童／英雄	獅子、太陽
6	完美主義者	處女、水星
7	女神	天秤、金星
8	煉金術士	天蠍、冥王星
9	旅人	射手、木星
10	嚴師	魔羯、土星
11	改革家	水瓶、天王星
12	拯救者	雙魚、海王星

上圖是人格與星座／行星對照表。請特別注意：不要只看太陽星座就直接認定你是哪一個人格。這十二個人格你都有，只是會表現於不同領域，且有強弱之分。

5自身／學員經驗分享

自身經驗 在我有意識地認識它、發現它後，生命有了進步……

我自己摸索占星的時間很長，可以說從小學就開始了。但當時懵懂未知、人云亦云，只了解太陽星座的皮毛，還未深入占星學。直到長大後多讀了一些占星書，才明白占星學真正的深意，原來，占星學不是用來算命，而可以是自我成長的工具。我開始運用它自我認識，將它作為覺察工具，檢討自己、學習自我改變與成長。

在透過占星（人格）覺察自己方面，我自己當然是有無數的經驗，在此和大家分享其中一個。

在我還不了解自己的時候，我很容易感覺到受傷。覺得為什麼別人要這麼粗魯地對待我，他難道不懂我的感覺？尤其當我其實是想釋放善意的，例如和對方親近一點，或幫助他變得更好，但不知為何，換來的卻是無情的對待？真是所謂的「真心換絕情」。

我時常陷入這樣的自憐、自悲，覺得自己好可憐，獨自一人默默流淚。

直到我發現，自己的星盤有顆很強的海王星，也就是「拯救者人格」。所以我才會渴望與人合一（透過與人親近或拯救對方），但又如此纖細敏感，很容易感覺受傷；不舒服時又不為自己找回力量，總期待透過外界得到救贖或快樂，期待別人的細心對待來感覺得救。拯救者人格容易有的受害者情結，在我身上展現得很徹底。

往後，每當產生自憐情緒時，我便開始反思，是否我對他人的對待期待過高？是否我把快樂建立在別人對待我的方式上？有時，我是不是也曾不恰當地對待他人，導致對方不愉快而反撲到我自己身上？

漸漸地，這類情況減少了，我也比較少感覺到受傷，或許他人與環境沒有太多改變，但因為我自己有了心境上的轉變，即使偶爾仍會失落，也會知道這並非誰的錯，沒有任何受害者，僅僅只因我這份期待讓我失落，如此而已。在這樣的思考轉變之下，我不再怨天尤人地想自己「為何受傷」，而是告訴自己：**我有智慧與力量，可以選擇為自己負責，凡事處理得更恰當**。而當我盡力檢討、反省改進，狀況就會跟著改善。即使沒改善，所有事情的發生一定有其道理，有宇宙安排的美意在其中，即使現在不明白，往後也終會領悟。

在我有意識地發現他、認識他之後，我的拯救者人格有了進步。我因為這份進步，找回了為自己快樂負責的能力，並更進一步發展出同理心、感同身受的能力，去體察他人敏感易受傷的心情，將拯救者人格的纖細敏感運用於體察他人心情。因此，在從事個案諮詢、靈性治療上有了最正面的幫助。

學員經驗 初次發現自己其實長期自我壓抑時，我非常非常驚訝……

接觸占星已有十數年，讀過古今中外不少名家的占星論著，然而，第一次接觸到「十二人格覺察療法」時，這種全新的手法卻深深震撼了我。

因為以往所讀的都只是「知識」，如果不加以使用，終究是身外之物，生命也很難藉此向前。在嘗試「十二人格覺察療法」之後，我才發覺自己的嬰兒／母親人格受到嚴師人格嚴重壓抑，我的嚴師人格失衡了，太過嚴苛對待自己，使得我長期忽視自己嬰兒／母親人格需要受到照顧呵護、情緒需要出口的需求，久而久之，這樣的現象已經嚴重影響我的人際關係。

在接受建議，試著平衡、療癒嚴師人格、嬰兒／母親人格之後，我開始了解自己一直將某些問題責任推到他人身上，我開始思考自己能為自己做些什麼，以便釋放受壓抑的嬰兒／母親人格。過了半年左右，我的身心壓力減輕許多，我和母親之間累積多年的問題也改善很多。我覺得自己比以前更有活力，無論是工作或生活，都更有動力，也更能享受每一天。

第二章 ▸▸
如何使用本書

我願意拿出自己的力量，為自己的生命負責，不再怪罪他人、怪罪環境嗎？
我願意誠實面對自己的每一個人格嗎？
我願意面對自己的傷痛，好好療癒它們嗎？

1 成為自己的療癒師，重拾生命主導權

本書的目的是讓大家了解自己的十二種人格，並運用在生活中進行觀察，看看自己在某種困境中，是哪個人格出現並失衡了，再針對這個人格做療癒。因此，只是了解其中一個人格是不夠的，需要全面的認識這十二種人格，才能充分運用「十二人格覺察療法」。

並且，這當然不是一般的算命書，也不是心理測驗或星座命理，請不用試圖去找自己「屬於」哪一種人格。我並不希望讀者簡單的歸類自己是哪一種人格，因為這不會是根本的療癒方法，只會讓你感覺暫時被同理而放鬆；內在的失衡並未改變，困擾仍會一再重複。

要徹底地改善困擾，只能從自己的內在療癒做起。

請把這本書當作一個療癒工具。善加運用這個工具，你就能成為自己的療癒師。更棒的是，你會因此找回自己的力量，為自己的生命負責，重拾生命的主導權。

2 認識十二種人格

在本書第三章中，我把十二個人格分成十二篇，方便讀者分別了解覺察，並運用適合該人格的療癒方法進行自我療癒。

每一篇人格介紹的架構是相同的，我安排了由淺至深的閱讀次第，好讓大家一步步認識、吸收。本篇針對每一個人格介紹的結構進行說明，讓讀者在閱讀十二人格時較為輕鬆易懂。

怎麼讀 ○○人格失衡易有的情緒與狀態

一開始，我們可以先認識每個人格失衡之後容易有的情緒困擾，這些困擾以情緒為主，有時也包含生理症狀，如嚴師人格的「肩膀痠痛」。接著會有情緒問題的起因說明，通常與該人格某種上癮、過度的行為或想法有關。

怎麼讀 ○○人格的人格目的與特色

在這一段中，我們可以認識人格的特質、性格，以及該人格最主要的心理動機與目的。所有人格的存在皆有其必要，能夠幫助我們生存，或利於我們學習成長，本段落我們將學到該人格的主要存在意義與正面助益。同時理解，人格在事業工作、感情、人際關係上能夠帶來的幫助。

此外，人格因為受傷或某種執著而走向失衡的話，也會對我們產生負面的影響，帶來情緒上的困擾。這裡會重點描述失衡後易有的情緒困擾。

怎麼讀 ○○人格的平衡與失衡表現

每個人格都會有以下對照表，列出更詳細的人格表現方式。平衡與失衡的表現是一體兩面，本來平衡的部分（左欄），若開始失衡，便會有失衡表現（右欄）。而同一列的平衡、失衡其實都是同一種核心特質，只是前者（左欄）的運用較適中，後者（右欄）已經走向極端，表現開始失衡。

平衡的表現	失衡的表現
適當、中庸地運用人格的核心特質，而有的行為表現。	過度、極端地運用人格的核心特質，而有的行為表現。

怎麼讀 你的〇〇人格程度多強？在哪個領域表現？

為了便於讓大家知道自己該人格是強是弱、有哪些失衡狀態，通常表現於哪個生命領域，我進一步列出人格失衡時比較具體的想法、行為，當你發現自己有這類想法行為時，就能明白是該人格在運作了。透過人格的認識，隨時覺察自己有什麼想法、行為，便能幫助我們明白自己的起心動念，有助於更深的覺察和療癒。

怎麼讀 失衡時，〇〇人格會有的想法／行為是？

這裡更進一步列出多項該人格失衡時的想法、行為，有助於檢視自己是否也常有這類想法、做法，若符合項目超過半數以上，代表你這個人格是較強的，也較容易失衡。換言之，這個人格就是你需要平衡與療癒的。

怎麼讀 〇〇人格較常表現在什麼領域？

人格會表現在不同的生命領域，也可能幾乎全部的生命領域都帶有這個人格。例如，同樣是女神人格很強的人，有人只在工作事業表現，感情上幾乎不受影響；有人則只表現於人際關係、感情中，事業工作上則看不到影子；也有人每個領域都看得見女神人格的表現。總之，透過本段列出的模式，可以較清楚地知道自己這個人格，是影響哪個領域比較多，或是所有領域都受其影響。

這裡列出的模式，幾乎都是失衡的狀態，這是為了讓大家直接捕捉該人格失衡的部分，以便進行後續的療癒。所以也有可能雖然符合項目很少，但該人格其實很強，只是並未失衡，所以不需要進行療癒。因此，**人格強弱並非人格覺察時主要的重點，更重要的是能否覺察到自己在生命領域中有哪些失衡的模式，才能予以療癒並找回平衡。**

所謂「生命領域」，並不侷限於工作事業、感情、人際關係，還可能包含家庭、溝通、社群團體等領域，只是礙於篇幅，為了讓讀者便於覺察，只列出困難最多、最顯而易見，因此最常成為主要生命道場的兩大領域：工作和關係。你也可以自行延伸到其他領域，探索還有哪些領域會出現這個人格。

「工作上易有的模式」包含身為員工、主管老闆或自己接案時，任何處理公事上的表現。以及以專業身分、服務者面對社會大眾的表現。「關係或感情上易有的模式」包含戀愛、較穩定的伴侶（有無結婚都算），或者一對一的合作關係，較重要的朋友，一般的人際關係處理等等。

怎麼讀 實例：〇〇人格運用失衡時所創造的困境

「運用失衡時所創造的困境」這部分，包括「最大心魔」和「困境與案例」。

「最大心魔」中，將透露每個人格最為恐懼、或最容易使其陷入困境的情結，可以說是致使該人格內心痛苦的終極大魔王。這裡指出該人格的主要恐懼或情結，並簡單敘述如何放下恐懼、解開情結。進一步的療癒法將放在「療癒方法」的段落中。

「困境與案例」中將舉出幾個該人格失衡後容易陷入的困境，並以實際案例分享來說明。實際案例的主角皆為天海曾經諮詢過的個案，或工作坊中帶領過的學員，經過他們同意而分享的。透過他們的生命故事，具體的呈現每個人格失衡後可能的遭遇，人格的失衡會如何創造出困難的生命劇情。

失衡不代表犯錯或不好，**我們的靈魂往往需要透過失衡的經驗，以便體會生命與成長，學習在失衡的狀態中認識自己，進而找回平衡。**案例中的許多主角也都在失衡的過程中更認識自己，並因而有了療癒與進步的施力點，走上自我成長之路。因此請不要因為發現自己失衡，而產生自責與愧疚感。失衡與平衡也是一種相對的狀態，是需要彼此才能存在的，也都需要視之為生命的全貌，予以接納。

怎麼讀 深入覺察〇〇人格——更透徹的自我觀察與分析

在大致認識該人格之後，接下來就可以深入地理解人格行為背後的心理了。我們習以為常的慣性行為、想法或感覺，背後其實都有某種恐懼或擔憂在推動，如果我們只看到表面的慣性模式，卻不知道這模式底下是什麼因素發揮了影響，會較難從根本療癒、改變。即使勉強逼自己行為上立刻改變，心裡的恐懼卻仍然存在，繼續在我們不知情、無意識的情形下影響著我們。過不了多久，失衡的慣性便會再次回來，繼續令我們痛苦、繼續讓我們抱著類似的想法行為、繼續驅使我們創造一再上演的劇情。

因此，除了看到這些失衡的慣性模式之外，還需要再透徹地理解其中的恐懼或創傷，在這個恐懼或創傷中下功夫，才有可能從根本療癒。最後，我們才能放下慣性模式、改變行為，恢復平衡。

怎麼讀 ○○人格的療癒方法

在徹底了解人格的恐懼、傷痛、失衡模式之後，我們就可以運用各種方法來療癒了。這裡列出三種方法，分別是「其他人格運用」、「信念」、「行動」，幫助我們放下舊模式，療癒該人格。

你可以三種都試試看，在嘗試後感覺一下對你而言較有效的，並持續運用較有效的方式。每一種療癒方式需要長時間的覺察與練習，一次又一次地清理釋放舊的想法與模式，因此請持之以恆，讓「相信自己可以改變」的信念幫助你進步。

首先是「**運用其他人格來療癒**」。每一個人格都有優點，以及可以正面運用的部分。某一人格失衡時，試著意識到另一個本質差異較大的人格，發揮另一個人格的優點，在想法或行動上調整成另一人格的狀態，會有助於失衡的人格恢復平衡。

例如容易有受害者情結（覺得一切都是他人、命運所害）的拯救者人格，在落入受害無力的感受時，可以運用能檢討反省（不希望自己做錯事害到他人而檢討自己）的完美主義者人格，就會能較理性地分析自己的行為，明白自己可能需要調整，以便改善情況，並且領悟到，能發揮影響力的不是僅有他人或命運，還有自己。

第二種療癒方法是「**幫助信念轉換的肯定語**」。人格失衡往往和內在的信念有關，當人格面對挫折、體驗過痛苦，就會容易深信自己就是會遇上類似的經驗，或認定自己就是怎麼樣的人，一旦深信，人格就會創造和該經驗相關的能量，吸引能夠創造這些經驗的人事物，顯化成真（這就是「信念創造實相」）。為了保護自己免受痛苦，該人格會走向極端做法（強求或退縮），也就越來越失衡。

既然「信念創造實相」，那麼，「轉換信念」就能夠幫助我們「重新創造實相」，讓我們重新看待自己與生命。關於自己是怎麼樣的人、容易遇見什麼樣的人事物、能夠有什麼發展，這些都是有無限可能的，關鍵在於我們的信念。

語言文字具有力量，如同咒語或經文，具有驅散負能量與修心修行的效果，各種堅定明確的肯定語也是如此。多唸正面的肯定語，能夠透過文字語言帶來新的能量、轉換想法信念，平衡人格的負面傾向，重新創造實相。

大聲唸出來的效果是最好的，若礙於場合不宜，心中反覆默唸，深深感受這些語句的力量，也會有一定的效果。

第三種療癒方法是「**以行動來療癒**」。

這一段針對每個人格，建議幾個可以用實際行動實踐的療癒方法，每個人格皆有不同。唯一相同的是都有「冥想」，但冥想的內容也是針對不同人格設計而各異。

行動的療癒法有時能立即見效，可能在行動的當下就會感到放鬆、心情平靜。如果能夠長期執行，對於根本的療癒會更有幫助。冥想更是需要長期進行，最好能天天做，或者至少一週五到六次。畢竟大部分負面能量情緒的清理、深層恐懼的轉化，都不是做一、兩次就能立即達成的。

在「以行動療癒」的「**冥想**」中，我針對每個人格設計不同脈輪的清理轉化方式，跟著步驟，就能漸漸療癒失衡的人格。簡單說明一下什麼是脈輪。

脈輪，是人體的能量中心點，主要有七個。這七個能量中心點，分別連結我們的七種生命本質，是該生命本質的動能。我們藉這些能量中心，來獲取該種生命動能，展開各個層面的生命歷程。生命本質如果失衡，會反映在對應的脈輪，脈輪可能阻塞或過度運作；相對地，如果我們直接從能量層面調整脈輪，也會有助於該生命本質恢復平衡。這就是為什麼脈輪冥想具有改善人格失衡的療癒效果。

各脈輪的所在位置和相關生命本質如下：

海底輪（坐骨底端中央）：物質的生存，帶來落實與穩定的能量。

臍輪（肚臍、下腹部）：創造與分享，帶來擴展與療癒的能量。容易累積情緒。

太陽神經叢（胃部、上腹部）：控制的力量，帶來自信與行動。易產生恐懼、衍生各種情緒。

心輪（胸口中央）：愛，帶來無條件的愛。

喉輪（喉嚨）：溝通表達，帶來心智的交流與理解。

眉心輪（兩眉之間，又稱第三眼）：判斷與觀察，帶來直覺與洞察。

頂輪（頭頂中央）：靈性意識，帶來較高層次的生命能、神性智慧。

怎麼讀 給○○人格的「愛的輕語」

針對每一個人格，我透過抽神諭牌卡來連結宇宙意識，給予該人格最需要的提醒訊息。請把這些訊息當成是宇宙的愛（它真的是），好好地接收，在每一次該人格出現的時候，重新閱讀、回想，作為提醒，也作為自己的心靈嚮導，引導你往最平衡的方向，找回平靜與力量。

3 以「十二人格覺察」進行自我療癒

本書基本使用方法

請視本書為一項療癒工具，以下介紹這個療癒工具的使用方法。

首先，**請從本書了解十二種人格，每一個人格都需要認識**。十二人格覺察療法首重的是「自我覺察」，簡單地說，得想像自己像個旁觀者一樣，觀察自己的心理狀態。但人的心理狀態百百種，有時又十分複雜，如果沒有運用適當的分類法來觀察，可能不易掌握。因此，在進行觀察前，請先一一了解這十二種人格，之後你會更知道如何歸類你觀察到的自我心理狀態，再進一步探索療癒。

再來，**請在生活中保持自我覺察，發現需要療癒的人格**。

特別是在困擾、挫折、情緒波動的時候，會是你最好的觀察時機點。這時候，無論你再生氣、再痛苦，都要保持一個觀察者的角度，觀察自己是因為哪個人格的目的受挫而感到痛苦。想像自己是觀眾，正在看舞台上的角色演戲，你或許會略受角色情緒牽引，但仍能維持客觀，抽離地看著角色又笑又哭。在觀察自己情緒的時候，一旦能保持這種角度，你就不會受人格控制，而是反過來「看清人格」，為人格進行療癒。剛開始可能有難度，如果當下真的做不到，也可在事後冷靜下來，觀察檢視。

自我覺察的困難在於：我們向來習慣在痛苦時把責任推給他人，因此會本能地怪罪對方害我們難受、指責對方難搞。這是人之常情，但對於療癒是沒有幫助的，只要內心舊傷仍然存在，類似狀況就會一再重現。若你打定主意想運用這個工具療癒自己，請先放下怪罪他人的習慣，無論發生什麼狀況，都把焦點放在自己內在，關注自己的哪個人格受挫，並專心地予以療癒。至於如何應對外在的人事物，除了批判與指責之外，你可以自由選擇。如果批判指責外在的人事物，表示你把「讓自己快樂的責任」放在別人身上，等於是將生命主導權交給對方，讓對方來主導你的情緒，是無益於自我療癒的。

最後，就是**根據本書所提供的療癒方法，為每次觀察到的人格進行自我療癒**。療癒方式很多，由於每個人感受不同，適合的方式也不同，請自行嘗試後，選擇其中最有共鳴的方法，然後持之以恆地療癒。

持之以恆非常重要。我們都知道身體的肌力是需要鍛鍊的，要長久地訓練它、使用它，才可能改變肌肉的狀態，變得強壯。心靈的力量也是如此。自我覺察的能力是可以透過經常使用而慢慢培養起來的，一旦培養起來，它就會是一個好用的工具，能幫助你保持清明、中立，不因人格失衡產生的情緒動搖，做好自我覺察的工作。療癒的能力也會在一次次運用之後漸漸增強，最後，舊傷在每次療癒中一層層地清理治癒，觀看自己和世界的感受將會全然不同。這一切都不會是一蹴可成，需要每天的練習與自我提醒，視之為一種生活習慣，持續實踐。

本書進階使用方法

❶ 一週探索一個人格

養成某種規律，對於任何學習都會有幫助。因此，你可以安排「一週探索一個人格」的進度，慢慢學習十二人格覺察。在當週，你只要專注覺察某一個人格，並為之進行療癒。你可以從第一個戰士人格開始依序安排每週探索，也可以按照自己的喜好任意安排順序。例如：第一週專注於完美主義人格，隨時意識到自己何時因完美主義人格而有情緒困擾，並進行適當的調整與療癒。第二週，專注在拯救者人格，覺察人格的出現並予之療癒。

❷ 翻書占卜法（已練習過基本覺察方法者才能使用）

如果你已經熟悉每個人格的性格與想法，也練習過自我覺察，接下來可以用翻書來接收需要被提醒的訊息。這方法並不是我最鼓勵大家使用的，因為少了自我覺察的步驟，就無法鍛鍊出更強的心靈力量。然而，有時我們真的會脆弱得很難以理智觀察自己，這種時候就很適合透過簡單的翻書占卜法，尋求幫助。依照「共時性原理」與「同頻相吸法則」，你所翻到的那一頁，通常就呼應著你當下展現的頻率或你當時的狀態，也可能正隱含著你所需要的療癒訊息。

尤其是當遇到特別痛苦的狀況，一時之間不知如何是好，也無法平靜下來觀察自己時，可以試著翻書占卜。隨機翻到的那頁，可能是你當下感到難受的原因，也可能是你需要的療癒方向。請仔細閱讀該頁文字，使之深入心中，用心感受你的人格是如何創造出這種痛苦，並採取該人格的療癒方法來進行療癒。

3 鎖定一種情緒，進行多種人格療癒

有時候某一種痛苦，可能來自一個以上的人格。因為十二個人格其實會牽連在一起運作，而每個人都可能有幾個人格牽連得特別緊密，難以分割。例如，當你在感情中害怕、擔心對方不愛你，於是不斷討好對方以免分手，常常感覺到「擔心害怕」的情緒，這種情緒背後的想法可能包含了「害怕被拋棄」、「擔心失去愛」，這時就同時牽連到「嬰兒／母親人格」（被拋棄）與「女神人格」（失去愛）兩種人格的恐懼。因此，這時你可以同時用這兩種人格的療癒方法為自己進行療癒。

仔細覺察自己在痛苦事件中的情緒與內在狀態，裡面的傷、恐懼或想法是否來自兩種以上的人格，並對每一個相關人格進行療癒，療癒效果將會更全面。

本書最後附有「情緒索引」（第375頁〜第379頁），可以從中尋找符合自己困境的情緒，翻閱相關的人格說明。

4 先從太陽星座、上升星座開始認識起

如果，你讀過前面所有使用方法，但你還是不太知道怎麼覺察，那麼，你可以先從你的太陽星座和上升星座去檢視。

「太陽星座」就是我們平常聊天時所講的「星座」，它精確的名稱其實是「太陽星座」（太陽所坐落的星座）。太陽是星盤中非常重要的行星，所以太陽星座對個人的影響力是較大的，該星座的特質往往較為顯而易見、較容易覺察。因此，不太懂得如何覺察的讀者，可以先從太陽星座所對應的人格來檢視自己、練習覺察（請看第30頁的人格與星座／行星對照表），待較熟練之後，再拓展到其他人格的覺察。

此外，「上升星座」對應的人格也可優先參考，因為他代表我們面對世界的主要面向，通常也較明顯。如果是懂占星的讀者，更可以進一步從個人星盤中能量較強的星座、行星著手，找到其對應人格，進行覺察。

一般來說太陽星座、上升星座所對應的人格較明顯，但也會有例外，畢竟星盤的元素非常多，可能削弱了太陽星座或上升星座的特質。如果以太陽星座的人格進行覺察，並沒有非常符合你的狀況，那就表示不適用此方法，還是需要回到自身情緒與行為上的覺察，來找到需要療癒的人格。

這個方法提供大家從星座的角度切入，能較簡便地看見自己的人格，但還是希望大家不要受太陽星座限制，仍需要去覺察所有人格，獲得的療癒與成長才會是全面的。

最後，請問問自己……

在本章的最後，請問自己以下幾個問題：

我願意拿出自己的力量，為自己的生命負責，不再怪罪他人、怪罪環境嗎？

我願意誠實面對自己的每一個人格嗎？

我願意面對自己的傷痛，好好療癒它們嗎？

我願意拿出誠心與毅力，持之以恆地自我療癒嗎？

我願意在療癒的過程中，柔軟地愛自己、接納寬容，並堅定地努力與實踐嗎？

我願意做到以上幾點，成為自己的療癒師，改變自己的生命嗎？

如果你能篤定自己的意願與決心，我們就開始探索這十二種重要的人格吧！

第三章 ▸▸
你有哪些人格？——12人格探索

無論是沮喪、憤怒，或悲傷，
十二種人格帶來的傷，也是十二份讓靈魂成長的美好禮物。

1 憤怒急躁的戰士人格

沒有目標與挑戰的人生，如同已死。

偏偏越是重視的目標或理想，似乎越容易半途殺出程咬金？
每一次感覺終於遇上對的人，卻總發現對方身邊還有競爭對手？
我無法忍受輸的感覺，非贏過別人不可！
當我積極地想達成目標，總是有人找我麻煩，故意針對我，甚至扯我後腿。
我常感到所有人都在阻擋我、攻擊我，生命充滿障礙和敵意。
我好憤怒，可是我不知所措……

戰士人格失衡易有的情緒與狀態

憤怒：目標受到阻礙而憤怒。

急躁無耐心：急於達成目標、急於行動，缺乏耐心難以等待。

敵對較勁：容易感覺受到挑戰，產生敵我意識，與之競爭。

攻擊傷人：受挫後反擊對方，是一種捍衛自我的防衛機制。

嫉妒：易與他人比較或競爭輸贏，要是不如他人便心生嫉妒。

暴躁：易突然生氣發飆，情緒不受控制。

戰士人格的人格目的與特色

戰士要在場上殺敵，消滅所有可能威脅自己生命的敵人。他必須目標明確、行動迅速，才能捍衛自己的生命。作戰是為了生存，也是為了勇氣與挑戰，為了自身的榮耀。

戰士人格就是一個需要捍衛自己生命、維持個體存在的人格。目的在於確立自我，並往往是經由不斷地行動、設定執行目標、開創新的挑戰，才能感覺到自己堅實地存在著。這個人格帶給我們行動的勇氣、積極的態度、領導力、達成目標的衝勁，此人格較強的人，常常是充滿行動力，極有效率，勇敢地面對冒險與挑戰，大無畏地展開各種行動。因為行動力強行事又有效率，不論在哪一行都很容易多產，一個計畫（目標）接著一個計畫（目標）持續啟動，要是搭配其他人格的毅力、耐力與品質要求，多半能有不錯的成績。

在事業、工作方面，戰士人格令我們目標明確，行動果決積極，幫助我們迅速達成目的，讓我們具備獨立作業、獨當一面、領導的能力。在感情或人際關係上，這個人格能幫助我們不過度依賴，即使在關係中也保有獨立自主的性格，甚至能促使另一半跟著學會獨立的課題。

如果戰士人格失衡，我們會過度急躁、無法等待，容易憤怒不快；生存的危機意識過強，易把他人當敵人、競爭挑戰者，時時敏感於受攻擊而主動挑起戰爭，先發制人。太直接尖銳的表達方式，或因敵我意識太強而發動的傷害或攻擊，都容易破壞人際關係，傷人也傷己。

戰士人格的平衡與失衡表現

平衡的表現	失衡的表現
主動積極。	衝動魯莽，欠缺考量。
目標導向，能專心一致地達成預設目標。	只重視目標與自己，忽略人際關係。
獨立自主。	只能獨自行事，不擅長與人合作。
果斷的決策力和領導力。	作決定時只想到自己，忽略相關人士的意願。
行動力強，動作迅速，行事效率高。	焦急難耐，草率行事。
易有新點子，擅長開創新事物。	事情開了個頭後不了了之，做事容易虎頭蛇尾。
勇敢直率，表達直接。	與人來往言行太直接而未顧及他人感受，引發人際衝突。
勇於冒險，喜歡自我挑戰。	總把他人當競爭者、敵人，與之較勁。
全心放在成功達成自己的目標，用目標確立自我。	總與他人競爭高下，在意輸贏，用得勝確立自我。
能平和地聲張自我，表達個人想法，捍衛一己權利。	對於自我受到攻擊、打壓非常敏感，容易因此憤怒地反擊他人。

你的戰士人格程度多強？在哪個領域表現？

你的戰士人格程度多強？

以下是戰士人格在失衡時容易有的想法或行為，請讀一讀，觀察以下句子與自己的狀況是否吻合，如果吻合的敘述越多，表示你的戰士人格程度越強，換句話說，也表示你越需要療癒戰士人格，以便協助這個人格平衡發展。人格程度的強弱亦可同時參考前頁表格「戰士人格的平衡與失衡表現」。

▼失衡時，戰士人格會有的想法是：

- 他很慢耶，是在拖什麼？
- 我才不要輸給他！
- 你以為老娘（老子）會輸給你嗎？來就來呀誰怕誰！
- 竟敢這樣對我？那我就不客氣了！
- 他現在是在跟我作對嗎？
- 他現在是在找我麻煩嗎？怎麼這麼難搞？（合作上容易不愉快）
- 這些人麻煩死了，慢吞吞的，我自己來比較快！

- 可以不要這麼黏人／依賴嗎？這樣我要怎麼做事？
- 他比較喜歡那個人還是我？我有贏過那個人嗎？

※如果以上九句中超過五句是你常有的想法，或是你慣用的口頭禪，代表你的戰士人格程度可能偏高，而且可能失衡了。

▼失衡時，戰士人格會有的行為是：

- 為了達成目標，忽略他人的需要與感受。
- 合作時，心裡只想著自己的目標，未注意合作夥伴的需求與意見。
- 合作時，容易覺得對方難搞、找麻煩。
- 當事情需要時間來進展時，無法等待焦慮難耐，只想趕快完成。
- 容易有新的想法，也很快付諸行動，但很快就不再持續最後不了了之。
- 經常覺得受到侵犯而憤怒，反擊回去。
- 與他人暗中較勁、競爭輸贏，一直拿自己與他人比較。

※如果以上七句中超過四句是你慣有的行為模式，代表你的戰士人格程度可能偏高，而且可能失衡了。

你的戰士人格較常表現在什麼領域？

請試著再進一步想想看，以上戰士人格常有的想法和行為，通常出現在什麼時候？除了你對自己的觀察之外，想知道你的戰士人格容易表現的領域，還可參考以下所述在關係中或工作中易有的表現。

▼失衡時，戰士人格在工作上易有的模式

- 一有事情或任務就想趕快完成。
- 討厭任何阻礙事情進度的人事物，覺得他們是來作對的。
- 需要明確目標與挑戰，無法忍受工作沒有挑戰性。
- 與意見不同的人爭執不休。
- 與同事、同行競爭，很在意誰的表現比較好。
- 合作時，覺得夥伴效率差，忍不住把他的部分拿來做。
- 因為作風太直接，未尊重他人感受，所以人際關係不佳。

▼失衡時，戰士人格在關係或感情上易有的模式

- 獨立自主，但有時太少經營兩人關係，對方感到不被重視。
- 表達太直接，傷害到對方。
- 吵架僵持不下，因不願認輸。
- 與朋友或另一半競爭，影響到彼此的感情。
- 喜歡有挑戰性、難征服的對象。

- 拿自己與另一半可能喜歡的對象比較。
- 常感覺被威脅，害怕條件差不多的人把自己比下去。
- 容易成為第三者或陷入三角關係（感情上需要競爭對手帶來刺激）。

實例 戰士人格運用失衡時所創造的困境

最大心魔：敵對意識

戰士人格目的是確立自我，「個體意識」大過「關係考量」，這個人格常常將自我之外的一切都當作敵人、敵對者，深怕自我受到其他個體的威脅而難以確立、失去主導權。因為這樣的敵對意識，容易老是感覺別人在和自己作對、被找麻煩、受到威脅，關係中不是你贏就是我輸，不是你死就是我活，不太信任關係能夠同時兼顧彼此需求，潛意識裡把關係當成是「你」與「我」的較勁與拉扯，而不是「我們」在共同經營、創造雙贏。

對戰士人格而言，社會就是戰場，人生就是一場戰爭。而戰爭的目的就是要贏，不積極取勝是無法生存的，因此得將自己以外的他人當競爭對手，彷彿非贏過每一個人不可，不然就會難以存活。因為經常把他人當作敵人，充滿「必須勝過對方」、「要是輸了怎麼辦」的想法，所以心境總是很難和平。

困境1 只能贏不能輸

當想法與他人有分歧時，戰士人格容易帶著戰士「只贏不輸」的精神與對方爭辯，有時候已經不是在討論事情該怎麼做更好，而是帶著「必須讓對方認錯」、「要贏過對方」的目的，演變成純粹的吵架。

案例 「我就是想要贏！」的工作心態

阿勇為自己的公司找了合作廠商來製作網站，溝通之後，對方做出的成品令他很不滿意，他很氣，認為對方根本是亂做，該有的美感全無，不知是在做什麼。他向對方說的時候，帶著較多情緒和指責，阿勇自己也坦承：「我就是想要贏，我要讓他認輸、認錯，讓他知道他錯了。」

除了這單一案例，阿勇在平常與同事溝通時，也常常有類似的狀況。他會跟同事爭辯誰的想法或做法才是更好的，有時已經偏離了原本想讓事情更好的目的，而是陷入這場爭辯誰贏誰輸的心態。

困境2 合作不順時，憤怒於目標受阻

每個人或多或少都會遇到合作不順的問題，然而，戰士人格較強的人，特別容易在合作上覺得麻煩，覺得自己處處遭受他人阻礙。戰士人格需要有效地達成目標，要是遭人阻撓，很容易因此憤怒不已。

案例 無法忍受工作受他人阻礙

小芳是公司的組長，有些工作內容需要與其他組的組長合作才能完成，因此她自己制訂了行程表，並與某組組長談好，請他在時間內交件給她。但沒想到，約定期限已經到了，該組長負責的工作仍舊沒下落，詢問過後，對方才勉強交了一部分，這嚴重影響到小芳本來預定的進度。小芳為此氣憤不已，向朋友抱怨並大罵，痛批這位組長根本不用心，害她本來要做的事都拖到了。

此外，有時小芳自己的組員，也會突然因為某些意外而不能出席會議，重要的活動預演也不能到場，這樣的狀況都會令她瞬間發飆，氣到不行，發誓再也不要與這個人共事。

困境3 容易陷入三角關係，或嫉妒比較

戰士人格的競爭性若是表現在感情方面，很容易陷入三角關係。原因是，有挑戰性或競爭對象的人，容易激起戰士的挑戰競爭心，比較有吸引力。贏過感情上的競爭對象，才能感覺到自己是好的，價值感是透過比較與勝出來確立。而當事人往往沒有察覺自己的競爭心態，只覺得為何自己總容易愛上有對象的人，或感嘆自己的感情總是有第三者介入。殊不知，其實這是潛意識裡「相信自己必須透過競爭才能確立價值」的信念所吸引來的狀況。在工作上，戰士人格也常陷入類似困境，可能會喜歡和同事競爭，或是常感覺自己被拿來與別人比較。

案例 為什麼他身邊的人是她，而不是我？

小珊有個交往已久的男友，但最近她和某位男士走得很近，不知不覺愛上了對方，後來才知道，對方已有家庭。雖然自己有男友，也知道對方有妻子，但她就是很難控制自己，還是和對方在一起了。在一起之後，反而是折磨的開始。因為知道對方有家庭，一旦對方消失，暫時不在自己身邊，小珊就會聯想到他比較愛他妻子，感到自己比不過他身邊另一個女人，因而深深地嫉妒並為此痛苦。

在諮詢時，我們從星盤得知小珊和這位有家庭的對象具有前世業力，曾經仰賴彼此的愛來確立自己的價值感，致使小珊亟需他的愛來肯定自己，深怕失去他的愛，已經形成不健康的依賴關係。所以今生還是相遇了，而相遇是為了化解前世業力。此時的相遇是最好的時機，因為現實的不允許（三角關係），小珊被迫必須不再仰賴對方給予自己被愛的價值感，也讓她有機會放下「價值感需要靠贏過他人才能建立」的信念。

當我們因目標受阻、工作拖延而憤怒，或因競爭、在意的輸贏而嫉妒，往往就是戰士人格的影響。嫉妒反映了我們的比較、競爭心態。而生氣並非不好，它反映了我們的人我分界在哪，我們在意的是什麼，也能確保自我不受他人侵犯。然而，過多的情緒會對我們的身心造成傷害，因此，適度地從內在調節、減少憤怒強度還是有需要的。（方法請參見第68頁的「戰士人格的療癒方法」）

深入覺察戰士人格——更透徹的自我觀察與分析

從前述困境中，也許你已經發覺自己的生活中也有過類似經驗。接下來，我們還可以更進一步針對戰士人格進行深入覺察。看看困境的背後，是否還有什麼值得我們探索學習的？

是否會因為目標還沒達成，結果尚不明確而焦急難耐？或因為目標受到阻礙而憤怒？

在目標還未達成時，之所以感到焦急難耐，表示內心深處恐懼自己不能達成目標，或對於目標的達成缺乏信任。表面上的急，其實是來自心底的擔心。戰士人格向來積極主動，所有的害怕或擔心都會化為積極的行動，若因受阻而無法行動，或推動過程中受挫導致事情遲遲無法進展，就容易產生焦急難耐的情緒。但這些情緒背後真正的原因是恐懼，是「害怕不能完成目標」的恐懼。

之所以會憤怒，是因為面對恐懼時感到無能為力，很想做些什麼來化解恐懼，卻只感覺自己什麼都做不了。這一股想有所為卻無管道運作釋放的能量，就先轉變成憤怒的情緒。

是否經常覺得合作對象或伴侶難搞？

合作或伴侶關係本就不容易，雙方可能思想不同，做事方式也相異，無論是誰，本來就會需要一些時間來磨合，偶爾感到合作的困擾，倒也尋常。但是，如果經常在合作上不愉快，覺得多數合作的對象都很難搞，甚至嚴重影響到心情的話，或許可覺察自己是否有以下的想法。

在合作時，是否顧及對方的需求？是否只以自己的目標為重，忽略對方的感受和需求？有時，我們容易覺得他人的需要比較不重要，所以單方面地要求對方來配合自己，卻忘了對方可能也需要自己主動配合。另一方面，我們內心深處也可能害怕一旦配合對方，就等於委曲求全、失去自我、個體的完整性受侵害，即使知道對方有不同需求或想法，還是不願意配合，認為一旦妥協，就會喪失自己的主體性。畢竟，「主體性」、「主權」是戰士人格很重視的。

此外，也可能是「敵對意識」在作祟，造成內心合作不愉快的感受。在敵對意識的驅使之下，容易把對方的不配合當成是蓄意作對、找麻煩，在未經證實前，先入為主地認定對方是故意找碴、不合作。其實，如果願意詢問對方，試著客觀地了解，可能會發現對方的不配合並非是針對自己，而只是單純地反映對方的習慣模式或困難而已。

是否會急於贏過他人、不肯認輸？想與他人比較、競爭？

之所以想要贏過他人，代表內心深處需要用贏來確立自己、證明自己，認為只有獲勝的自己才是好的、完整的。這也意味著我們的自我價值並不明確，唯有透過比較、勝出才能感覺到「自己是有價值的」。不肯認輸也是一樣的，代表著把價值、榮耀建立在贏過他人之上，沒有辦法接受無法勝出的自己，如果輸了就表示自己不夠好、沒有價值、不值得受認同、不配獲得喜愛。因為價值感靠「比較」才能建立，所以造成「只能認同贏過他人的自己，而不能接受輸給別人的自己」。

感情關係中的比較、競爭也是，因為價值感不明確，需要靠贏過對手、競爭後贏得的愛來證明自我價值，彷彿這樣的愛才能確立自己是夠好的。戰士人格的競爭心態，還會因為相信「越有挑戰性越有價值」，下意識地喜歡上需要搶奪的對象，認為這種對象較難征服，一旦征服了會更有成就感。若是以這種征服心態出發，通常得到了之後熱情容易快速冷卻，因為這種競爭心態只是在證明自己的魅力與價值，並非真正的愛。

喜歡與他人比較、競爭的心理，除了因為將自我價值建立於比較與勝出之外，也是由於內心深處對「挑戰」的依賴和需求。戰士人格需要征服、挑戰，來確立自己、證明自己、感受自己的存在，永遠不滿意現狀，渴望不斷超越。因此，有時會無意識地把挑戰心態投射到他人身上，把他人看成了假想敵，藉著與假想敵「對峙」，滿足內心深處總是想要迎戰更艱難任務與更高階段的渴求。這種時候，我們的戰士人格看似與別人較勁，其實，真正挑戰的對象是自己。

是否經常會感覺被攻擊，並憤怒地想反擊？

之所以會想反擊，是因為感覺被攻擊。而會感到被攻擊，是因為內在有個脆弱的部分遭傷害，這表示，當我們想反擊時，其實內在是處於受傷狀態的。外在言行與聲勢看似很強悍，其實內在很脆弱。這種時候，越是憤怒，表示心裡越恐懼，因為憤怒是由恐懼而生的積極反應，是一種防衛機制，試圖不讓他人發現自己內心的脆弱。

前面提過，戰士人格是較積極主動的人格，所以面對達不到目標的恐懼會想以行動來解決，同樣地，面對被傷害的恐懼時，也一樣會以行動回應。如同戰士的生存本能，一旦隱約感覺自己有些微受傷或將要受傷害的可能，就會立刻以行動反擊、先發制人，以刀劍當盾牌，用主動攻擊來防衛。

這類先發制人的攻擊、反擊，表示自我是脆弱、害怕的，比起向外宣戰，其實我們的戰士人格更需要面對自己內心的脆弱，讓脆弱的部分不受忽視、不被壓抑，漸漸變強。外表的強悍並非真的強悍，真正的堅強更不需要外在武裝。真正的「強」，反而是可以保持中心的穩定平靜，不受他人影響，即使受到侵犯，也能理性平和地主張自己的界線與權益。

在深入覺察之後，接下來，我們將更進一步學習如何療癒戰士人格。

戰士人格的療癒方法

戰士人格的療癒方法分為三種，三種方法分別以「**其他人格運用**」、「**信念**」、「**行動**」來幫助我們放下舊模式，療癒戰士人格。你可以三種都試試看，在嘗試後感覺一下哪一種方式對你而言較有效，並持續運用較有效的方式。每一種療癒方式都需要長時間的覺察與練習，一次又一次地清理與釋放舊的想法與行為，因此請持之以恆，讓「相信自己可以改變」的信念幫助你進步。

1 運用其他人格來療癒戰士人格

我們可以用「女神人格」、「改革家人格」、「嚴師人格」來療癒失衡的戰士人格。

▼▼「女神人格」的圓融合作、享受過程

戰士人格習慣以目標為主，在執行目標時易忽略合作對象或相關的人有何感受，常不知不覺破壞了人際關係而不自知。強烈的敵對心態，也容易把對方的行為解讀成作對、找碴，增加心裡的疙瘩。這種情況，特別需要女神人格注重關係的特質來平衡，幫助戰士人格找回內心的平靜。

目標固然重要，關係也一樣重要。執行目標時，不該把相關的人當作達成目標的工具來使用，而該認知到，自己是借重人們的能力幫助我們達成目標，因此，反而要更感謝他們、尊重他們，將他們當成一個個重要的、不可取代的人來對待。用較為圓融的態度來處理關係。例如：以鼓勵取代責備，以請求幫忙取代命令。試著自我調整，以關係的和諧為目的，因為一旦關係和諧，事情也會更順利地進行、達成目標。

自我的需求重要，他人的需求也一樣重要。在合作關係或伴侶關係中（伴侶關係也是一種合作），兩個人的需求是平等的，如果需求互不相同，可兩人各退一步，或者嘗試找出雙方都較能接受的方式，練習以這種方式協調。協調的時候，並非在放棄自我，而是調整思考的觀點，像調整天秤上的砝碼位置一樣，找到不過度偏向其中一方，能維持兩人平衡的位置，讓關係中的兩方都能被

照顧到，創造合作的雙贏局面。合作常常是把我們拉回平衡、自我調整的一種機會，你會發現，多數的合作，都可以找到兩人非常相異卻互補之處，例如：一個衝動，另一個人謹慎；一個喜歡控制，另一個人隨性。如果兩人都能看看對方的相異觀點與需要，並試著兼顧彼此，往往能平衡自己過於極端的面向，找到更加平衡的做法，事情也可能更順利。

戰士人格眼裡經常只有目標，心裡滿是急躁慢不下來，沒達成目標之前都是心急難耐的。這時候可以讓女神人格來幫忙，多欣賞、多享受過程當中的美好，將過程也看成目標的一部分。

欣賞自己的努力，欣賞你一點一滴成形的作品，每一次又比之前進步一點的成就感。以及過程中，大家給你的幫忙與鼓勵，你所接觸到的各種機緣，一切美妙的安排。目標能達成當然很好，但過程當中的收穫也一樣重要。慢下來，好好欣賞這累積與進展的過程，你的收穫與成長，會比目標本身的獲益來得更多。

▼「改革家人格」的忠於自我獨特性

競爭意識很強的戰士人格，深怕自己輸給他人，嫉妒比較帶來不少內心的糾結。這時，請讓改革家人格站出來，忠於自己的獨特性、專心地發揮才能，就能放下這類競爭比較的情結。

前面提過，戰士人格會把價值建立在比較而來的結果，以及自己勝過他人。事實上，這類的比較是永遠比不完的。真正的價值，其實從來不是取決於我們是否比他人好，而是因為我們本身獨一無二的存在。我們每一個人，都是獨一無二的創造，沒有任何一個人可以取代自己，我們也不可能取代其他人。比較是無意義的，因為每個人都不一樣，為何要比呢？即使是一群美女站在一起，也都美在不同的地方，有各自的特色，何必去比哪一個更美？再者，美的標準是什麼？誰來訂這個標準？

生命是獨一無二的。長相、思想、性格、感受、人生的安排都不同，有人早婚、有人晚婚、有人不婚，每個人都有屬於自己的生命選擇，沒有哪一種比較好。與其和人比較、進行競賽，不如忠於自身獨特的存在，專注發掘自己身上有什麼特質，然後順著特質去發揮，自然就會走上最適合的方向，累積出自己的成果，過著快樂的人生。

▼「嚴師人格」的組織耐力、能量控制

戰士人格的行動力強，可惜易欠缺耐性，因此戰士人格的行動開始很快，結束也很快，沒辦法堅持到底。或者因為一開始沒有做好規畫，草率行動，一旦開始行動後就會發現很多問題，不僅自己挫折，也浪費了一開始的好點子。運用嚴師人格來平衡這個特質，多一點謹慎與耐力，可以減少挫折感，帶來更多信心與成功。

例如，學習在行動開始前就納入現實因素，做好規畫，預先設想可能的問題與解決方法，作更全盤的考量。執行時，分成幾個面向來做，一步步落實，再將每個面向組織起來。不求急，只求穩定踏實，每一步都走得很清楚，將衝動的能量轉變成一步步落實的行動，稍微控制它。不要一開始就衝百米，把力氣平均分散慢慢跑，才能跑得久，堅持到終點。

能量的控制也可以運用在憤怒時。憤怒通常發生於目標受阻或界線受到侵犯的時候。此時，或許可視對方蓄意與自我的程度，來評估是否需要嚴正強勢地表明界線，或者換個方式執行目標；另一方面則需注意，自己嚴正的態度中是否帶有憤怒的發洩與攻擊，畢竟，我們丟出去的情緒，都會反彈回來，可能引發更多的情緒，如果只是純粹的發洩，對彼此都沒有幫助。前面曾提過，憤怒是我們「以為自己無能為力」而轉變成的情緒。憤怒時，試著把焦點移轉到自己心裡，感受這股憤怒，也感受其背後的恐懼，直接面對恐懼，為這情緒做一些處理，讓自己變得「有能力解決」，化解「無能為力」的感受，這樣一來，憤怒自然就會減輕或消失。

例如，對方突然對你說本來答應你的事沒辦法做到了，你瞬間覺得火大。這時，請感覺一下這種火大的情緒，或許是因為你被他打亂行程，交給他做的事也都沒進度，現在突然不知道要怎麼辦，你可能害怕這件事會出包、做不完。一旦釐清情緒背後的原由，就可以化憤怒的能量為行動，直接去做這件事，趕緊處理。憤怒的能量經由行動有了出口，便會減少許多，我們也能節省更多能量來做建設性的運用，真正的處理好事情。

2 幫助信念轉換的肯定語

除了運用其他人格來療癒戰士人格，我們還可以利用肯定語，經過長期練習，有助於內在信念轉換。

請找一個可以放鬆獨處的安靜空間，大聲唸出或心裡默唸以下肯定語，與戰士人格對話，使其獲得療癒。在唸肯定語的同時，可以試著覺察自己內心有什麼感受。

- 我能夠達成目標，阻礙只是讓我休息或調整方向。
- 我能順利與人合作，兼顧彼此的需要創造雙贏。
- 我能放下輸贏之爭，在關係中創造和諧。
- 我的價值在於本身的獨一無二，而非競爭比較的勝利。
- 我有能力解決問題，不需要以憤怒攻擊他人。
- 我擁有真正的勇氣，能用以創造理性與和平。
- 我能面對脆弱而鍛鍊出真正的堅強，不需要以強悍或憤怒武裝。

3 以行動來療癒

我們可以運用「**鼓勵與支持他人**」、「**培養藝術嗜好**」、「**冥想**」等方法，使戰士人格獲得療癒。

鼓勵與支持他人

戰士人格較強的人，通常有充沛高昂的能量，當這個能量用來支持、鼓勵他人時，他人會特別感覺到有信心，更願意相信自己而展開行動，也會因這份鼓勵而感到快樂，甚至感謝。支持鼓勵可以是稱讚對方、正面肯定對方的能力，也可以是實際的幫助，詢問他需要什麼幫忙，再給予他所需要的協助。透過這樣的支持別人，戰士人格會因此感覺到，自己的力量能帶給他人快樂，自己也跟著快樂起來。越是與人為善，越是能感受人與人之間彼此幫助的可貴，越是能相信關係的美好與和諧。

▼▼ 培養藝術嗜好

專心於藝術創作或鑑賞時，可以讓我們沉澱下來，感受創作或作品的美與和諧，帶來平靜，這對戰士人格容易衝動煩躁的性格有很好的平衡作用。例如：看展覽、觀賞舞台表演、戲劇創作、畫畫、書法、舞蹈、音樂等等。創作的嗜好也可以抒發戰士人格充沛的能量，讓能量有建設性的出口，還能化為具體成果。

▼▼ 適合戰士人格的冥想：和平冥想

容易過度急躁、憤怒的戰士人格，可以透過冥想來幫助平靜，釋放競爭與敵對意識、釋放無法達成目標的恐懼。幫助恢復情緒上的安定、找回和諧，確立自己獨一無二的價值。

● 關注脈輪（脈輪位置請參考第44頁的脈輪說明）

眉心輪：有助於冷靜與理性，轉化競爭意識。

心輪：打開心輪，找回關係中的愛與和諧。

太陽神經叢：釋放無法達成目標的恐懼、受阻的憤怒，重獲行動的力量。

●冥想步驟

1. 坐下，閉上眼睛。找到一個舒服的姿勢，脊椎稍微挺直，頭與身體成一直線。

2. 做幾次深呼吸。讓每一次的呼吸都越來越深、越來越緩慢。

3. 焦點放在眉心輪，吸氣，將氣吸到你的眉心輪，吐氣，把氣吐到坐骨、腳底，釋放掉。約做五、六次。感覺在吐氣的時候將必須競爭比較的執念、易被針對攻擊的信念一併吐出，清除頭腦所創造的紛爭、對立情境。

4. 現在，感覺眉心輪有著靛藍色的光，隨著呼吸擴大增強，包圍整個頭部，包含前後。感覺這靛藍的光為你轉化競爭帶來的恐懼、焦躁。那些害怕與焦躁，都在靛藍色的光中轉化成理性的力量，你能冷靜地看見自己的優點、放下比較，遇到彷彿被攻擊的情況，也能冷靜洞察他人的動機，判斷情況再做反應。

5. 焦點來到心輪，吸氣，將氣吸到你的心輪，吐氣，把氣吐到坐骨、腳底，釋放掉。約做五、六次。如果感覺胸口悶，多做幾次深呼吸，幫助心輪打開。想像心輪有粉紅色的光，擴大到包圍整個胸腔，感覺這粉紅的光為你帶來愛與和諧，它讓你的心能感受到更多的愛，更願意愛人與被愛。感覺在這光中，你能夠創造關係的和諧與雙贏，更願意互相交流與支持。

6. 焦點來到太陽神經叢，吸氣，將氣吸到你的太陽神經叢，吐氣，把氣吐到坐骨、腳底，釋放掉。約做五、六次。感覺在吐氣的時候將無法達成目標、行動受困的恐懼一併吐出，釋放掉因受阻而憤怒的負面能量。感覺你重新充滿信心，你的力量都能化為行動、達成目標。
7. 焦點回到心輪，並做幾次深呼吸。
8. 動一動你的手腳，睜開眼睛，回到你所處的空間。
9. 如果剛剛過程中有感受到什麼訊息，可記下來，做為日後實踐之用。如果沒有也沒關係，單純地感受過程就很棒了。

給戰士人格的〔愛的輕語〕

在認識了戰士人格、深入覺察，並嘗試過適合的療癒方式後，請找一個安靜的空間，為自己讀一讀給戰士人格的「愛的輕語」。讓心中的戰士重現真正的勇氣，重獲真正的勝利。

看見每個人心中的愛，包含你自己的。

有些攻擊不是攻擊，是不知如何愛人的困窘；
有些敵意不是敵意，是害怕不被愛的防衛；
有些阻撓不是阻撓，是調整方向的機會，是宇宙愛你的表現。

看穿底層的愛，表面上的誤解與衝突，便不再映入眼簾困擾你。

看見你心中的愛，你會明白目標的一時停擺，並不妨礙你繼續在過程中快樂；
看見你心中的愛，你會感覺支持他人成功，比自身的成功更令你滿足；
看見你心中的愛，你會知道競爭比較都與你無關，有關的是自己能否投入所愛。

當你能看見愛，和平於你心中滋長，勇氣化為堅定的信念與耐心；你是獨一無二的和平勇士，勇氣是為了開闢疆土，引領眾人開創未知之境。

你的愛，是最強大的武器，化解憤怒與恐懼，帶來耐心與信心。

勝利的王冠不須爭奪，它自會隨著你的愛而茁壯成形。

只要看見愛，勝利就在不遠之處，與你同行。

2 擔憂匱乏的製造者人格

一日貧苦，終身錢奴。

我總擔心錢賺不夠、不夠用。

我發現自己經常留不住錢，好不容易存到一些，又會出現意外必須花掉，好無力。

好想做自己喜歡的工作，但一想到收入可能不穩定，就打退堂鼓了。

改變好難、好麻煩，可是不改變又覺得沉悶，越來越沒有生活動力。

我常常覺得身邊的人會因為我沒錢而瞧不起我。

一想到錢的事，就陷入無比焦慮……

製造者人格失衡易有的情緒與狀態

擔心憂慮：擔憂金錢物質的匱乏或損失。

煩躁抗拒：不想面對變動的麻煩與危險，抗拒改變；不得不改變時則異常煩躁。

忍氣吞聲：遇到不愉快時，傾向吞忍下來而不處理。

大發雷霆：長久壓抑吞忍，到最後再也忍不住而突然爆發。

製造者人格的人格目的與特色

製造者人格的「製造」，指的是運用自身資源與能力，製造出有價值的事物，用以自給自足、延續自身的生存。由於現代社會主要用作價值交換的工具為金錢，能提供生存的也是金錢物質，許多製造者人格較強的人，會傾向製造（生產賺取）的，便是金錢。因此，這是一個較為重視金錢、物質資源的人格。

製造者人格的目的是透過生產以創造價值，學習運用內在資源（個人的天賦與才能）來延續生存，並藉此確立自己的價值。因此這個人格可幫助我們明白自身的資源（能力），學習運用它來製造更多資源。我們能因此取得謀生的能力，自給自足，建立生存的安全感。為了持續生產足夠的資源，這個人格帶給我們較強的堅持與毅力，不輕易改變與放棄；像烏龜一樣的步伐，緩慢但持久，能堅持到最後。並且在接觸金錢物質的過程中，練習如何有效運用資源，符合經濟效益，意即學習「用最少的資源，發揮最大價值」。

在工作事業方面，製造者人格幫助我們穩定踏實、堅持不懈地朝目標前進，並用自己的能力賺取生活所需，謹慎處理金錢資源。感情或人際關係方面，可幫助我們維持個人的舒適圈，保有個人的步調與界線，不因過度依賴而失去自己的生活。

製造者人格失衡時，我們會過度執著於金錢物質的追求，忽視精神的需要；太過擔心物質的匱乏，而長期憂慮與恐懼；或為了經濟效益而過度節省，成為金錢物質的奴隸，犧牲精神層面的需

製造者人格的平衡與失衡表現

平衡的表現	失衡的表現
自給自足，運用自身能力賺取所需金錢資源。	即使真的有需要，也不願接受他人的資助。他人需要的時候，也不願資助他人。
以「生活舒適」為運用資源的目的，省錢是為了維持足夠的資源，並運用資源享受生活。	以「省錢」為運用資源的目的，即使資源已足夠，仍不願花費於享受生活。
為金錢資源做好充分規畫，謹慎處理。	經常為金錢資源擔憂，害怕匱乏。
創造任何有價值的事，包含精神與物質上的價值。	只做能賺錢的事，認為金錢物質是唯一價值。
依照自己的價值觀而活。	依循物質主義而活。
相信自己有足夠的內在資源（天賦才能）足以生存，本身就有夠高的價值感。	相信自己必須靠錢才能生存，或靠收入證明自己的價值。
擇善固執，堅持而有耐心。	死守僵局不願變通，停滯不前。
堅持自己的原則與價值，但也尊重他人有自己的價值觀，適度聽取建議並調整。	只堅信自己的價值，不尊重他人所相信的價值觀，不願聽從任何建議改變自己。
能享受舒適圈，安穩自在。	不願跨出舒適圈，生活狹窄無變化。

求，更限制了廣闊的人生。

你的製造者人格程度多強？在哪個領域表現？

你的製造者人格程度多強？

以下是製造者人格在失衡時容易有的想法或行為，請讀一讀，觀察以下句子與自己的狀況是否吻合，如果吻合的敘述越多，表示你的製造者人格程度越強，換句話說，也表示你越需要療癒製造者人格，以便協助這個人格平衡發展。人格程度的強弱亦可同時參考前頁的表格「製造者人格的平衡與失衡表現」。

▼失衡時，製造者人格會有的想法是：

- 現在的錢夠用嗎？以後會有夠用的錢嗎？萬一沒錢的話……（腦海中浮現貧困的生活畫面）
- 雖然錢夠用，也很喜歡這個東西，但為了省錢，還是不要買好了。
- 工作／人生不就是為了賺錢和生存嗎？
- 沒有錢我就不能過快樂／自由的生活了。只有金錢能換來我想要的生活。
- 沒有錢我就顯得很沒價值，別人會怎麼看待我？

- 改變很麻煩，我不要。
- 又有人建議我改這改那了，真不想聽。
- 又有人要求我做東做西了，真不想動。

※如果以上八句中超過四句是你常有的想法，或是你慣用的口頭禪，代表你的製造者人格程度可能偏高，而且可能失衡了。

▼失衡時，製造者人格會有的行為是：

- 拚命賺錢，以賺錢為最高目標，生活中的其他領域幾乎不經營。
- 即使收入充足，買東西也只挑最便宜的／有打折的買，品質與喜好都是其次。
- 工作選擇主要以收入高低為衡量標準，會勉強自己做收入較高但卻沒那麼喜歡的工作。
- 用金錢收入來衡量一個人是否有用、有價值。對自己也如此衡量。
- 常囤積物品，捨不得丟已經不使用的東西，覺得這樣是浪費當初花的錢。
- 捨不得花錢，存款很多但生活沒有享受和樂趣。
- 拒絕與人溝通，覺得麻煩。
- 極力避免改變，覺得麻煩。

※如果以上八句中超過四句是你慣有的行為模式，代表你的製造者人格程度可能偏高，而且可能失衡了。

你的製造者人格較常表現在什麼領域？

請試著再進一步想想看，以上製造者人格常有的想法和行為，通常出現在什麼時候？除了你對自己的觀察之外，想知道你的製造者人格容易表現的領域，還可以參考以下所述在關係中或工作中易有的表現。

▼失衡時，製造者人格在工作上易有的模式

- 用固定的模式做事，即使行不通了還是不願改變。
- 不想要有人打亂自己的工作步調。
- 已經確定好的行程，就不想要再調整或改變。
- 溝通合作時，若被要求改變會心生抗拒。
- 以收入高低衡量不同案子的重要性。
- 為五斗米折腰，不論工作得多痛苦，只要金錢收入高就甘之如飴。
- 害怕換工作的空窗期會沒收入，所以忍著不換。
- 只在自己的責任範圍內把事做好，其他一概不管。
- 即使收入已經超出實際所需了，還是覺得不夠。

失衡時，製造者人格在關係或感情上易有的模式

- 在自己的世界裡享受，伴侶無從參與。
- 常把不舒服的感覺悶在心裡，對方難以理解。
- 不能理解對方的想法，覺得對方很麻煩或太複雜。
- 一旦認定了便很執著死忠，陷入僵局也不願分手。
- 關係淡如水而長久，生活簡單到被另一半埋怨太乏味。
- 因懶惰、不想變動，而不太用心經營關係。
- 因為覺得要溝通或面對爭執太麻煩，平常都吞忍情緒與不滿，累積到一定程度突然爆發。

實例　製造者人格運用失衡時所創造的困境

最大心魔：匱乏

對製造者人格而言，匱乏是最令人擔憂與害怕的。金錢的匱乏，會讓製造者人格聯想到無法生存的絕境；物質如果面臨匱乏，會不禁害怕無法擁有舒適生活、過好日子；若進一步以金錢物質衡量自己的價值，製造者人格也會因為物質匱乏而感覺挫折與自卑。

匱乏狀況往往只發生於當下，甚至已經過去，但由於製造者人格的恐懼，會下意識緊抓這當下的匱乏感或過去曾經貧窮的陰影，甚至將這股恐懼延伸至未來，認為未來也可能如此匱乏，因此更

添擔憂。

因為製造者人格認為必須自給自足、倚賴自身資源生存，所以對物質上的不足十分敏感，要是體驗過匱乏、貧窮的經驗，便會加強這份敏感與擔憂。

困境1 工作選擇困於金錢

因害怕沒有足夠的金錢，所以在求職時，便以收入高與穩定為主要標準，把工作價值放在收入薪資上，而勉強自己選擇只是收入高，卻不是那麼喜歡、沒有熱情的工作。實際工作起來，發現能量越來越低落、越來越不快樂，於是再用血淚換來的薪資來消費娛樂好彌補自己，用這種方式「買回快樂」。

案例 工作一定要收入高？

萱萱在找工作上一直不太順利。她認為工作必須先考量到薪水，於是先找了一份收入還不錯的工作。公司算是體制完善，也有優渥的待遇，然而工作的方式與內容長久一成不變，這跟她的需要成長與變化的個性有著落差，當然也越做越無聊，越做越疲乏。她其實早就想離開了，但是一想到這份工作的收入穩定也高，就難以下定決心，一方面想要經濟穩定，一方面也渴望成長與創新，非常掙扎。加上家人常在言語間透露「收入高才是有用」的想法，也令她害怕，如果接下來沒辦法換到收入高的工作，是否家人就會看不起她？

掙扎許久之後她的確換了一份工作，收入還是偏高的，只是仍舊與個性不符，不快樂也沒成就感，於是她只好繼續在生活中其他層面尋找快樂，像是逛街血拼、看韓劇等。

困境2 受剝奪與損失的恐懼

除了害怕「得不到」，製造者人格也害怕「失去」，也就是受到剝奪或損失。那種因損失而減少資源的感覺，會引發製造者人格資源不足的匱乏感，也會感覺界線遭侵犯而不悅。

案例 總覺得有人要剝奪我的錢……

阿貴常常在購物時非常謹慎，甚至到了過度緊張的地步。他會再三比較價格，非買到最低價不可。要是事後發現還有更便宜的選擇，便會覺得自己被騙了，好像被店家剝奪了金錢一樣。對於金錢，他格外緊張，如果有較大筆的交易往來，必須讓他人經手錢，就會感到焦慮難安。因為他總是先想到萬一沒處理好、萬一有什麼意外，將會導致他有金錢上的損失。

困境3 抗拒改變而陷入僵局

有時我們面臨需要改變的情境，例如原本的工作或感情已經僵化，無法滿足自己的需求，但製造者人格卻害怕要去適應變化，而不願改變，或者心中早有難以動搖的價值觀與定見，因此不願意接受他人的建議進行改變。

案例「不可能改變」的心理

在我諮詢的經驗中，看到個案的星盤顯示有較強的製造者人格，我便會格外留意。他們的狀況常是「陷入某種僵局」，除非自己做些改變，否則很難改善。而當我根據星盤的流運與牌卡的指引，委婉地傳達需要他們改變的訊息時，對方總在〇．〇〇一秒內就大力搖頭，甚至給我「不可能」、「這太難」等回應，接下來他們所堅持的，多半是一些限制性的思想或價值觀。例如：「已經四十歲了不可能轉換跑道」（真的不可能嗎？那這麼多真人真事的勵志故事難道不存在？）、「藝術行業一定賺不了錢」等等。其實，他們背後真正的恐懼是：一旦改變就得重新適應一些變化，甚至影響到物質的安全感，而較失衡的製造者人格已將主要價值著眼於物質的安全穩定，因此他們寧願保有物質安全而犧牲其他需要，例如藉著改變與創新，重獲精神活力。自然而然地，製造者人格就會抗拒所有「要求他們改變，且可能導致不安全」的建議了。

當然，這種選擇有其道理，只是當內心已經明顯需要變化與前進時，卻受限制性的想法與價值觀困住，讓自己繼續待在沒有新意、不能滿足內心需要，甚至總是不愉快的情境中，是有點可惜的。外境是我們所思所為的創造，想法與做法沒有改變的話，外在情境也難以突破現況。

當製造者人格平衡了、療癒了，一個人便能善加運用其製造者人格，願意將價值著眼於物質之外，例如美感、自己的才能、創造力等等，這時他們就能不受物質主義侷限，而是自由選擇他們認為有價值的工作，並且堅定地走下去，努力創造這些價值。這樣的特質較強的人，反而可以更堅定地從事一般人覺得生活不穩定、價值（收入）不高的工作，例如自由接案者、藝術家、設計師、戲劇從業人員等等。因為，他們已經認清自己的內在資源、自己獨特的價值觀，明白這些才是真正的價值所在。

深入覺察製造者人格——更透徹的自我觀察與分析

從前述困境中，也許你已經發覺自己的生活中也有過類似經驗。接下來，我們還可以更進一步針對製造者人格進行深入覺察。看看困境的背後，是否還有什麼值得我們探索學習的？

是否常擔憂金錢物質的不足？總是長期匱乏或面臨意外的損失？

害怕金錢物質不足，表示內在的信念是「不相信自己能享有豐盛」，或者「覺得自己容易匱乏」。因為有這個信念，所以視角容易以「不足」為出發點，所見所思都是關於「匱乏」的部分。心裡先有了匱乏感，於是也擔心未來的匱乏，不僅當下擔心，連未來都一起擔心了起來。這也觸及到害怕資源不足、難以延續生存的恐懼；簡言之，就是害怕因為匱乏而活不下去。

至於為什麼會不相信自己能享有豐盛呢？這和製造者人格的「自我價值感過低」有關。認為自己不夠好，不值得獲得更多，內心有個「自己不配得到、不值得」的信念。這同時也顯示，我們並未認清，也還未肯定自己的真實價值，才會更需要金錢、收入等「外在價值」來自我肯定。然而事實上，在我們認清並肯定自己的價值前，是不會吸引更多外在價值的。因為內在的匱乏吸引外在匱乏，內在的豐盛吸引外在的豐盛，所以，當我們內心對自己的評價是低的、感覺是匱乏的，也會難以創造更多的高評價與豐盛。

如果我們沒有真正看見這種較深層的內在信念，很容易繼續創造出各種匱乏的劇情，例如一再有意外事件使得金錢入不敷出、發生大筆的財物損失、一直維持低收入等等。如果常常發生這類損失或阻礙致使匱乏，請格外注意自己是否有「不相信自己值得享有豐盛」的信念。

是否常害怕／憤怒於給予或被剝奪，害怕／憤怒於被拿走屬於自己的東西？

當我們會害怕或憤怒於被剝奪時，表示我們以為自己只擁有這些，以為我們擁有的有限，所以會害怕一旦遭剝奪，就不夠用了。之所以害怕給予也是一樣的原因。這種害怕的背後是一種侷限的信念：認為所有自己需要的，都得靠自己獲得，不能依靠他人，所以更要節省運用。簡單地說，我們以為自己必須完全自給自足，而且資源有限，一旦被拿走，就沒有了。

然而，「只能自給自足」和「資源有限」都是一種自我侷限的想法，並非真相。我們的資源不僅在自己身上、不僅由自己生產，也遍布於宇宙萬物、天地之間。只要我們願意，他人的協助就是資源，萬事萬物皆供我們取用；今日我們給予出去的，終有一日也都會回流於我們自身。給出去越多，回流的越多，而且會以你最需要的資源形式回流。資源不限於物質性的，也包含精神性的。各種協助的人事物、時間、活力、快樂都可能是你需要的資源。最重要的是：開放接受你可能需要的，而非只執著於唯一想要的。

是否會抗拒他人提供的改變建議，否決他人的價值觀？

如果已經仔細聽過對方的建議與其理由，深思熟慮後認為這樣的建議不適合自己，那麼，就不是這裡所說的「抗拒」。「抗拒」指的是，一聽到要自己改變的要求，或某種有違自己價值觀的意見，就馬上感受到不舒服、不悅、生氣、緊張等情緒波動，然後立刻找理由拒絕；總是情緒在先，思考與解釋在後。這種拒絕不是基於理性的判斷，而是出於內在的恐懼升起，是因為害怕即將要改變，即將面臨隨之而來的風險，於是立即啟動防衛機制來拒絕改變。

是否經常沒有活力、懶惰不想動？

在身體健康良好的狀態下，如果做事情會沒有活力，感覺到滯悶、不想動，那麼極有可能是現狀已經一成不變，需要有新的刺激與挑戰，以便促進能量流動、帶來活力。製造者人格可能會害怕改變，於是會勉強自己待在守成僵固的環境與生活型態中。不過身體會說話、能量會反應內心的狀態，沒有活力、懶得動就是個徵兆，代表你已經固著於某種模式太久，內心感到沉悶無趣，需要一些新的變化了。

在深入覺察之後，接下來，我們將更進一步學習如何療癒製造者人格。

製造者人格的療癒方法

製造者人格的療癒方法分為三種，三種方法分別以「**其他人格運用**」、「**信念**」、「**行動**」來幫助我們放下舊模式，療癒製造者人格。你可以三種都試試看，在嘗試後感覺一下哪一種方式對你而言較有效，並持續運用。每一種療癒方式都需要長時間的覺察與練習，一次又一次地清理與釋放舊的想法與行為，因此請持之以恆，讓「相信自己可以改變」的信念幫助你進步。

1 運用其他人格來療癒

我們可以用「**旅人人格**」、「**煉金術士人格**」、「**信使人格**」來療癒失衡的製造者人格。

▼「旅人人格」的樂觀探索、學習收穫

製造者人格面對金錢的擔憂與保守，可試著學習運用旅人人格來平衡。用「樂觀」的信念取代「悲觀」以及「不值得」的信念，把人生的主要意義放在「探索」而非「守成」，真正的價值並不是賺取金錢物質並保存之，而是讓金錢資源發揮最大效益，用來探索人生、享受人生，開心過日子。

信念上的轉換，可參考本篇後面的肯定語句。金錢物質是重要的，但並非唯一重要的事物，人生還有其他不同面向的寶藏。探索人生、拓展視野，在這樣的過程中取得的經驗、智慧，以及學習

而來的精神收穫與各種新發現，全都是金錢物質的安全感所不能代替的，在精神上能帶給我們更深的滿足與快樂。運用旅人人格，取得物質與精神所需的平衡，能幫助我們放下對物質的執著與痛苦，體會更多的快樂與自由。

▼▼「煉金術士人格」的洞察、轉化與資源流動

製造者人格會令我們不想面對麻煩與變動，於是極力避免接觸舒適圈以外的人事物，抗拒新的模式與做法。其實，變動往往沒有我們想像得這麼麻煩、危險，有時候一點點的不同與刺激，反而可以激發我們的潛能，為我們補充新的能量、增加活力。

運用煉金術士人格面對危機與轉化的能力，視變動為增加能量與成長的機會，在每一次的變動之中，洞察機會所在，試著問自己：這次改變，為我帶來什麼成長的機會？可能會激發我哪方面的潛能？危機往往是轉機，面對一些麻煩或困難的情況，反而容易運用到以往不曾使用的能力，於是出現新的可能性。發展的機會因此變多變廣，得到資源的管道也會隨之增加；變動所帶來的，不僅是潛能的發展，也是資源的擴展。

總是害怕資源不足的製造者人格，若能試著多付出與接受，增加與他人的交流、資源能量的流動，自然會獲得更多效益，帶動更多資源的創造與豐盛。

舉個例子，一千元如果只是存在戶頭，它的效益就只是放在那裡讓我們安心。但如果我們把一千元用來買一個課程，運用這個課程的收穫來增強自己的能力，我們的能力就能生產出更多資源

（例如賺錢），也能用這個已經提升的能力服務更多需要的人。另一方面，將課程賣給你的人，你付給他的一千元，也能讓他購買自己想要的物品或服務，而他購買物品或服務的對象也能用以購買自己需要的東西，如此循環下去，這一千元的效益不斷加乘，為許多人創造豐盛，早就超過僅僅只是存在戶頭的效益了。一個簡單的付出，就能帶動許多豐盛的循環之流，而這循環最終還會以我們需要的形式，回到我們自己身上。我們所付出的，會利益他人，再回到自己身上。這不正是最有效益的資源運用嗎？

學會「接受」也是重要的。如果接受贈與時會感到愧疚，也是反映了低價值感、不配得到的信念。樂於接受他人的好意，等於告訴宇宙自己是值得的，也可以藉此改變自己不配獲得的信念。試著開心地接受他人的贈與，讓資源的流動來創造豐盛吧！相信自己的值得，接受後帶著感謝付出給其他需要的人，你會發現匱乏並非真相，我們本就有豐盛的一切，只待我們轉換信念來實現。

▼▼「信使人格」的資訊蒐集、靈活彈性

固守於原本的想法時，做法和隨之而來的結果通常不會有多大的進展，這時我們需要信使人格的好奇心，多多了解各類資訊，並聽聽他人的意見，了解不同的觀點。

聆聽不代表一定要立刻接受，只是打開思想的多重角度，試著了解：同一件事情，其他人會有什麼不同的思考。就當作是資訊和想法的蒐集，蒐集之後再慢慢決定要採用哪些建議，或者思考這些資訊如何為你加分、發揮最大效益，能夠如何揉合於本來的做法之中，帶來幫助。即使現在不適

合，以後也可能用得到。聆聽，也等於為你增加一種無形的資產，讓更多的了解，為你開闢可能的新路，增加你的資源獲取管道。

製造者人格為了保有金錢物質的安全感，處理的方式也會傾向安全保守。但也許還有其他更簡單、更聰明的方式，可以提升經濟效益，在賺錢與獲取資源上較為輕鬆。蒐集足夠的資訊之後，運用信使人格的靈活頭腦，彈性的調整做法，說不定會讓你更輕鬆地享受物質的豐盛。

2 幫助信念轉換的肯定語

除了運用其他人格來療癒製造者人格，我們還可以利用肯定語，經過長期練習，有助於內在信念轉換。

請找一個可以放鬆獨處的安靜空間，大聲唸出或心裡默唸以下肯定語，與製造者人格對話，使其獲得療癒。在唸肯定語的同時，可以試著覺察自己內心有什麼感受。

- 我的資源源源不絕，宇宙的寶庫供我取用。
- 只要將才能付諸行動，服務他人，我就能得到我所需要的。
- 我會得到我所付出的。付出的越多，收穫越多。
- 我很好、很有價值，我值得享有本屬於我的豐盛。
- 我充滿彈性，能採取當下最適當的做法來改善情況。

- 我樂於接受變化，讓變化為我帶來活力。
- 我的價值在於自己本身，不在於金錢的收入高低。
- 人生的意義在於擴展與創造，不在於安全與保存累積。
- 我擁有的豐盛不只是金錢物質，還包括他人對我的愛、付出與關懷。

3 以行動來療癒

我們可以運用「**閱讀**」、「**感官享受**」、「**冥想**」等方法，使製造者人格獲得療癒。

▼閱讀

閱讀不需要複雜的安排與計畫，並可以一個人在自己的舒適圈裡放鬆，很適合作為製造者人格的療癒方法。因此當我們的製造者人格陷入擔憂時，不妨試著閱讀某些類型的書籍來恢復信心，幫助自己安心與轉換想法。

特別適合製造者人格的讀物是成功者或經濟相關專家的傳記故事，其次則是心靈勵志或心理分析方面的書籍。閱讀前者，可在貼近現實的故事中，透過主角的心路歷程來接觸自己的內心，擷取自身與主角相應的力量；另一方面也能了解不同觀點，學習新的方法來面對困境。閱讀後者，則能開啟心靈的力量，引入更多正向能量，有助於我們更相信宇宙善意，恢復對未來的信心，並將過度在意物質的執著平衡到精神層面。

▼ 感官享受

享受對製造者人格是非常重要的，除了可以帶來愉悅之外，這也是一種愛自己、提升自我價值感的行為，能幫助我們更相信自己是值得的。特別是感官的享受，因為製造者人格重視物質，任何實質上看得見的、摸得到的，都會帶來較多安全感。所以感官上能感覺到的享受，會格外地讓這個人格覺得實在與安心。

感官享受包括很多種，例如按摩泡澡（觸覺）、聽音樂（聽覺）、看展覽或電影（視覺）、吃美食（味覺）、精油芳療（嗅覺）等等。這些都可以嘗試看看。

▼ 適合製造者人格的冥想：創造豐盛的冥想

容易擔憂煩躁的製造者人格，可以透過冥想來幫助增加價值感，更理性地思考決策做出調整，釋放恐懼與執著的能量以及物質匱乏的信念。經由以下冥想，用創造豐盛來取代擔憂匱乏。

●關注脈輪（脈輪位置請參考第44頁的脈輪說明）

喉輪：創造表達，肯定自身價值。

太陽神經叢：釋放恐懼與執著，理性的決策與改變。

臍輪：釋放物質匱乏的信念與舊能量。

● 冥想步驟

1. 坐下，閉上眼睛。找到一個舒服的姿勢，脊椎稍微挺直，頭與身體成一直線。
2. 做幾次深呼吸。讓每一次的呼吸都越來越深、越來越緩慢。
3. 焦點放在喉輪的位置，想像喉輪中心有著綠色的光，隨著呼吸擴大增強，包圍整個喉嚨。感覺這綠光引發你內在的創造力，增強你表達的意願，你的價值在於你的才能，並能順暢的發揮，為你創造豐盛。
4. 焦點來到太陽神經叢，吸氣，將氣吸到你的太陽神經叢，吐氣，把氣吐到坐骨、腳底，釋放掉。約做五、六次。感覺在吐氣的時候將金錢的擔憂一併吐出，釋放掉不安與焦慮。
5. 想像黃色的光環繞太陽神經叢，為你增強信心，感覺你是有把握的，你有理性的思考、能適當調整與改變，做出最能創造豐盛的決策。
6. 焦點來到臍輪，吸氣，將氣吸到你的臍輪，吐氣，把氣吐到坐骨、腳底，釋放掉。約做五、六次。感覺匱乏的恐懼一併吐出，釋放因匱乏而產生的情緒。
7. 接著，想像橘色的光在你的臍輪擴張，充滿了你的臍輪。它為你轉化匱乏的信念、限制的思想，那些因舊信念思想而生的不安也一併轉化。從此刻，你能接受新的信念，相信豐盛，接受豐盛。
8. 慢慢把焦點轉移到心輪，繼續做幾次深呼吸。
9. 動一動你的手腳，睜開眼睛，回到你所處的空間。
10. 如果剛剛過程中有感受到什麼訊息，可記下來，做為日後實踐之用。如果沒有也沒關係，單純地感受平靜就很棒了。

在認識了製造者人格、深入覺察，並嘗試過適合的療癒方式後，請找一個安靜的空間，為自己讀一讀給製造者人格的「愛的輕語」。讓心中的製造者體會自身的價值，創造豐盛。

給製造者人格的〔愛的輕語〕

你是有價值的。

你有自己的價值，那是獨一無二的存在，無人可以取代。

當你慧眼洞察自身的寶藏，挖掘運用，分享服務，宇宙的寶庫也會為你打開，滿滿的豐盛流向你，為你顯化成所需資源。而豐盛滿盈的你，繼續奉獻才能，回饋世界，形成一個永不間斷的豐盛之流。

這美好的循環，只會暫時被你誤以為匱乏的信念所阻斷，被你誤以為自己不夠好、有所欠缺而障蔽。

清除那些匱乏信念，因為你本就豐盛，你就是豐盛。

拭去那些不配獲得、價值低落的迷思，因為你一直都值得擁有，如此好且如此值得。

價值不需透過物質的存有來累積，不需由收入的高低來鑑定，更不用因他人的評判而動搖。只需要由你自己相信，尊重你自己，給予自己最堅定的信心。

你的自我認同與堅定，會引領你往內外豐足之境。

你的低價值感與匱乏恐懼，只會催促你追逐外界物質的安穩，但永遠抵達不了內心那片肥沃之地。

那片肥沃之地，才是你靈魂長存的淨土，才能令你安心駐留，才能長出肥美的果實。

你早已在此，無需外求，僅需看清與明白。

明白這一片豐盛的淨土，便是你自己。

3 思緒紛擾的信使人格

以為頭腦萬能，卻困於萬萬不能。

頭腦裡充斥著好多聲音想法，幾乎無法安靜下來。

我好需要和人說話，說一說暫時會好一些，但沒多久又開始心煩了。

每次和人溝通我都很小心用字遣詞，深怕不夠精確，也很在意對方怎麼回應。

總是有人否定我的想法，讓我覺得自己好糟，越來越不敢表達意見。

不管選哪一個，我都覺得可能有不好的結果，所以我總是無法選擇也不敢行動。

我總是想要找出答案，但越想越困惑、越迷惘……

信使人格失衡易有的情緒與狀態

心思雜亂：頭腦思考過多而失焦，想法紛亂停不下來。

焦慮不安：預設一些可能發生但尚未發生的事，因而焦慮擔心。

浮躁不定：好奇心太強，注意力分散，不易專心、持續或穩定。

猶豫不決：選擇時過度分析各種可能，難以決定。

頭痛：用理智分析控制事情，用腦過度，太緊繃。

信使人格的人格目的與特色

「信使」意指傳遞訊息的人，把訊息傳遞給需要知道的對象，讓人們得到重要消息，更清楚地了解某些資訊。信使人格的目的如同信使，在於傳遞訊息、資訊方面互通有無，是一個喜歡「知道」，因而到處了解消息、資訊、知識的人格。

信使人格的存在，幫助我們透過想法的交流融入這個世界，發展我們的心智、邏輯思考、溝通表達能力，這些都是在傳遞訊息、知識時必須用到的能力。這個人格與我們的左腦有關，較重邏輯分析、歸納推理型的思考，而非直覺（與右腦相關的直覺型人格是拯救者人格與旅人人格）。有了這個人格，我們能輕鬆地與人閒聊、談天說地，享受交流的樂趣，也能刺激心智發展，廣泛地蒐集資訊、充實新知，將所知用於周遭環境人事物的互動，融入社會。

在工作事業方面，信使人格讓我們順利地傳遞訊息與資訊，用溝通促進合作效率，並幫助我們樂於學習吸收新知，與他人交換意見得到需要的資訊；並以邏輯思考做出適當的整理分析，運用文字語言表達，有助於任何的企畫、行銷、溝通、傳播等工作。在感情或人際關係上，信使人格促使我們對人產生好奇心、開啟話題，輕鬆閒聊，容易與人往來互動、拉近關係，但不會太黏膩，保持在一個輕鬆、沒有太多情感或責任壓力的狀態。

失衡的信使人格，可能過度使用頭腦，不斷地分析思考、預設負面的可能，導致頭腦停不下來，心情隨著思緒的紛亂起伏不定；也可能過度倚賴邏輯思考，為各種選項都作了推論預測，卻始

信使人格的平衡與失衡表現

平衡的表現	失衡的表現
搜尋資訊與事實。	太仰賴資訊與事實，否定直覺。
心智發達，聰明反應快，樂於追求知識。	過度重視頭腦，忽略身體、情感上的需求，思緒雜亂情緒不穩。
擅長以邏輯分析狀況，幫助事情順利進行。	推測預設所有負面的可能性，導致不敢行動。
能以適切的語言文字表達想法。	過度執著於用字遣詞的精確，而非想法能否傳遞。
能輕鬆與人交談，話題廣泛，言詞幽默風趣。	喜談八卦，言詞膚淺，言不及義沒有重點，浪費力氣於論人長短、搬弄是非。
口才好，說服力強。	說得比做得多，承諾經常沒有兌現。害怕說錯而不敢表達。
適應環境的能力極佳，靈活有彈性。	機伶但不誠懇，善變沒耐心。
好奇心強，學習快，多才多藝。	樣樣通樣樣鬆，缺乏累積而來的成就。
心智敏捷，同時處理多種事情。	無法專注，遇到困難就藉其他事情轉移注意力。
好奇於各種觀點，喜歡聆聽交流。	希望自己的觀點是正確的，為了被認同而辯論。

終不知該如何選擇與決定；或者好奇心太強，注意力無法集中專心在一個目標，許多事情難以持續深入，變成樣樣通樣樣鬆，缺乏專業成就。

你的信使人格程度多強？在哪個領域表現？

你的信使人格程度多強？

以下是信使人格在失衡時容易有的想法或行為，請讀一讀，觀察以下句子與自己的狀況是否吻合，如果吻合的敘述越多，表示你的信使人格程度越強，換句話說，也表示你越需要療癒信使人格，以便協助這個人格平衡發展。人格程度的強弱亦可同時參考前頁表格「信使人格的平衡與失衡表現」。

▼失衡時，信使人格會有的想法是：

- 應該還有很多我不知道的訊息，再找找看！
- 如果選A，可能會……，但也可能會……。如果選B，可能會……，但也可能……。好難抉擇！
- 這句話用詞不精確，改一下。嗯……再改一下好了。

- 我聽說他最近……雖然不是很確定，但應該是喔。
- 他說這句話是什麼意思？表示他不同意我的觀點嗎？
- 雖然我有些想法，但講出來可能會被否定、嫌棄，還是不要講好了。

※如果以上六句中超過三句是你常有的想法，或是你慣用的口頭禪，代表你的信使人格程度可能偏高，而且可能失衡了。

▼失衡時，信使人格會有的行為是：

- 花心力推測各種可能，遲遲沒有行動。
- 不斷追求知識、蒐集資訊，進行滿足頭腦的活動，忽略健康和情緒等其他面向。
- 與人交談時，一直注意雙方的用字遣詞，反而忽略詞句背後的真實意義。
- 為了讓交談愉悅，總是配合對方或說點善意謊言，並緊張地維持假象。
- 經常和他人辯論自己的觀點與想法。
- 花太多時間在說長道短、講八卦。
- 目標很多，不專一，每個都不夠深入，力氣分散而難有成就。
- 遇阻礙就轉移到其他目標上，閃躲困難。

※如果以上八句中超過四句是你慣有的行為模式，代表你的信使人格程度可能偏高，而且可能失衡了。

你的信使人格較常表現在什麼領域？

請試著再進一步想想看，以上信使人格常有的想法和行為，通常出現在什麼時候？除了你對自己的觀察之外，想知道你的信使人格容易表現的領域，也可參考以下所述在關係中或工作中易有的表現。

▼失衡時，信使人格在工作上易有的模式

- 容易被有趣的事分心，不易專心。
- 八面玲瓏，見人說人話、見鬼說鬼話。
- 書信往來、溝通交談時，在意遣詞用字的精確。
- 很在意提出的意見能否被同意，為之辯論。
- 手邊需要同時進行多項工作。
- 愛講同事或上司的八卦。
- 決策困難，容易想到每一種選擇的負面可能。
- 講究邏輯分析、事實與資訊，任何資訊不足、邏輯不清的提案與意見都不願採納。
- 以頭腦分析來選擇工作方向，未依內心感受或直覺來選擇，工作往往不快樂。

失衡時，信使人格在關係或感情上易有的模式

- 容易對人產生興趣，也容易失去興趣。
- 感情上不易專心於同一個對象。
- 關係當中如果遇到困難或問題，易選擇放棄離開。
- 容易開啟話題與人拉近關係，話題多半論人是非或較膚淺。
- 需要不斷找人說話來抒發情緒，流於碎念或抱怨。

實例　信使人格運用失衡時所創造的困境

最大心魔：只用頭腦生活

信使人格頭腦發達，邏輯清晰，能聰明分析事情，推測各種可能性。這樣的聰明成了雙面刃，一方面幫助我們擁有敏捷的心智來探索、思考溝通，一方面令我們太依賴用頭腦來過生活。凡事都想用思考或蒐集資訊找出答案，用邏輯分析判斷該做什麼選擇，只看見語言文字建構的世界，被這些可見可聽的符號所影響，例如電視、網路、書籍雜誌，充斥於生活的聲音言論、思想意見等。其實以上運用頭腦的方式都沒有錯，問題是出於：只以這些頭腦所捕獲的訊息為重心，生命裡的其他面向就會受到忽略。其他面向是什麼呢？包括內心的感覺與直覺、情緒感受、身體需求，以及各種不適用於邏輯分析，需要用心體會的，例如愛。

信使人格只以頭腦為依歸，很容易陷入「找不到方向」的困境。因為只要我們活著，便有各種變動、不安全的可能，頭腦會想方設法讓事情變得安全，推測各種負面的可能性來避免不安全。於是在信使人格的主導下，我們會發現每一種選擇都會有危險，如此一來，只會對於選擇和行動更加迷惘。頭腦讓一切還沒發生的都先浮現在腦海中，先設想了負面情境，再來思考如何預防，試圖找出答案控制一切。思考加深了想像的恐懼，只好再用更多的思考來預防。在這樣的惡性循環之下，我們不知不覺成為頭腦的奴隸，為了它所創造的負面幻象，而停留在原地、佇足不前。

困境1 夢想被頭腦阻擋

除了頭腦的思考能給我們答案，內心的感受也是一個指標，而且，往往是更能引領我們找到快樂的指標。然而，信使人格的過度思考，很容易否定內心的感受，明明內心有熱情、有嚮往，一旦頭腦想東想西、想到各種阻礙或失敗的可能，再多的熱情都會被壓抑與否決。於是我們往往犧牲真心所愛的，選擇了沒那麼喜歡，然而思考比較後顯得較為安全的選項。

案例 面對夢想，我腦中的負面想像停不下來……

安安在畢業之後，開始思考她的人生方向。求學時期就讀的是語言類科系，運用的範圍很廣，相對地也較欠缺明確可投入的專業領域。在從事一些助理性質的工作後，她發現自己不是很快樂。助理工作有穩定薪水，上下班也正常，理性的分析條件是很安全的。但實際上，她的內心卻有著另一種感覺：想在精神層面探索更多，想幫助更多人（而不是只幫助自己的主管），想當一名諮商師。她感覺得到內心的夢想，但她對於這個夢想的分析總是停不下來：會成功嗎？能取得執照嗎？我的能力夠嗎？換行業真的適合我嗎？薪水呢？會不會活不下去？

針對這個夢想的疑慮，安安來找我做了幾次諮詢。有趣的是，每次抽牌的指引都是類似的，總是要她「放下過多的思考分析和擔憂，專心於實現夢想」。甚至還有一回，連續三次抽到同一張牌卡，要她放空腦袋（當我們太過執著，有時我們的靈魂團隊會用這種方式重複叮嚀）。經過一次次諮詢時的釐清內心、重複提醒後，她終於展開了行動，準備考試。

如今，她已經在某諮商機構實習，邁向諮商師之路，也離她的夢想越來越近了。

困境 2 溝通時過度敏感，在意用字遣詞

信使人格重視語言文字的往來，在意能否運用精準的詞彙傳達意思，也對於他人的一字一句十分敏感，透過這些字句來判斷他人對自己的想法，確認他人是否認同自己的觀點、是否喜歡自己……等。也因此，溝通時容易沒安全感，心情受對方的話語左右。

案例 「這樣說恰當嗎？」斟酌再三的溝通焦慮

小敏有著優異的文字能力，從事文字相關的工作，做來也十分得心應手。不過，這個特質卻在日常生活帶來較多麻煩。對語言文字的敏感度，使得她連平時書信往來、與人聊天對話，都會再三

斟酌。該怎麼講、怎麼寫？這樣用字措詞好嗎？對方會不會誤解成另一種意思？萬一誤解的話，怎麼辦……。不知不覺，花了許多時間心力在煩惱怎麼溝通，儘管要傳達的意思非常簡單，一句話就可以講完。同樣的，她也會在意對方的用字是什麼意思，常心想「對方這樣說是否表示不認同我？不喜歡我？他真的懂我的意思嗎？」要是一個用字遣詞讓她不安心，心情就開始波動，不敢放心地表達自己。

困境3 害怕說錯話而不敢表達

要是在說話表達上曾有過挫折、被否定，有些人的信使人格可能會採取保護機制，開始在說話表達時極度謹慎，以免說了不恰當的話，引來更多的批評與否定。而本來在表達上就欠缺自信的人，可能因此更開不了口，變成完全不敢表達。

案例 乾脆不要開口，比較安全……

小愉平時非常健談、幽默風趣，很能愉快輕鬆地開啟話題、東聊西聊；可是在面對男友時，她就像是另一個人，不太說話，沉默，默默地配合對方的話題，不會表達自己的想法，也很少暢快聊天。其實，她不是不想講話，而是不敢講。每當開口前，都會再三考慮自己講這件事會不會太無聊，這樣說話對方會有什麼想法、會不會不開心。她擔心自己講錯話，對自己的表達沒有信心，深怕自己的表達讓對方不悅，對方會因此不喜歡她。同樣地，小愉在工作方面也會有這類顧慮。工作時常需要和客戶溝通，或者以文字語言呈現自己負責的工作內容，這時她都會異常緊張小心，有時乾脆能不說話就不說話，以免多說多錯。

深入覺察信使人格——更透徹的自我觀察與分析

從前述困境中，也許你已經發覺自己的生活中也有過類似經驗。接下來，我們還可以更進一步針對信使人格進行深入覺察。看看困境的背後，是否還有什麼值得我們探索學習的？

是否會希望自己的觀點受認同、肯定？是否會不敢表達想法或不停表達？

當我們極力希望自己的觀點受認同、肯定時（反過來說，就是害怕自己的觀點被否定），往往表示，我們把自己的想法、觀點，和「自我」畫上等號了。我們以為自己的想法就等於自己，想法好，就表示我們是好的，想法差，就表示我們是差的。因此，當想法或觀點被否定、拒絕，就會感覺到「自己」被否定、拒絕，自己不夠好，而陷入沮喪挫折。我們透過自己的想法表達是好是壞來評斷自己，做為認同自己的標準。

一旦以此為評價自己的標準，就會過度在意想法能否被接受、認同，並產生得失心，於是可能會衍生兩種極端的做法：一種是不敢表達，深怕自己的觀點被否定拒絕，或因表達不佳而失敗，所以認為只要減少表達就會減少被否定的可能；另一種作法是不停表達，同樣出於害怕被否定的心理因素，但是會較積極地證明自己想法是好的，證明自己是能說能寫、擅於表達的，用以克服內在對自己想法或說寫能力的自卑。無論是哪一種，都反映了害怕自己不夠好的恐懼。不過，相較之下後者是較為積極的做法，許多在思想、說寫、溝通等領域有所成就的人，就是善用這個恐懼而不斷努力，反而因此累積出專業能力，表現得更好。

是否會遇到困難就轉移注意力與目標？是否目標很多、不願放手？

之所以會轉移注意力或目標，往往是在遇到困難時下意識的逃避反應。如果要克服困難，就得花力氣處理，即使著手處理還不一定能成功克服。所以，最簡便的方式，就是將精神氣力轉換到其他目標，就不用面臨失敗的風險，還可以假裝自己確實正在努力（努力於其他目標）以便減輕不夠努力的罪惡感。小至轉移話題，大到轉換感情對象、轉移事業的目標方向，背後都可能是在迴避困難與麻煩，只想以簡便的方式維持安全感，讓自己輕鬆。

其實這種思維並沒有錯，有時轉移注意力確實能減輕過度執著的痛苦。然而，如果我們渴望有所成就、累積出成果，這個逃避的機制是會阻礙我們的。成功，往往是需要在同一個目標上持續累積、克服困難激發潛能才能達成，如果透過轉移來避免失敗的風險，也會同時減少成功的機會。

另一種避免失敗的方式是選擇很多目標來經營。如此一來，遇到困難時可以分散注意力，在其他目標上獲得成就感，減輕挫折感；另一方面，可以分散風險，如同雞蛋分裝在不同籃子，以免全盤失敗。結果，往往因為心力分散於不同的目標，反而沒有一件事情能徹底處理好，成功的機率也跟著降低了。感情方面也是如此，感情關係遇到困難就換對象、感情對象很多無法專心，也多半是想迴避困難、分散失敗風險。

這就是頭腦的詭計。我們的頭腦很聰明，但有時也會聰明反被聰明誤。

是否常難以抉擇，不敢行動？

面臨兩種以上的選項，不知如何選擇，遲遲不敢行動，通常表示過度仰賴頭腦分析，未聽從直覺與內心感受。頭腦的分析是非常有邏輯的，能順著邏輯推論出各種「可能」，因為過度周詳的推論，導致每一個選擇都容易推論出不好的結果。例如，以是否換工作來說，換工作「可能」找不到工作，就「可能」有空窗期，空窗期久了就會減少收入，「可能」面臨財務緊縮，結果就「可能」是既不能做更喜歡的工作甚至還會沒收入；如果選擇不換工作，原本的工作「可能」越做越無趣，「可能」無法升職，也「可能」被裁員，最後「可能」做得既辛苦又不快樂，還要面臨隨時裁員的風險。當然，以邏輯來說，這些「可能」全是合乎邏輯的，因此的確都可能會發生，所以，無論做什麼選擇，最後都可能會發生不如意的結果。在這樣的思路之下，當然會做不了決定，畢竟經過頭腦精密的分析後，沒有一個選擇是絕對安全的。

一旦陷入這種頭腦的分析而難以決定時，表示我們太依賴頭腦，只想藉理智的分析預見未來、控制一切，找到最安全的答案，獲得現在所沒有的快樂。這也表示，我們忽略了一項重要的選擇標準：自己的心。無論是內心嚮往著什麼、喜歡什麼，或是不知為何便想行動的直覺，這些都能連結到我們真實的渴望，甚至隱約指向適合我們的方向。

簡言之，頭腦講求安全感，經過沙盤推演，萬事都有負面或失敗的可能，只有直覺能幫我們指出大方向，幫助我們較容易做出選擇。

是否常心思雜亂，情緒焦慮不安？或常想事情想到頭痛？

當你察覺到自己思緒紛飛，情緒起伏不定，且心情起伏似乎就是隨思緒變化，那就表示你已用腦過度，只想靠頭腦揣測分析、控制事情，因此從A問題聯想到B問題，從B問題又延伸至C問題，或者如前面所說，不斷分析各種選項的可能，想找出最好的答案或決定。然而這些分析都是因為害怕每個選項的負面可能性，皆以恐懼為出發點，因此分析的當下必會伴隨擔憂、焦慮等情緒，每想一次就影響一次心情，情緒自然起伏不定了。有時候，甚至還會想到頭都痛了起來。我們常說某事某人令人頭痛，指涉其麻煩與難處理，這句「令人頭痛」還真的是有所依據。因為覺得麻煩困難，又想靠腦筋思考想出解決方案，反覆苦思，腦神經不斷受刺激，頭部負荷過度而緊繃，便會導致頭痛。

這其實是在提醒我們，所思考的問題，已經超出我們能負荷的範圍，有時反而需要適度放鬆、放空，放下舊的思維與思考模式，才容易有新的想法。腦袋放鬆、放空的時候，也比較容易浮現直覺與靈感，帶來大方向的指引，以及新的解決之道。

在深入覺察之後，接下來，我們將更進一步學習如何療癒信使人格。

信使人格的療癒方法

信使人格的療癒方法分為三種，三種方法分別以「**其他人格運用**」、「**信念**」、「**行動**」來幫助我們放下舊模式，療癒信使人格。你可以三種都試試看，在嘗試後感覺一下哪一種方式對你而言較有效，並持續運用。每一種療癒方式都需要長時間的覺察與練習，一次又一次地清理與釋放舊的想法與行為，因此請持之以恆，讓「相信自己可以改變」的信念幫助你進步。

1 運用其他人格來療癒

我們可以用「**旅人人格**」、「**拯救者人格**」、「**戰士人格**」來療癒失衡的信使人格。

▼「旅人人格」的直覺指引、建立信念

總是用邏輯思考、蒐集資訊來找出答案的信使人格，可運用旅人人格的直覺來平衡對頭腦知識的倚賴。有時候，無論我們怎麼思考還是會陷入難以選擇的迴圈，無論蒐集多少資訊與意見，都覺得不足以做出結論得到答案，那麼，請放下這些絞盡腦汁的方式，放下邏輯的推論，靜下心來，感受內心的聲音，也就是直覺。內心的聲音往往很單純：我想要，或我不想要。有時甚至也沒有原

因，會有種「不知為何，非常想做」的感受，也可能是一想到某個選擇就有喜悅和衝勁。頭腦的思考分析並非不好，而是較適合運用於解決問題、達成目標，而不是目標確定前就先預設太多問題，這麼一來，我們所做的選擇只不過是問題可能最少的選項，但往往未必是真心渴望、想要的。

信使人格的興趣較廣，但似乎沒有一樣會想深入研究，以致於生活沒有重心，心力容易分散而迷失方向，不知人生該何去何從。這時可運用旅人人格對於信念的追求，接觸一些哲學思考、信仰、靈性修行的方法，目的並非要入教或參與組織，而是透過接觸，了解不同的生命觀點，並加以擷取，運用於自己生活中，作為找到生命意義與方向的指引。有了較明確的信念和人生觀，我們就能依循該信念選擇生活方式，自然容易排出優先順序，集中較多心力於較重要、對自己而言較有意義的事情上。

▼「拯救者人格」的信任安排

信使人格希望以頭腦分析來掌控一切，選擇安全的做法，其實是因為缺乏對生命的「信任」，無法相信生命能在沒有理性操控的情況下，走向美好的結果。因此，非常需要拯救者人格的信任來平衡，找回放鬆身心、順流而行的生命模式。

我們的頭腦有邏輯，宇宙也有它的邏輯在運作，那便是宇宙法則，例如因果法則、吸引力法則。當我們信任地將自己交託給生命本身，宇宙法則便會守護我們走在最完美的路上。反之，如果我們一直想以自己的分析來確保安全，常常是與生命之流抵抗，花了很多力氣，卻不一定走在適合的路上。頭腦沒辦法全觀全知，思考而得的答案，也不一定是最好的。有時我們以為的好，可能只是暫時讓我們感到安全，但綜觀全局，未必能帶來什麼成長或好處；有時我們以為的糟，反而帶來重要的突破與成長，長遠看來，才是真正的禮物。

既然頭腦判斷的好壞只是偏狹的觀點，何不學習拯救者人格，適度地放下思考，放下此刻必須得到答案的執著，順著感覺行動？讓宇宙為我們做最好的安排，答案往往會在需要的時刻自己出現。

▼▼「戰士人格」的勇往直前、做了再說

我們有時認為別人「想太多」，或被他人說「想太多」，其實都是信使人格過度思考的失衡狀態。想太多時，往往只會越想越負面、複雜，而設想得越負面就越不敢行動，於是只好又躲回頭腦繼續想個不停，事情卻一點進展也沒有。這時，如果讓戰士人格出來，帶領我們積極行動，會有很大的突破。

不知道該怎麼做比較好？先選一個方式做了再說。不知道該選擇哪一個？先試其中一個再說。害怕追求夢想會失敗？先開始第一步再說。所謂「做了再說」，不是要我們不假思索地魯莽行事，而是讓行動的展開，來破除頭腦的預設成見，因為一旦「行動」，就會有「經驗」，我們就能實地於經驗中面對問題、解決問題。透過真正的行動，會發現多數頭腦的預設都不是真的，只存在於我們的想像中。就算真的發生問題，我們也有能力在事發當下再想辦法解決、調整。

戰士人格教我們行動，而行動本身會帶來力量，令我們專心於當下，減少過多的思慮擔憂。

❷ 幫助信念轉換的肯定語

除了運用其他人格來療癒信使人格，我們還可以利用肯定語，經過長期練習，有助於內在信念轉換。

請找一個可以放鬆獨處的安靜空間，大聲唸出或心裡默唸以下肯定語，與信使人格對話，使其獲得療癒。在唸肯定語的同時，可以試著覺察自己內心有什麼感受。

- 我相信自己的直覺與感受，能指引我往適合的方向前進。
- 放空腦袋不是浪費時間，是空出空間容納新的想法與靈感。
- 我不需要知道所有資訊才能選擇，直覺與喜悅已足以告訴我答案。
- 表達想法不是為了證明自己，是為了解決問題。
- 我的想法不等於我自己，無論想法被認同或拒絕，我都是很好的。
- 重要的是字句背後的意義，而非字句本身。
- 我能直接行動，在行動中面對真實，放下頭腦的虛妄。

3 以行動來療癒

我們可以運用「**接觸大自然**」、「**放空發呆**」、「**冥想**」等方法，使信使人格獲得療癒。

▼接觸大自然

大自然的能量是非常平靜的，動物、植物雖然皆有生命，卻不會有過多的思考分析，也正因如此，牠／它們不會有紛雜的思緒與情緒，相較於人類，是較為純粹、靜定的生命體。多與動物、植物接近，能受牠／它們的能量影響，也跟著放鬆舒緩下來，進而放下多餘的思考。

因此，當我們多接觸大自然，可以幫助放鬆心情、平息混亂的頭腦，對於總是用腦過度的信使人格，有很好的療癒效果。

▼放空發呆

放空發呆聽起來不像是個「解決方法」，只讓人聯想到「浪費時間」、「擺爛」、「廢」之類的，但其實這是對信使人格非常有幫助的方式。

對失衡的信使人格而言，放空是非常難的，但如果能做到，我們的頭腦會能得到充分的休息（對，頭腦醒著的時候也是需要休息的，光是睡覺的休息並不夠），因為持續的思考而產生的焦慮也能因此趨緩平息。此外，頭腦的作用並不只有主動思考，也有被動接收，接收天外飛來一筆的靈感、能幫助我們成長的領悟、靈魂團隊給我們的訊息指引。要接收這些東西，唯有頭腦處在放鬆放空的狀態才有可能。

每天找一段時間，什麼事都不做、不想，純粹的放空，每天至少十分鐘，習慣後可以慢慢增加。如果頭腦還是想要「想」，思緒持續浮現，就讓自己隨意地想、天馬行空地想，而不是帶有目的的想，例如想著如何解決麻煩。允許自己在白天作白日夢，看看天空發發呆，有時靈感會意外到來，反而可能讓原本困擾你的事情一瞬間就能順利解決，看似浪費時間，其實省下更多時間。

▼適合信使人格的冥想：淨化思緒冥想

容易過度思考、頭重腳輕的信使人格，可以透過冥想來幫助放空，釋放雜思雜念、釋放表達不被認同的恐懼。幫助恢復想法上的自信、找回左右腦的平衡、穩定落實的能量。

●關注脈輪（脈輪位置請參考第44頁的脈輪說明）

眉心輪：釋放過多的思考、放鬆頭腦，平衡左右腦。

喉輪：自然順暢地表達想法。

太陽神經叢：釋放表達不被認同的恐懼。

海底輪：將頭腦過多的能量往下疏導，落實扎根，增強行動力。

● 冥想步驟

1. 坐下，閉上眼睛。找到一個舒服的姿勢，脊椎稍微挺直，頭與身體成一直線。
2. 做幾次深呼吸。讓每一次的呼吸都越來越深、越來越緩慢。
3. 焦點放在眉心輪，吸氣，將氣吸到你的眉心輪，吐氣，把氣吐到坐骨、腳底，釋放掉。約做五、六次。感覺在吐氣的時候將腦中的雜念、混亂思緒一併吐出，釋放掉頭腦所創造的幻象、擔憂。
4. 現在，感覺眉心輪有著靛藍色的光，隨著呼吸擴大增強，包圍整個頭部，包含前後。想像靛藍的光充滿左半腦，感覺這靛藍的光為你轉化頭腦的焦慮緊張、平衡過度的邏輯分析與推測，你能讓左腦休息，讓它在最需要的時候才開始運作。
5. 現在，想像靛藍的光包圍你的右半腦。在這裡，你有充分的直覺與靈感，能感受到靈魂團隊的訊息。你右腦的直覺與創意，被活化了，它等著你接收，更清楚今生的目的、人生方向，並將它們落實。
6. 焦點來到喉輪，想像喉輪有著水藍色的光，如海水般閃耀光芒。這水藍色的光隨著呼吸擴大增強，包圍整個喉嚨。感覺它轉化所有溝通的害怕，而為你帶來自然的表達；感覺你喜歡自己的想法，即使別人不認同，想法也一樣很好，你也一樣很好。
7. 焦點來到太陽神經叢，吸氣，將氣吸到你的太陽神經叢，吐氣，把氣吐到坐骨、腳底，釋放掉。約做五、六次。感覺在吐氣的時候將想法不被認同的恐懼一併吐出，釋放掉所有表達上的障礙與恐懼。

8. 最後來到海底輪。想像從海底輪往下射出深紅色的光，很長很長，延伸到地底。感覺你穩穩地扎根在此，你是安全的，被大地之母滋養著、支撐著。想像你頭腦的能量沿著脊椎往下送到海底輪，再沿著深紅色的光送到地底。你的思想能化為行動落實，成為具體的成果；你的多餘雜念釋放到地底，為大地之母所接收。
9. 焦點回到心輪，並做幾次深呼吸。
10. 動一動你的手腳，睜開眼睛，回到你所處的空間。
11. 如果剛剛過程中有感受到什麼訊息，可記下來，做為日後實踐之用。如果沒有也沒關係，單純地感受過程就很棒了。

給信使人格的〔愛的輕語〕

在認識了信使人格、深入覺察，並嘗試過適合的療癒方式後，請找一個安靜的空間，為自己讀一讀給信使人格的「愛的輕語」。讓心中的信使將想法化為行動，堅定決心、落實夢想。

現在，就是最好的時機。

靈感已經到臨，資訊也夠充分，分析已經周全，剩下的，就是你的行動與投入。

不需要再顧慮與拖延，你所做的準備已完全，機會的大門已為你而開。現在，你只需要帶著靈感，跨出頭腦的想像，走入大門，創造落實。

夢想的實現，需要的不只是頭腦的編織幻想，還需要手腳並用地投入開創。重要的並非你怎麼做，而是你所投入的能量、時間與心力。

在宇宙的因果法則下，你的投入與行動，都會化為成果；在你的信任與決心下，所有的人事物都會支持你，獲得正面的結果。

當你專心投入一個目標，宇宙便會供應你所需，支持你邁向成功。

你的意願與行動，是最強的磁力，能吸引你所需的資源與幫助。

你不是孤單無助的一個人，你不是只活在頭腦中擔心害怕的人，你是無限的你；

你勇敢堅定，信任自己的直覺，信任宇宙的安排與支持，信任此刻就是最好的時機。

那麼，徬徨不再，顧慮不再，猶豫不再。唯一一再重複的，是你的行動與投入，是隨之而來的成果與美夢。

現在，就讓你的行動，引領你往夢想前進。

4 不安敏感的嬰兒／母親人格

歸屬總在彼方，分離總成恐慌。

只要沒有人陪伴，我就會很不安心，甚至害怕。

為什麼我談戀愛都會被拋棄，他們最後都會離開我？

每次開始和人交往，我都會緊張兮兮，好怕對方不愛我、不要我了。

我的另一半總嫌我太黏，我也不喜歡自己這樣，但就是很沒安全感。

為什麼我總是喜歡上和我保持距離的對象？我積極，他就冷淡，我冷淡，他就靠近？

我喜歡照顧人，但當對方不需要我時，我會感覺非常空虛。

面對分離，我總感到強烈的不捨與心痛……

嬰兒／母親人格失衡易有的情緒與狀態

不安：非常需要依賴陪伴，獨自一人易覺得沒安全感。

敏感：害怕失去依靠，因此對他人情緒反應很敏感。

分離恐懼：害怕離開依賴對象後無從歸屬、缺乏力量，對分離恐懼萬分。

空虛寂寞：心理上若缺乏依附對象，容易感覺空虛寂寞。

害羞怕生：脆弱、害怕受傷，對陌生人或初識對象較為懼怕、不敢親近。

嬰兒／母親人格的人格目的與特色

嬰兒／母親人格（以下簡稱母嬰人格）有兩個面向，一個為母親，一個為嬰兒，但其實兩者是相關的。嬰兒缺乏獨立生存能力，需要依賴親近的人，需要被照顧，以獲得安全感；母親要照顧孩子，透過照顧來感到彼此親密的連結，也可能透過這連結獲得安全感。前者要受照顧，後者要照顧人，且都需要親密的連結，互相歸屬，得到安全感。因此，這個人格和我們的安全感，以及如何得到親密的連結與歸屬，有很大的關係。

在生命早期，我們還沒有獨立生存能力，這個人格會以嬰兒的面向展現，漸漸地，我們從自己的媽媽或照顧我們的人身上，學會如何照顧自己，甚至延伸到照顧他人，這時，我們的母親人格就顯現出來，替代了嬰兒人格。不過，有時很難將母親／嬰兒一分為二，因為長大之後，嬰兒人格仍可能依舊存在。事實上，大多數人的嬰兒人格都不會消失，因為我們都會渴望受照料、有所依靠。然而，有些人的嬰兒人格在早期挫折較少，所以母親人格可以較為成熟地展現，不因嬰兒人格受到的傷害與陰影而遭阻礙，因此在照顧與被照顧之間，較易取得平衡。但有些人的嬰兒人格曾經在年幼時受到傷害，或者早期需求一直沒有被滿足，使得他們到了晚年，嬰兒人格依舊很強，一直重複著內在不受照料的傷痛，一直渴望獲得彌補，而下意識地去追尋（甚至緊抓）能照顧自己、讓自己可以依靠的人。

嬰兒人格的健全與否，會影響母親人格的成熟度。因挫折而不健全的嬰兒人格，可能使得長大後的母親人格較為不成熟。即使當了媽媽，也是一個令人操心的母親，可能對家人或任何能倚靠的對象顯現出過度的依賴；或者也可能為了彌補自己嬰兒人格的傷，不斷給他人過多的照顧。若是發展健全的嬰兒人格，長大後的母親人格便能適當照顧他人，給予他人真正所需的照料，同時兼顧給他人獨立發展的空間。簡言之，如果母嬰人格真正長大了，就會讓對方也擁有有長大的機會；如果母嬰人格自己還沒成熟長大，也容易以讓人很難成長的方式來照顧對方。

母嬰人格的存在，讓我們學會在依賴中互相需要，情感交流，在情緒上同理共鳴，對情緒有更多的感受與體會。這是身為人的珍貴之處，也是靈魂非常重要的課題。在不安全感當中，我們能明白自己的脆弱，接受他人的支持與滋養，漸漸地越來越能自我照顧，自行獲取安全感。然後，運用這份自我照顧的能力，再進一步為他人付出、滋養他人。因為這個人格，我們感受到親密與互相歸屬，是一件多美好的事，也同時學習到：不能完全依賴他人，也不能總仰賴他人的照顧、總倚靠他人對自己的需要，而必須於獨立與依賴之間、照顧與被照顧之間找到平衡。

在事業工作上，母嬰人格可以幫我們更有同理心，在各種共事中互相幫助，若有磨擦也可同理體恤，並且建立工作之外的感情，有助於舒緩工作本身的嚴肅與壓力。如果工作性質是需要照顧人的，更能運用母嬰人格好好發揮，針對客戶的需求提供服務與照料。感情或人際關係上，這個人格讓我們更能照顧人或接受照顧，有助於建立親密關係，得到互相歸屬的安全感，感受到情緒共鳴、情感交流的溫暖。

母嬰人格一旦失衡，我們易有很深的不安全感，隨時害怕被拋棄、害怕分離；太過依賴，無法

嬰兒／母親人格的平衡與失衡表現

平衡的表現	失衡的表現
大部分時候能照顧自己的需要，有時也讓他人照顧自己。	只仰賴他人來照顧，不能自我照料。／只照顧他人，不接受他人照顧。
與他人互相支持，需要的時候會彼此照顧。	與他人互相依賴，不能獨立自主、自我照顧。
需要的時候，會提出自己的需求。	需要的時候仍不敢提出請求，逞強或裝作不需要。
願意與人親密，但也保有自己的界線。	不敢與人親密，刻意拉出空間距離。／過度與人親密，缺乏空間距離。
對需求與情緒敏感，具有同理心。	過於敏感，因怕被拋棄或缺乏情緒界線。
洞察他人的情緒與需求，予以照料或鼓勵對方成長。	洞察他人情緒反應，以確保不被拋棄。

獨立，一失去依靠就恐慌，一個人就感到寂寞空虛；情緒嚴重影響思考，很難理性成熟地面對問題；因害怕被拋棄、失去依靠，對依賴對象的情緒反應特別敏感，稍有風吹草動就緊張不已。

你的嬰兒／母親人格程度多強？在哪個領域表現？

你的嬰兒／母親人格程度多強？

以下是嬰兒／母親人格在失衡時容易有的想法或行為，請讀一讀，觀察以下句子與自己的狀況是否吻合，如果吻合的敘述越多，表示你的嬰兒／母親人格程度越強，換句話說，也表示你越需要療癒嬰兒／母親人格，以便協助這個人格平衡發展。人格程度的強弱亦可同時參考前頁的表格「嬰兒／母親人格的平衡與失衡表現」。

失衡時，嬰兒／母親人格會有的想法是：

- 我不要跟他分開！
- 好想一直黏著他……
- 萬一他不要我怎麼辦？
- 我是不是惹他不開心了？他會因為這樣討厭我而拋棄我嗎？

- 一個人好寂寞。
- 他為什麼沒照顧到我的心情和需要？
- 我還是自己來就好了，不要麻煩他，免得他拒絕我。
- 不理我？沒關係，我真的一點都不在乎，真的。（其實非常在意）

※如果以上八句中超過四句是你常有的想法，或是你慣用的口頭禪，代表你的嬰兒／母親人格程度可能偏高，而且可能失衡了。

▼失衡時，嬰兒／母親人格會有的行為是：

- 緊抓著依附對象，不願分開。
- 做每件事都需要一個令自己安心的對象陪伴。
- 需要一直被照顧或照顧人，才覺得自己有價值、有歸屬感。
- 對他人、自己的情緒敏感，情緒經常受影響而起伏波動。
- 索求照顧，認為理所當然。
- 需要幫忙的時候仍逞強，不敢提出請求。
- 有時想親近人，有時又刻意拉出空間距離，不敢與人親密。

※如果以上七句中超過四句是你慣有的行為模式，代表你的嬰兒／母親人格程度可能偏高，而且可能失衡了。

你的嬰兒／母親人格較常表現在什麼領域？

請試著再進一步想想看，以上嬰兒／母親人格常有的想法和行為，通常出現在什麼時候？除了你對自己的觀察之外，想知道你的嬰兒／母親人格容易表現的領域，也可參考以下所述在關係中或工作中易有的表現。

失衡時，嬰兒／母親人格在工作上易有的模式

- 和同事上司較有私交，會分享心事、交流感受，但有時影響工作的公正理性。
- 對自己及他人的情緒都較敏感，工作起來容易受情緒影響、無法專心。
- 非常需要歸屬感，如果沒有較要好的同事會沒安全感。
- 因為對公司與同事有了感情，需要離職時仍無法下定決心。
- 依賴心重，較難獨立作業，總是索求幫忙協助。
- 面對拒絕容易受傷，因而不敢提出請求。

失衡時，嬰兒／母親人格在關係或感情上易有的模式

- 因為對舊的人事物已有安全感的依附，容易戀舊，沉浸在過去的戀情與回憶中。
- 容易在現任感情對象上，看見前男友／女友的影子。

- 日久生情，因長期相處滋生的安全感而萌發戀情。
- 容易愛上很照顧自己，或需要被照顧的人。
- 一旦對某人依賴成習慣，就害怕被遺棄或分離。
- 親密關係中常感到矛盾或態度忽冷忽熱，心裡很需要對方，表面上卻逞強或裝不在意。
- 對朋友或戀人非常依賴，經常找他們抱怨、宣洩情緒。
- 對不熟的人非常低調、保留，自我保護。

實例 嬰兒／母親人格運用失衡時所創造的困境

最大心魔：分離

對母嬰人格來說，最可怕的就是分離。「分離」指的是：當母嬰人格已經對某個對象產生依賴，對方也成為自己的安全感來源，卻在依賴仍存的情形下，不得不與對方分開。這種痛苦，就像本於母親子宮內感到溫暖安全，卻必須要離開母親的子宮、與母親分開一樣，瞬間失去依靠、失去原本的溫暖與安全，被迫開始成為一個獨立的個體，獨自面對未知的世界。

每個人都經歷過這類似的傷痛，因為我們都體會過在母親溫暖的子宮內得到養分、溫暖照料，與母親一體相連的安全感，而也都經歷過出生時與母親分離的痛苦。這份初生之際的痛苦，將會不斷示現於未來的人生，讓我們一再經歷類似的感受，一次又一次給我們學習克服分離之痛的機會，以便學會獨立成長，培養出自我照顧的能力。

在尚未克服之前，對分離的恐懼會驅使我們緊抓令自己熟悉安全的對象，以便維持彼此的連結，並獲得滋養照顧。因為害怕被遺棄、被拒絕、被拉開距離……等任何形式的分離所帶來的傷痛，也可能延伸出各種心理上的防衛機制來避免受傷。

困境1 分離恐懼，敏感於人際關係變化

母嬰人格很需要連結，害怕分開，尤其已經在某人或某關係上建立安全感之後。害怕一旦被討厭就會被拋棄，會敏感地感受對方的情緒變化，深怕對方不開心而可能遠離自己。這種與遺棄有關的恐懼，通常也與早期和父母之間的關係相關。

案例 反正終究是要分離的

圓圓非常需要朋友，在與朋友的相處中，常常敏感察覺對方有何情緒，要是有一點不悅或冷淡，她都會立即緊張起來，覺得對方可能不想跟自己來往了。我和圓圓在靈魂清理的療程中，搜尋到她有「相信分離」的信念，她不禁哽咽地說，她沒辦法相信人的關係能一直長長久久，她總認為最後一定是要分開，或被拋棄的。

她的父母很早就離異了，一直跟著媽媽生活。爸爸的離開，讓她覺得自己並不重要，自己如果不存在也沒差。她還認為，是因為自己不夠好，爸爸才會拋棄她。因此，圓圓在日後的關係中，也

會容易覺得自己不夠好，必須要小心翼翼，才不會被朋友或戀人拋棄。對於關係也有很深的不信任感、不安全感。

困境2 疏離與親密的矛盾心境，創造了外在情境

母嬰人格從小就期待受到照顧（因為嬰兒的確沒有能力獨立生存），對於照顧者抱有依賴與期待，如果生命早期的期待落空，甚至遭遠離或遺棄，容易在心理上形成與照料相關的創傷，發展出防衛機制，以便保護自己不再受到類似早期的傷害。這種傷害有時是今生早期所造成的，但也有許多傷害可以追溯到前世。而防衛機制中較常見的其中一種，就是「抽離不投入」。對於親密關係保持一定距離，不讓自己投入後產生依賴與期待，以免遭對方突然遺棄而受傷。但是，這種方式無法真正根除安全感問題。即使表面上看似疏離或保持距離，母嬰人格的心理上仍是依賴對方，也十分在意的。反而因這份矛盾，關係一直難以進展，只能重複「你進我退，我進你退」，宛如跳恰恰一般的模式。

案例 「我想做自己，也想在一起」的感情矛盾

小力雖然很渴望愛情，但是他的感情路一直不太順。他喜歡的對象常常態度不明，有時對他挺好，有時又會刻意疏遠、較為冷淡。不過，這個狀況其實和他自己的想法是有關的。我們在諮詢時從星盤得知，小力的母嬰人格具有疏離與親密的矛盾，一方面極沒安全感，想依賴喜歡的對象，一

方面又不願意太投入，會想稍微疏遠。小力自己也認為自由與親密是很難兼顧的，他相信「關係黏膩就會失去自己，想自由做自己就無法與另一半親密」。因為他長期以來都抱著這種信念，他所吸引來與創造的外在情境，就會如他所相信的，很難建立又自由又親密的關係。這種難以兼顧的矛盾，還會分裂成自己和他人交互上演。如果小力自己是依賴的，對方就會想自由而遠離，反之，如果小力自己態度抽離，對方就會想親近。而且這種關係模式並不像一般人，因為發覺無法兩情相悅，關係一下子就結束。小力的故事通常會重複上演一陣子，讓當事人有機會發現並破除這個模式。

小力很早就必須獨立，因為父母經常在外工作，留他獨自在家過生活。在照料上父母給了很大的空間，卻也無法讓他依賴。這令他習慣擁有個人空間，卻也發展出在親密關係當中「抽離不投入」的防衛機制，總佯裝不在乎以免受傷。然而，壓抑下來的期待與受照顧的需要並未消失，會下意識地想彌補早期照料的不足，日後便持續尋找，或不斷遇到讓他想依賴的對象。而這些對象卻又使他依賴不得，重複與父母親之間的關係模式。

無論是哪種模式，只要我們早期與父母或主要照料者的關係之間有任何缺憾、傷痛，就會重複出現在未來的親密關係中，好讓我們有機會在其中看見自己內在的傷，用自己的力量，學習照顧並療癒這個傷，轉換此傷帶來的負面信念。試圖彌補通常只會更挫折，我們需要的是看見自己嬰兒人格的傷*，自我療癒，讓嬰兒人格健全起來，轉而用成熟獨立的態度面對同樣的情境。一旦我們能轉換態度面對類似情境，親密關係的功課就完成了，也就不需要一再面對同樣模式的關係，生命便會因此改變。

深入覺察嬰兒/母親人格——更透徹的自我觀察與分析

從前述困境中，也許你已經發覺自己的生活中也有過類似經驗。接下來，我們還可以更進一步針對嬰兒/母親人格進行深入覺察。看看困境的背後，是否還有什麼值得我們探索學習的？

是否對人情緒反應很敏感、害怕被遺棄？

這種狀態，表示我們自己沒有安全感，而把安全感建立在對方身上。不僅視對方為安全感來源，更是滋養與照顧的來源，令我們害怕失去對方就不能再被照顧、需求就無法被滿足。嬰兒人格未長大，深信自己需要他人來照料滋養；恐懼自己一個人無法生存，不能自我保護。簡言之，就是認為自己一個人是不行的，不相信自己能給自己安全感，不相信自己有獨立解決問題的能力。

* 作者注：母嬰人格中，受傷的多半是其中的嬰兒人格，因為這人格的傷痛常來自幼年早期，而早期母親人格還未顯現。因此以下常用嬰兒人格來指稱受傷的母嬰人格。

之所以害怕被遺棄，有可能和早期生命情境有關，但根源仍在自己的內心，而不是與父母之間的故事。同樣的劇情，對有些人來說會造成陰影，對有些人卻不會，這就是因為我們對事情反應的不同，產生的情緒感受與信念也不同。因此，不用怪罪父母如何對待我們，因為我們的傷可能早在前世就發生了，而父母只是為我們扮演了今生早期的照顧者角色，為我們觸發久遠以前就埋下的內心傷痛。

更重要的是，在今生、此刻當下，察覺自己的傷痛為何、負面信念為何，釋放舊信念並改變自己的心境。例如，發現自己有不受妥善照料的傷，就學習覺察自己的需求，自己來滿足這份需求，開始相信自己能過得很好，已經長大成熟，有能力自我照顧，做自己的父母。如此一來，便不需要害怕被遺棄，因為自己一個人也可以過得很好。

是否會習慣一直照顧人，當對方不接受自己的照顧便感到心慌？

若只是一般的照顧不算失衡，此處是指會「害怕」對方有什麼需求沒被滿足，而急於填補他的需要。這可能是在彌補兒時未受妥善照顧的需求，表面上看似照顧對方，其實或許是將自己的嬰兒人格投射在對方身上，照顧自己的內在嬰兒，彌補自己早期的缺憾。請格外注意自己嬰兒人格的傷，真正需要照料的是這個傷。認為對方需要被照顧的想法，常常只是在我們的傷痛之下，所想像出來的。

另外一種可能，是需要「被對方需要」，需要「互相歸屬」，把安全感建立在「對方對自己的需要」上，這也是嬰兒人格未長大的表現。真正成熟後的母嬰人格，其母親角色具有彈性，能在對方有需要時才給予照顧，而非時時刻刻都強迫性地給予。若非對方需要，而是自己單方面很想照顧對方，這表示自己想透過照顧與對方產生連結，同樣是因為需要歸屬於對方而獲得安全感的，這時正意味著我們內在並沒有安全感。

不過，如果發現自己有這種強迫照顧的狀況，也是個很好的自我觀察機會。我們可以觀察自己如何照顧他人，因為我們照顧別人的方式，往往反映了自己的嬰兒人格需要什麼照顧、有什麼需求。藉著觀察自己對他人的照顧方式，可以了解自己是否有哪些需求一直遭到忽略，以及我們還可以用什麼樣的方式來照顧自己、滋養自己。

是否常常心裡很需要被照料，卻逞強不想求人？是否會想佯裝不在乎、逃離親密關係與情緒？

前文已經提過，避免受傷的防衛機制之一是「抽離」，故作冷淡，假裝不在乎。另一種防衛機制是「逞強」。即使需要幫助或照顧，卻都還是自己一肩扛起，不願提出請求。在外人看來，我們彷彿都不需要別人，什麼都可以自己來，自己做。雖然顯得能力很強，但可能給人一種距離感，讓對方覺得自己不被需要，因此難以親密。

無論是抽離，還是逞強，這類防衛機制都代表我們的內在仍然非常脆弱。之所以想逞強，是因為害怕被拒絕，與其提出要求可能遭到拒絕，不如什麼都靠自己，就不會有受傷的可能。「逞強」

也意味著「拒絕」會令我們感到受傷，再次觸及自己不被照顧、不被愛、在他人心中不重要的恐懼。而這種被拒絕的傷，多半都是在早期與照料者的生活中便已經歷過的，後來的關係當中才會重現同樣的陰影與恐懼。

當然，逞強和真正的堅強仍是不同的。堅強是有多少能力做多少事，明白自己有時的確不足，願意求助。逞強是不去衡量自己的能力，假裝自己什麼事情都可以，為的是不想面對自己的脆弱，也不想讓別人看見脆弱。如果能看見自己的逞強，便有機會走向真正的堅強。

另外，假裝不在乎、假裝沒有情緒，也都是不願面對脆弱的一種防衛機制。這種方式儘管可以讓我們在當下不受情緒干擾，暫時舒服一點，但長久下來並沒有進展。情緒不會因為逃離而消失，需求也不會因為裝不在乎而減少。反而會日積月累，重複同樣的模式：產生依賴的需要卻遇到挫折↓裝不在意、沒感覺，逃離情緒↓沒被照顧到的需求與情緒仍然存在↓對某人產生依賴的需求又遇到挫折，舊情緒浮現。

最能斬斷這模式的方法，就是直接面對情緒與需要，照顧自己的需要，看見情緒所透露的內在恐懼，轉換信念。如此一來，情緒會被接納而自然釋放，因信念而一再重複的生命劇情也會隨著信念轉換而改變。

在深入覺察之後，接下來，我們將更進一步學習如何療癒嬰兒／母親人格。

嬰兒／母親人格的療癒方法

嬰兒／母親人格的療癒方法分為三種，三種方法分別以「**其他人格運用**」、「**信念**」、「**行動**」來幫助我們放下舊模式，療癒嬰兒／母親人格。你可以三種都試試看，在嘗試後感覺一下哪一種方式對你而言較有效，並持續運用。每一種療癒方式都需要長時間的覺察與練習，一次又一次地清理與釋放舊的想法與行為，因此請持之以恆，讓「相信自己可以改變」的信念幫助你進步。

1 運用其他人格來療癒

我們可以用「**嚴師人格**」、「**拯救者人格**」、「**旅人人格**」來療癒失衡的嬰兒／母親人格。

▼「嚴師人格」的自我依賴、情緒處理

母嬰人格的各種害怕，常常出自於嬰兒人格不願長大，仍然需要由他人照顧自己的需求，非得依靠別人才有安全感。因此，可藉嚴師人格的自主負責，學會自我依賴，自己建立安全感。

當感覺到需要時，不仰賴他人來給予滿足，而是依靠自己，用自己的力量來滿足自己的需求。例如，感覺脆弱與疲憊，亟需被呵護與安慰時，先不急著找人來獲得依靠，而是好好地獨處，感覺一下自己此時需要做些什麼來恢復能量，可能是什麼都不做、靜靜放鬆，可能是聽聽柔美的音樂，可能是吃一頓美食，可能是一趟旅行。試著做這些事，滿足自己的需要，因為讓嬰兒人格長大的最

好方式，就是好好照顧他，做自己的父母。當嬰兒人格從自己身上得到滿足，他便不會執著於過往的匱乏而不願長大，而會心甘情願地轉為成熟的母親人格，將受到的滋養用來照顧他人。

然而，如果是有防衛機制的母嬰人格，請不要再以嚴師人格來強化過度逞強的習性，這時反而需要學會適度示弱，接受他人的幫助與照顧。

母嬰人格在未成熟之前，很容易受到情緒影響，心情起伏不定，甚至是被情緒淹沒，影響到人際關係或工作表現。這時，可善用嚴師人格的控制能力，對情緒作適當的處理。

「處理情緒」並非一味控制與壓抑情緒，而是以較成熟的做法面對。例如，當我們感受到情緒，可視場合來決定如何處理情緒，如果是工作、公共場合，先暫時控制一下，不讓情緒影響到他人與事情；如果是工作之外、面對熟悉的人時，可以較放鬆一點地釋放，但也要顧及他人的感受，別流於冒犯衝撞；如果是獨處之時，便可以完全放鬆的抒發。練習用不同方式來處理情緒，能鍛鍊出不受情緒控制的能力，成為情緒的主人。這樣的處理方式並非不允許自己有情緒，而是能夠適當導引情緒的流向與表現方式，讓自己漸漸成熟到能與情緒自在相處，不被情緒牽著走。

▼▼「拯救者人格」的眾生一體、宇宙看顧

害怕分離的母嬰人格，可讓拯救者人格較易理解的「靈性觀點」、「眾生一體的信念」，來幫助緩和分離的恐懼。

「分離」，是人間的劇情之一，但這並非宇宙的實相。事實是，我們每一個人都在一次次的轉

世以不同身分重聚，在一次次肉體的死亡後，靈魂也回歸靈界與更多的靈魂好友們相聚。肉體會消失，但靈魂不滅，因此我們並不會分開，只是會在不同的次元（靈界或人間），以不同的形式（靈體或肉身）相遇。我們對彼此都有意義（例如幫助彼此平衡業力與完成靈魂功課），也都是彼此的一部分。從這個較高角度來看，我們彼此的連結就像一個有機體，每個人都是有機體的一部分，無法切割開來，更遑論分離。如此便可明白：分離與遺棄皆非真相，而是靈魂學習功課的劇情之一。我們難免因入戲而有情緒波動，但也可因明白遲早會重聚而安心，用以減輕分離恐懼。

基於以上，無論是在人間或在靈界，都有許多宇宙的看顧與幫忙，協助我們順利展開人生的旅程。我們並不是被神或宇宙拋棄到人間流浪的孩子，而是要在人生旅途中學會獨立、長大的靈魂。就像父母對待孩子一樣，要讓孩子有獨立、為自己決定的空間，孩子才會從中學習與成長，提升智慧與力量。但在我們較困苦、真的需要幫忙時，宇宙也會為我們安排各種資源與協助，幫助我們度過難關，順利前進。

在宇宙適度的放手與看顧下，我們既能成長，也很安全。有些看似不安全的遭遇，也是靈魂自身選擇的功課，往往是為了激發靈魂的潛能，讓靈魂藉此成長。總之，一切的安排都是剛剛好的，當我們需要保護時，宇宙絕不會吝嗇，只會給我們滿滿的愛，而這有賴於我們的信任，以及細心的觀察與發現。

▼「旅人人格」的探索成長

母嬰人格容易欠缺安全感，需要待在熟悉的環境中，面對熟悉的人才會安心。但是如果一直如此，就會無法成長。就好像小朋友如果一直待在家中不去上學，雖然備受家人呵護，擁有高度安全感，卻缺乏適應陌生環境的能力，難以真正長大。

旅人人格的成長意願、探索世界的動力，可以幫助母嬰人格跨出安全區域，學習獨立。也許是多嘗試與學習新事物，也許是一趟旅行，做些不熟悉的事，用一種探索世界的心態來面對。漸漸地，母嬰人格就能較容易放下對安全感的執著。探索的過程中，內心的熱情可能被點燃，得到的收穫與領悟、新發現的驚喜，也會帶來刺激與能量的復甦。能量飽滿時，我們會更相信自己有力量，相信自己能安全。

探索的過程若是需要獨自面對，也能訓練我們獨立，運用自己的力量面對未知，當我們一次次面對未知、一次次發現其中的有趣與安全，就會漸漸不再害怕接觸不熟悉的事物，而開始相信自己能獨當一面的探索人生。

❷ 幫助信念轉換的肯定語

除了運用其他人格來療癒嬰兒／母親人格，我們還可以利用肯定語，經過長期練習，有助於內在信念轉換。

請找一個可以放鬆獨處的安靜空間，大聲唸出或心裡默唸以下肯定語，與嬰兒／母親人格對話，使其獲得療癒。在唸肯定語的同時，可以試著覺察自己內心有什麼感受。

- 我很安全，我能照顧自己的需求，也能安撫自己的情緒。
- 我能面對並觀察我的情緒，不被情緒淹沒理性。
- 我知道分離不是真相，總有一天會再相遇。
- 我能好好照顧與滋養自己，成為自己的父母。
- 我給予照顧是因為對方需要，而不是因為我需要被需要。
- 我不用害怕被遺棄，因為我只歸屬於自己，而我不會遺棄自己。

3 以行動來療癒

我們可以運用「**建立個人事業或目標**」、「**擔任管理者或領導者**」、「**冥想**」等方法，使嬰兒／母親人格獲得療癒。

▼ 建立個人事業或目標

對母嬰人格來說，越沒安全感，越需要建立個人事業。事業的建立，可以讓我們練習負起責任，學習自主的決策，且因為事業需要達到某個目標，例如必須完成任務、達成基本業績，因此可以藉此練習將注意力放在如何達成目標、解決問題，從中鍛鍊出自我依靠的力量。因為事業需要理性的判斷決策，也可藉此學習不受情緒影響思考，導引負面情緒成正面的力量，例如憤怒轉成正面理性的果決、行動，才會有助於達成目標。

事業的建立可以鼓勵我們運用個人力量，如果同時受到事業上的肯定與認同，更能強化我們的自信，更願意為此努力。若建立個人事業暫時有困難，建立個人目標也可以發揮類似的效果。例如每天達到一定的運動量、維持某種規律的作息等，只要是需要靠紀律來達成或維持的目標都可以。這麼做的重點在於其中的自我規訓與紀律的堅持，因為這份堅持而獲得的成果，會讓我們深信自身的能力。一旦能相信自己的能力，就比較不會需要依賴他人來獲得安全感。

▼▼擔任管理者或領導者

當管理者或領導他人，也是一個鍛鍊出力量的方式。在管理他人的過程中，也會明白如何管理自己，為自己負責。

除了工作事業領域之外，在家庭或關係當中也可扮演管理或領導的角色。帶領大家完成一個共同目標，例如規畫旅遊、改善經濟狀況等等，都可以練習以目標導向來集中力量，減少情緒化或依賴的情況，有助於母嬰人格的成長。

▼▼適合嬰兒／母親人格的冥想：滋養冥想

容易沒安全感、敏感的母嬰人格，可以透過冥想來幫助安定，釋放需要依賴他人的信念、釋放被遺棄的恐懼。讓冥想來安撫嬰兒人格的不安、找回平靜，找回滋養自己與他人的力量。

●關注脈輪（脈輪位置請參考第44頁的脈輪說明）

頂輪：與源頭連結，感受宇宙的恩賜與照料。

心輪：療癒早期嬰兒人格的傷，清理心輪，找回愛的信任。

太陽神經叢：釋放被遺棄的恐懼，轉化依賴信念為自主的力量。

臍輪：釋放累積情緒，重新開啟療癒與滋養能力。

●冥想步驟

1. 坐下，閉上眼睛。找到一個舒服的姿勢，脊椎稍微挺直，頭與身體成一直線。

2. 做幾次深呼吸。讓每一次的呼吸都越來越深、越來越緩慢。

3. 焦點放在頂輪，想像頂輪有銀色的光，隨著呼吸擴大增強，包圍整個頭部，漸漸擴及全身。想像宇宙母親的愛隨著這銀色的光照拂你全身，滲入你每一個細胞。在祂的看顧下，你隨時被愛環繞，非常安全，你從來沒有被遺棄，是始終被關心著的。讓這銀色的光，為你增強愛與力量。

4. 焦點來到心輪，吸氣，將氣吸到你的心輪，吐氣，把氣吐到坐骨、腳底，釋放掉。約做五、六次。如果感覺胸口悶，多做幾次深呼吸，幫助心輪打開。想像心輪有粉紅色的光，擴大到包圍整個胸腔，感覺這粉紅的光為你清理舊傷、清除心輪的負能量，它讓你的心能感受到更多的愛，更願意愛人與被愛。你可能會有些舊的傷痛浮現，如果有，把它放在這光中，讓光來清理。

5. 焦點來到太陽神經叢，吸氣，將氣吸到你的太陽神經叢，吐氣，把氣吐到坐骨、腳底，釋放掉。約做五、六次。感覺在吐氣的時候將被遺棄、分離的恐懼一併吐出，釋放掉因依賴而產生的控制。
6. 想像太陽神經叢有黃色的光，隨著呼吸擴大增強，包圍整個腹腔。感覺這黃光轉化必須依賴控制的信念，帶來自我依賴的信心，你能相信自己的力量，依靠自己，歸屬於這個有力量的自己。
7. 焦點來到臍輪，吸氣，將氣吸到你的臍輪，吐氣，把氣吐到坐骨、腳底，釋放掉。約做五、六次。感覺在吐氣的時候將累積的情緒（包含自己與他人的）全都吐出，一次次釋放掉。
8. 想像臍輪有橘色的光，隨著呼吸擴大增強，包圍整個下腹部。在光中，感覺你的氣在臍輪漸漸凝聚，越來越飽滿，越來越溫暖。這是你的安全感基地，在這裡，你接受自己與他人的滋養。當你獲得足夠的滋養，自然會付出與照顧。讓橘色的光，為你增強滋養自己的意願。
9. 焦點回到心輪，並做幾次深呼吸。
10. 動一動你的手腳，睜開眼睛，回到你所處的空間。
11. 如果剛剛過程中有感受到什麼訊息，可記下來，做為日後實踐之用。如果沒有也沒關係，單純地感受過程就很棒了。

給嬰兒／母親人格的〔愛的輕語〕

在認識了嬰兒／母親人格、深入覺察，並嘗試過適合的療癒方式後，請找一個安靜的空間，為自己讀一讀給嬰兒／母親人格的「愛的輕語」。讓心中的嬰兒／母親因滋養而成熟，因獨立而美麗。

你，從不孤單。
你以為分離是必然，孤單是絕對。
但真相是，分離只是幻覺，孤單只是幻相。

真相是，我們與其他靈魂多生多世陪伴彼此，共修課題，共同成長。
真相是，我們擁有好多好多的關心與愛，圍繞在身旁，從未離開。
真相是，當我們願意相信與連結，那些愛便會化作心裡的存在，永在心懷。

若有一天，你感覺到某人對你的照顧，為此感動，那是宇宙在告訴你，你有能力如此照顧自己。你還能照顧他人，讓他人一樣為之感動。
若有一天，你感覺到某人不再讓你依賴，因而為此傷心，那是宇宙在告訴你，你有能力依賴自己，用自己的力量站起來。你也能鼓勵那些同樣傷心的人，獨立依靠自己。

若有一天，你面臨分離，可以的話，好好說再見，不捨的話，好好哭一場；
但不要忘記，你們始終會再相聚。

在那之前，你的任務是照顧好自己，綻放璀璨與美麗。
讓自己，感受種種深切的關懷與照料。
而最重要的那份關照，來自你自己。

5 挫折退縮的孩童／英雄人格

用盡全力，只為吸引目光博得喝采。

無論我怎麼努力，我的表現總是無法獲得肯定。
我總懷疑別人認為我不重要，覺得自己被忽略。
終於輪到我展現的時候，我卻害怕得臨陣脫逃。
我總是把自己假裝成別人所喜歡的樣子，久了真的好累……
為什麼別人就是不能配合我？我常常覺得好生氣。
好想談戀愛，也經常有喜歡的對象，但為什麼他們都不愛我、不理我？
我渴望受外界矚目，但又害怕人們認為我不好、不喜歡我……

孩童／英雄人格失衡易有的情緒與狀態

挫折：渴望有所表現、受矚目，得被認為重要得無可取代，否則就會挫折。

退縮：自我表現受到否定或冷淡的回應，因此受傷而不願再嘗試。

戲劇化言行：為了吸引他人目光，情緒與行為都誇張放大。

任性憤怒：以自己為中心，當他人不願迎合便容易生氣。

孩童／英雄人格的人格目的與特色

這個人格包含兩個面向，一是孩童人格，一是英雄人格。孩童人格，正如孩童，會對有興趣的事物全然投入、樂此不疲，並在其中發揮才能、創造力與熱情。當孩童人格的創造力發揮至成熟，這份創造力能有益於眾人，並受眾人青睞；如果再加上毅力與恆心，突破重重關卡與困難，讓自己內在的光芒徹底綻放，便能轉化成英雄人格，成為一個披荊斬棘、嶄露光芒、獲得榮耀的英雄。因此，孩童與英雄是一體兩面、不可分割的一組人格，孩童人格健全與否，會深深影響英雄人格能否淋漓盡致地發揮，關係到一個人今生的光芒與成就。

孩童人格所指的「孩童」，是已經能表現自己、能夠向外探索、與人互動的孩子，這個階段的孩子，特別仰賴外界給予重視肯定，需要感覺到被關注的目光，以獲取自我重要感。孩子通常有一顆好奇的心，能跟隨心中熱情投入興趣，用好玩的心情來創造、嘗試。因此，這個人格能幫助我們恢復赤子之心，重燃對生命的熱情，以玩樂的心情創造生命的各種可能。

英雄人格奠基於孩童人格之上，發展良好的英雄人格，具有英雄的自信勇氣，能相信自己能力、勇敢面對困難，不斷激發潛能；並樂於投入自身的才能所在，用以利益社會，用自身的光芒溫暖並照亮他人。這個人格有助於我們發展才能，完成今生使命，得到滿足與成就感。所謂的「使命」與「成就」不一定是事業上的，可能是一種「靈魂品質」，例如助人、內在的探索、領導等。

大致而言，孩童／英雄人格是一個順從心中所愛，發揮熱情與才能，在好玩的心態下創造、自

孩童／英雄人格的平衡與失衡表現

平衡的表現	失衡的表現
享受被人關注，能在個人舞台上盡情展現、閃耀光芒。	過於在乎是否被注目，若得不到則備感失落。／因太過在意他人眼光，反而無法專注於表現。
投入所愛、快樂創造，以一己的快樂感染他人。	不敢投入所愛，壓抑創造力，失去生命熱情。／選擇方向時，在乎名聲多於興趣。
感謝他人的欣賞與稱讚，但清楚知道自己的能力、自己是誰，不因此迷失驕傲。	沉迷於被吹捧、稱讚，以為自己完全如他人美言一般，自視過高、驕傲。
有王者風範，大器慷慨。	重面子，喜歡打腫臉充胖子。
自信地表現自己，不受他人反應影響。	只關注自我表現，忽略對他人的觀察與關照。
勇敢熱情地面對挑戰與冒險。	一味追求冒險與刺激，欠缺冷靜定性。
單純率真，保有赤子之心。	過於天真，不諳人情世故，自私幼稚。
有主見，領導能力佳。	不顧他人意見與需要，總想要他人迎合自己。

我突破，展現光芒的人格。目的是徹底發揮個人才華，獲得自我認同與重要感。因此除了投入自己所愛之外，常常需要他人的認同或跟隨，感受到自己的重要。

事業或工作方面，這個人格幫助我們以熱情與玩心來工作，讓我們更有創造力，樂於表現自己，有益於任何需要創意、領導、在眾人面前表現的工作。被關注的渴望也會化為推動我們持續生產與創造的動力，不知不覺累積出可觀的成就。感情或人際關係方面，我們能用好玩的方式互動、炒熱氣氛，熱情地對待彼此，使關係中充滿著幽默、溫暖與笑聲。我們能因此恢復孩童的天真，享受關係中美好單純的一面。

失衡的孩童／英雄人格（以下有時簡稱英童人格），可能會過度向外尋求認同與重視，經常用各種戲劇化言行吸引他人目光；也可能對於他人對自己的反應過度敏感，如果缺乏關注與認同便非常挫折；自我表現上一旦受挫，將害怕再被傷害而退縮不前；像小孩一樣只關注自己，較自我中心，一不順心就容易發脾氣。

你的孩童／英雄人格程度多強？在哪個領域表現？

你的孩童／英雄人格程度多強？

以下是孩童／英雄人格在失衡時容易有的想法或行為，請讀一讀，觀察以下句子與自己的狀況是否吻合，如果吻合的敘述越多，表示你的孩童／英雄人格程度越強，換句話說，也表示你越需要療癒孩童／英雄人格，以便協助這個人格平衡發展。人格程度的強弱亦可同時參考第156頁的表格「孩童／英雄人格的平衡與失衡表現」。

▼失衡時，孩童／英雄人格會有的想法是：

- 其他人有注意我嗎？是覺得我很棒還是很差？
- 雖然喜歡做這件事，但一想到有各種阻礙，還是算了。
- 他為什麼沒有稱讚我？我不是很棒嗎？
- 沒問題，我來做！我請客！我行的！交給我就對了！
- 他規矩那麼多幹嘛？為什麼不能配合我？他好麻煩！
- 他有沒有覺得我很重要？我在他心中有唯一的地位嗎？

※如果以上六句中超過三句是你常有的想法，或是你慣用的口頭禪，代表你的孩童／英雄人格程度可能偏高，而且可能失衡了。

▼失衡時，孩童／英雄人格會有的行為是：

- 不擇手段吸引他人注意，執著於被看見、被認同喜歡。
- 忽略內心真正的喜好，以各種理由妨礙自己投入。

- 執著於被稱讚、得獎等外來的認同。
- 好面子，喜歡充場面、誇耀自己的能力，例如專業技能、經濟能力等。
- 在需要顧及他人時，仍任性要求，只滿足自己的需要。
- 極為在意自己重不重要，想確認自己的地位不可取代。

※如果以上六句中超過三句是你慣有的行為模式，代表你的孩童／英雄人格程度可能偏高，而且可能失衡了。

你的孩童／英雄人格表現在什麼領域？

請試著再進一步想想看，以上孩童／英雄人格常有的想法和行為，通常出現在什麼時候？除了你對自己的觀察之外，想知道你的孩童／英雄人格容易表現的領域，還可以參考以下所述在關係中或工作中易有的表現。

失衡時，孩童／英雄人格在工作上易有的模式

- 總在工作場合誇大言行、吸引眾人目光。
- 必須被上司、同事或客戶稱讚肯定，否則耿耿於懷。
- 執著於拿獎或升遷，如果得不到會否定自己，或覺得懷才不遇。
- 領導時過於獨裁，總是忽略或貶抑他人的意見。
- 害怕自己的地位被同事或同行取代。

- 愛自我吹捧，把自己講得比實際上強，真正的能力與表面上呈現出來的有較大落差。
- 渴望被吹捧，容易被捧得飛上天，失去理性判斷。

▼失衡時，孩童／英雄人格在關係或感情上易有的模式

- 經常感覺自己不受重視、不被尊重。
- 很需要對方時時關注自己，害怕被忽略。
- 總是愛談論自己，話題都是以自己為中心，對對方的事與趣缺缺。
- 經常懷疑戀人是否愛自己、自己是否是對方的唯一。
- 不順己意便生氣，較為任性。所謂的己意指的是個人的需要，並非雙方的承諾。
- 尋求戀愛的刺激，進入穩定期後容易分手。
- 誇耀自己或假裝成另一種人，來博取對方的喜歡和認同。
- 熱戀時刻意表現成對方所喜歡的樣子，冷卻後才恢復較接近自我的本性，落差太大容易造成雙方衝突。

實例 孩童／英雄人格失衡運用所創造的困境

最大心魔：不受重視肯定

不受重視肯定、不夠有存在感，不被認為是重要且不可取代的存在，這些感受，對於渴望受矚目的英童人格來說，是極為挫折與不安的。因為害怕被忽略、不受重視，會以各種戲劇化的、誇大的行為來吸引目光，當然，如能吸引來肯定的目光更好。英雄人格藉此尋找自己夠重要的證明，努力甚至執著於必須發光發熱。

反之，也可能因為經歷過不受重視、被否定的經驗，而開始相信自己一點都不重要、不夠好，生命中不斷重複「沒有人覺得我重要、無法被肯定」的故事，一再重複過去的傷痛。因為每當要表現自己時就會浮現過去挫折的傷痛，變得不敢盡情展現，有時還逃避或放棄各種發光的機會。

我們每個人都需要被重視、被肯定，如果這方面遇到挫折，可能提醒著我們：外來的重視與肯定是不牢靠的，唯有自己給予的重視、自己對自己的欣賞與認同，才是真正堅實的信心來源。我們必須從孩童人格的渴望獲得讚賞，轉化成英雄人格為了投入所愛而不再執著於外界認同，專心地發揮創造力、突破困難，反而自能發光發熱，甚至照亮他人。

困境1 被反對等同被否定

對失衡的英童人格而言，自我認同需要透過外界的肯定，創造表達必須受到他人的肯定與欣賞，才能滿足被認同的渴望而因此安心；反之，如果創造表達被認為需要調整、沒有直接受到欣賞認同，便會感到挫折不安。

案例 期望自己的意見總是受採用

英英在工作團隊中是領導者，負責創意發想，讓團隊執行。他的靈感源源不絕，然而在表達出來之後，並不是每個人都直接接受，有人還會提出別的想法。英英雖然覺得別人的想法可能也不錯，但又會心想，那這樣我的點子算什麼呢？這表示我的創意不夠好嗎？如果採用他的建議，是否表示我不夠好呢？

好幾次，英英困於這種處境，不僅自我認同一直隨著外界反應而動搖，陷入自我否定的思考，工作也常常卡住，究竟該用自己的主意還是他人的靈感，常令他困惑不已。透過諮詢，我們明白英英受到了前世的影響，在自我認同上有不確定感，因此會需要外界的認同來加以鞏固；我建議他相信自己的創意是好的，只是每個人都有不同的觀點，若是能以「團隊能否做出好成果」為目的，從自我中心轉移到團隊利益考量，客觀採納多元思考，對於今生靈魂的成長和自己困境的改善，都會很有幫助。

困境2 被忽略等於不被愛，想辦法博取關注

失衡的英童人格，會需要時時獲得注意，才能感覺到被愛。如果旁人沒有注意自己，就會想方

設法讓對方看到自己、在意自己，得到自己想要的愛與關注。

案例 希望「你只在乎我」

阿同很需要戀愛，更需要戀人的注意力。當他發現被男友忽略時，總是想盡辦法讓對方把注意力放到自己身上，例如在他身邊繞來繞去，說些有的沒的，做些舉動吸引他的目光，或像個小丑般娛樂對方，忙得不可開交，就只是為了被注意。博取注意是為了確保男友在意自己、愛自己，試圖讓對方更在意自己一點、多愛自己一點，一方面是想尋找被愛的證據，一方面是想改變對方對自己的關注程度。其實，他心裡是非常害怕男友不愛自己的，才會需要找證據和試圖改變對方。

經過多段這樣的戀愛後，阿同自己發現這樣做完全徒勞無功，不在意的依舊不在意，越想控制只會越挫折。他也明白，只是一直想控制對方是不能解決問題的，只要阿同的內心還是不愛自己、不能關心自己，也不可能真正得到男友的關心與愛，他必須先給自己愛，而不是依賴他人給予。有了這份認識，經過幾年的內在調整，現在的他，已經擁有很愛自己、很關心自己的男友，和以往大不相同。

深入覺察孩童／英雄人格——更透徹的自我觀察與分析

從前述困境中，也許你已經發覺自己的生活中也有過類似經驗。接下來，我們還可以更進一步針對孩童／英雄人格進行深入覺察。看看困境的背後，是否還有什麼值得我們探索學習的？

是否經常對外界是否認同非常在意？經常在意別人是否喜歡自己？

會有如此心態，表示還不能給予自己認同、自己認同自己，因此非常需要外界的認同來獲得肯定；也表示可能不清楚自己的能力，沒辦法依此做為認同依據。簡言之，核心的自我認同是不穩定的。甚至可以說，內心並不能認同自己，反而覺得自己不好、自我否定，有貶抑、自卑的心態，所以需要外界來補償，透過外界的肯定來獲取自信。

同樣地，不愛自己，因此才需要他人的愛來彌補。過於在意他人是否喜歡自己，表示內心對自己的愛有匱乏，必須一再用他人對自己的喜愛來填補。

這種情形，需要的不是一再追求他人的認同與喜愛，而是要往內在探索自己有多不愛、不認同自己，療癒這個自我否定、自我厭棄的傷。

是否會因別人不配合就生氣？

這種時候，通常表示我們專注在自己個人的欲望，思考的角度以如何滿足自己為主，較傾向自我中心。只考慮到自己的需要，沒考量到他人的立場。這也表示心裡有股「別人配合我是理所當然的」的想法，把自己看得較高、較重要，內在有高傲的心態。

從自己的角度思考並沒有錯，只是當欠缺另一方的角度，忽略他人的需求時，不僅容易覺得自己不被尊重而生氣（因為自己期待受到配合才是尊重），也很容易令對方感覺不被尊重（對方也會有自己的需要）。然而，若是因為對方沒配合做到雙方約定好的承諾，而令你憤怒，則是不一樣的情況，這樣的憤怒是出於界線受到侵犯，憤怒則提醒著我們：是該維護個人界線與權益的時候了。

是否會刻意表現成對方所喜歡的樣子？吹捧自己的好、虛張聲勢？

無論是表現成對方喜歡的樣子，還是吹捧自己的好，都是一種「角色扮演」。讓表現出來的樣子跟原本的個性不同，把自己變成另一種角色。會想角色扮演，通常是害怕原本的自己不被喜歡，也就表示其實我們並不喜歡自己原本的狀態，不能接納原本的自己，可能是某部份的性格，也可能是能力。

因此，把自己表現成對方所喜歡的樣子，投其所好，以便得到對方的喜愛；把自己吹捧得比原來好，提高身價，讓他人更喜歡自己。例如，想讓別人認為自己是有較高學歷的，因而虛報學歷，獲得他人認同，這樣的行為表示，我們自身先認為擁有高學歷的自己才是好的、才能受人認同與喜歡，覺得學歷不佳的自己是不夠好的。我們甚至以為所有人都和自己一樣，並不喜歡原來的我，要調整到更好的狀態，才會被喜歡。實際上，最不能接受、最不喜歡自己的人，就是自己。

是否經常渴望戀愛、陷入戀愛？是否經常熱戀期過後就分手？

這裡說的戀愛，不一定指正式交往，也包括經常喜歡上人、渴望被喜歡的人所喜歡。戀愛是我們重新愛上自己的一種方式。追求戀愛，就是在追求愛人與被愛的感覺，尤其是被愛。我們透過戀人對自己的愛，感覺自己被愛，感覺到被重視。對戀愛上癮，其實是愛上那種「被愛」的感覺，因為能讓我們感覺自己很好。這也表示，非常需要被愛、被肯定，內在有愛的匱乏。越渴望愛，越是匱乏愛。

若是以這種狀態談戀愛，戀愛通常無法持久，因為有匱乏就會需要一直索求，需要對方配合與關注，但一直被要求是會疲乏的，最後就是其中一方索求無用而挫折，另一方被索求到失衡而疲乏。熱戀期憑著衝動還可以盡情燃燒自己，熱戀過後，理性恢復，面臨實際的相處問題，愛的匱乏問題都會一一現形，變成衝突的原因。如果內心不做調整，也很難從外在關係得到解決，因此常常只好選擇分手。

在深入覺察之後，接下來，我們將更進一步學習如何療癒孩童／英雄人格。

孩童／英雄人格的療癒方法

孩童／英雄人格的療癒方法分為三種，三種方法分別以「**其他人格運用**」、「**信念**」、「**行動**」來幫助我們放下舊模式，療癒孩童／英雄人格。你可以三種都試試看，在嘗試後感覺一下哪一種方式對你而言較有效，並持續運用。每一種療癒方式都需要長時間的覺察與練習，一次又一次地清理與釋放舊的想法與行為，因此請持之以恆，讓「相信自己可以改變」的信念幫助你進步。

1 運用其他人格來療癒孩童／英雄人格

我們可以用「改革家人格」、「女神人格」、「嚴師人格」來療癒失衡的孩童／英雄人格。

▼「改革家人格」的做自己、客觀利他

英童人格失衡時，容易太在乎自己的形象、自己能否被肯定、被喜歡，為了討人喜歡、獲得肯定，總是扮演「可以討好、但並非本性」的角色，久而久之便失去原本的自己。這時，請讓改革家人格忠於本性的部分來幫助你，找回自己。

原本的你，就很好了。每個人都是獨一無二的，沒有人可以取代另一人，這個獨一無二就是好的。客觀來說，沒有哪一個比較好，會有誰比較好的想法，都是個人的主觀認同。有人喜歡瘦的，也有人喜歡胖的，無論喜歡什麼，都是主觀的偏好。客觀而言，不同的人，僅僅是不同的存在，無分好壞。因此，不需要去在意他人喜歡什麼，我們永遠不可能讓所有人喜歡自己。我們只需客觀理解自己，知道自己是什麼樣的人，接受自己本來的性格、能力、樣子，先是中性地看待自己，可以的話，漸漸進展到喜歡自己。

只有接納自己，認同自己的獨特，自然率真地做自己，你所吸引來的人，才是真正喜歡你的人。否則，他也只是喜歡那個，把某種角色扮演得很好的你，而非真實的你。

有時英童人格太在意自己的表現、害怕表現不佳，反而容易表現失常。遇到這種情況，可以試著像改革家人格一樣，把焦點放在群眾與他人，專注於思考：我此時要怎麼做才能幫助大家？我要如何利益他人？

越把自己放小，事情越能做大。反過來說，眼光擴大於群體，對自己的在意便能減少。在意減少，緊張感也會降低，因為心力專注於事情本身、群眾的需要，根本沒有空閒思考自己。更進一步，如果將一己才華運用於服務群體，利益社會，也不會在意自己到底才華夠不夠、能否被認同，而是會自然地不斷努力精進自己，以便淋漓盡致地發揮才能，貢獻於社會。

有時候，英童人格的創意是能為社會帶來創新改革的。這時，更需要透過改革家人格勇敢做自己，忠於自己熱愛的事物、理念，發揮創造力，落實於社會，讓創造的渴望帶來變革，化為利他利己的成果。

▼▼「女神人格」的體貼細心

有時英童人格的天真單純、自我中心，會不能理解為何他人不能配合自己，這時最直接的反應就是生氣，執著一點的可能不擇手段控制他人來獲得配合。長久下來，容易破壞人際關係的和諧，經常得罪他人而不自知。

這時，女神人格的體貼，能幫助我們找回人我的平衡。多一份細心關照對方的立場，自己也能比較理解對方，因而減緩憤怒。我們並不是總要當好好先生／小姐，並不是不能生氣或得罪人，而是需要在他人與自我之間，取得平衡點。過度關注自己，忽略他人感受，是孩童人格未成熟的表現，不利於人際關係與個人發展。所以生命中常常會遭遇這類「不能順從己意」的挫折，來幫助孩童人格成長，以便進入英雄人格的發展階段。

試著理解他人的立場，尊重每個人有各自的需要與感受，沒有哪一個人的需求更重要，所以沒有誰應該配合誰，而是要互相協調。英童人格如果願意放下身段，平等地對待他人，甚至細心關照別人的需要與感受，加上本身具有的熱情溫暖、容易感染他人的特質，勢必能為人們帶來愉快的氣氛，自己也能加倍快樂、加倍滿足。

▼▼「嚴師人格」的自我鍛鍊、琢磨光芒

英童人格如果曾經受過挫折，很可能自信喪失，變得不敢表現、害怕被眾人注目，深怕自己表現不佳引來批評。因此會退縮、逃避，壓抑自己的表現欲望，不敢建立個人舞台。

挫折與批評，其實都是很好的機會，運用嚴師人格成功的決心、踏實的精神，把挫折與批評都變成讓自己精益求精的動力，我們反而能因此琢磨出未曾顯現的光芒，表現得更出色。沒有挫折的孩童無法成長，沒有挫折的英雄稱不上英雄，英童人格唯有在挫折或失敗的磨練之下，才能踏上內在的自我認同之路。

因為在外在的認同下，對自己的認同不見得是真的，多半是透過他人的稱讚建立起來的信心。但當外界並不完全認同，甚至有些批評聲浪時，才是真正考驗自我認同是否堅定的時候。你能否在

他人批評時，仍深深明白自己的優點與缺點，不因對方的貶抑而全盤否定自己？你能否在面臨失敗挫折時，知道自己不足之處可以做何改進，不因此否定自己全部的能力？

這種不卑不亢的堅定，才是最穩固的自我認同，才能不被外界批評所擊垮。只要投入真心喜愛的事物，意圖維持於做好事情本身，自己是否能受外界認同便已是次要，如果挫敗的經驗能讓我們知道如何改善精進，我們只會想著要如何擷取經驗來做得更好，不會讓失敗與自己不好畫上等號。我們會一直想辦法前進，盡力投入與發揮，過關斬將突破各種難關。在此琢磨之下，孩童人格的快樂與英雄人格的光芒，將會碰撞成成炫目的火花，叫人不想注目也難。

② 幫助信念轉換的肯定語

除了運用其他人格來療癒孩童／英雄人格，我們還可以利用肯定語，經過長期練習，有助於內在信念轉換。

請找一個可以放鬆獨處的安靜空間，大聲唸出或心裡默唸以下肯定語，與孩童／英雄人格對話，使其獲得療癒。在唸肯定語的同時，可以試著覺察自己內心有什麼感受。

- 當我全心投入所愛，我便無暇顧及他人眼光。
- 我願如實接受原本的自己，從中建立自信。
- 我能愛自己、喜歡自己，並不需要透過別人的肯定來得到愛。

- 所有的被忽略、被否定，都是提醒我可以更關注自己、更肯定自己一點。
- 挫折或困難只是為了讓我變得更好，不代表我本來不好。
- 我的才能與光芒，會在努力磨練與熱情投入之下，徹底發光發亮。
- 當我願意體貼他人、尊重他人，也會得到同等的尊重體貼。

3 以行動來療癒

我們可以運用「**培養個人興趣**」、「**參加團體活動**」、「**冥想**」等方法，使孩童／英雄人格獲得療癒。

▼▼ 培養個人興趣

做自己真心喜歡的事，多花一些時間培養興趣、投入興趣，這能讓孩童人格感到快樂滿足，並讓其創造力有所發揮。創造能量能否順暢流動，會關係到一個人的身心能否平衡。該釋出的創造能量若被壓抑，會轉成某種破壞性的能量向內攻擊自己，例如批判譴責，甚至可能向外攻擊他人。

因此，培養出自己的興趣非常重要。享受興趣的過程中不必嚴肅，不用在意表現好壞或他人怎麼想，如果真心喜歡全心投入，是可以連自己都忘掉的。興趣專心投入到底，往往會變成某種能力，在往後還可能成為職業，或為自己的人生、為他人帶來幫助。不過，此時先不用考慮是否能當職業、能否有後續利益，只要先從內心感受，發現自己真正喜愛的事物，好好投入，自然會走到下一步。

▼參加團體活動

加入團體，參與需要許多人一起合作的活動，能夠看見不同的人展現他們的性格與才能，這能幫助英童人格明白，每個人都有不同的立場，也有不同的能力與特色。能藉此多一些客觀角度，看見人人各自的獨特之處，學會平等地欣賞每一個人，不去比較誰比較好。如果能客觀看見他人的特色，也會更能看見自己的獨特，接受原本的自己。

此外，團體活動會有團體的目標，團隊的每一份子，都要貢獻自己的心力來完成這個共同目標，這對英童人格也是很好的練習機會。因為，為了完成共同目標，必須將自己的表現成果置於其次，畢竟個人表現如何不是重點，重點是能否有益於共同目標。我們可藉此練習專心於為更大的目標奉獻能力，而非僅在乎自己的能力能否得到肯定。

簡言之，加入團體可幫助英童人格練習客觀、看見自己和每個人的獨一無二，也能經由更高的目標，刺激創造力，放下個人成敗的得失心。

▼適合孩童／英雄人格的冥想：自我肯定冥想

容易沒自信、怕被忽略否定的孩童／英雄人格，可以透過冥想來增強自信與愛，釋放需要他人肯定的信念，釋放被忽略、否定的恐懼。讓冥想來恢復孩童人格的信心熱情，找回愛自己的力量。

●關注脈輪（脈輪位置請參考第44頁的脈輪說明）
頂輪：與源頭連結，接收靈感，幫助創造。
心輪：療癒早期孩童人格的傷，找回信心與愛。
太陽神經叢：釋放被否定忽略的恐懼，轉化「必須被他人肯定」的信念為「自我肯定」的力量。
海底輪：落實創造力。

●冥想步驟

1. 坐下，閉上眼睛。找到一個舒服的姿勢，脊椎稍微挺直，頭與身體成一直線。
2. 做幾次深呼吸。讓每一次的呼吸都越來越深、越來越緩慢。
3. 焦點放在頂輪，想像頂輪有金色的光，隨著呼吸擴大增強，包圍整個頭部，漸漸擴及全身。感覺宇宙生命能量隨著這金色的光流入你全身，滲入你每一個細胞。感覺你的頂輪是打開的，宇宙間的靈感、創意點子，從頂輪進入，你是神聖的管道，宇宙的創意經由你展現，透過你顯化成真。
4. 焦點來到心輪，吸氣，將氣吸到你的心輪，吐氣，把氣吐到坐骨、腳底，釋放掉。約做五、六次。如果感覺胸口悶，多做幾次深呼吸，幫助心輪打開。想像心輪有紅色的光，擴大到包圍整個胸腔，感覺這紅光為你清理舊傷、清除曾經被否定的感受、自己不夠好的痛苦，重新感受到自己的好、你對自己的愛，也接納原本的你。你可能會有些舊的傷痛浮現，如果有，把它放在這光中，讓光來清理。

5. 焦點來到太陽神經叢，吸氣，將氣吸到你的太陽神經叢，吐氣，把氣吐到坐骨、腳底，釋放掉。約做五、六次。感覺在吐氣的時候將被否定、不受重視的恐懼一併吐出，釋放掉因害怕不被愛而產生的控制。

6. 想像太陽神經叢有黃色的光，隨著呼吸擴大增強，包圍整個腹腔。感覺這黃光轉化必須索求愛、控制他人的信念，帶來自我肯定的信心，你能相信自己的力量，面對困難挑戰，只為投入你真心喜愛的事物與關係。

7. 最後來到海底輪。想像從海底輪往下射出深紅色的光，很長很長，延伸到地底。感覺你穩穩地扎根在此，你是安全的，被大地之母滋養著、支撐著。想像你的靈感與創意沿著脊椎往下送到海底輪，再沿著深紅色的光送到地底。你的創造力能化為行動落實，成為具體的表現；你對創造表現的恐懼釋放到地底，為大地之母所接收。

8. 焦點回到心輪，並做幾次深呼吸。

9. 動一動你的手腳，睜開眼睛，回到你所處的空間。

10. 如果剛剛過程中有感受到什麼訊息，可記下來，做為日後實踐之用。如果沒有也沒關係，單純地感受過程就很棒了。

給孩童／英雄人格的〔愛的輕語〕

在認識了孩童／英雄人格、深入覺察，並嘗試過適合的療癒方式後，請找一個安靜的空間，為自己讀一讀給孩童／英雄人格的「愛的輕語」。讓心中的孩童／英雄在愛中成長，綻放光芒。

不要忘記，給自己一個微笑、一點幽默。

我們都有覺得自己不好的時候，
我們都有沮喪、挫折，不能相信自己的時候。

這個時刻，不用再進一步苛責，不用再增加自己的懷疑，
只要記得，看看自己，當作喜劇電影，笑一笑。

看看自己的笨拙，其實多可愛；
看看自己的荒謬，其實多有趣；
看看自己有點瘋，有點不合理，發展了意料之外的情節，多麼精采好看。

誰說，我們要表現出色，才能成為萬眾矚目的焦點？
有時，我們只是自在地做自己，就是翩翩起舞的蝴蝶。

放下覺得丟臉的想法、放下對自己的攻擊，
接納你內在那個，笨笨傻傻，天真可愛的孩子。
沒一點傻，如何熱情？沒一點拙，如何成長？

用你的幽默與接納，讓他快樂長大，
他會在你的愛之下，成長為獨一無二的英雄，光芒煥發。

6 焦慮擔心的完美主義者人格

若不完美，天誅地滅。

我無法原諒自己犯錯，一犯錯就譴責自己，罪惡感揮之不去。

我總是得按照計畫來，希望事情和我想像的一樣完美，但為什麼總事與願違？

每次一發現問題就好緊張，好怕被人指責或挑剔。

一想到接下來的事不知能否順利，我就擔心得無法放鬆、睡不著。

我常感覺生命充滿了缺陷、問題，人人都有挑剔不完的缺點。

我常悔恨過去，常常想著：早知道那時候如果那樣做，現在就不會這樣了。

我討厭不完美的自己……

完美主義者人格失衡易有的情緒與狀態

焦慮不安：因害怕事情不如預期而擔心。

煩惱分析：為了避免犯錯、重演過去失誤，而致力於分析錯誤、矯正錯誤。

無法放鬆休息、失眠：表示對生命沒有信心而過度控制，不能信任宇宙的安排。

緊張緊繃：要求自己做到完美，又害怕自己無法達到。

愧疚罪惡：覺得事情的不完美與錯誤都是自己造成的。

厭惡批判：對自己與他人採取高標準要求。

強迫症：事情一再重複確認，害怕出錯。

完美主義者人格的人格目的與特色

顧名思義，完美主義者人格是一個追求完美的人格。完美主義者渴望事事皆能達到心目中理想的標準，而這個標準是一百分，少一分都不行。為了得到這一百分，總是努力檢視各種細節，去除所有瑕疵與缺點，糾正所有錯誤，務必讓結果完美無瑕，甚至連過程都非要按表操課不可。

這個人格幫助我們仔細處理事情，訂定計畫確保順利進行，減少出錯的可能。完美主義者人格追求完美的秩序，分析過濾、篩選掉不適用的部分，好維持生活中的秩序與純淨，因此能協助我們淨化身心（身體與心靈的健康、儀容的整潔）、建立生活秩序（環境的清理歸類）。在日常生活中是很需要這個人格的。尤其在工作方面，完美主義者人格可以協助我們在服務與技術上不斷改善，精益求精。在工藝、治療、會計等需要細節處理、較高技術性的工作中，這個人格的要求完美不僅派得上用場，還是強大的利器。

然而，當這個人格過度發展而失衡，也可能產生強烈的挫敗感、自我厭惡、罪惡感，也很容易因為不確定感而引發焦慮、擔憂，莫名擔心事情出問題，緊張、失眠等等。

完美主義者人格的平衡與失衡表現

平衡的表現	失衡的表現
仔細周全的服務，講究細節、盡善盡美的技術、技能。	為了完美而過度控制，造成自己與他人的壓力。
計畫周詳，令人安心。	只依計畫行事，很難變通調整。
生活環境的打理，秩序的建立。	一旦失去秩序就會慌亂不已。
能清楚分析辨識歸類，有助於整理並解決問題。	只用邏輯分析，忽略直覺。難以相信事情能好轉。
善於任何淨化，維持身心純淨。	精神潔癖，對任何不純潔不正確的人事物深感厭惡排斥。
檢討反省，以便進步，臻於完美。	過度嚴苛批評，檢討他人，責怪錯誤。
看缺點是為了進步，用行動來改善。	看缺點是為了挑剔，而忘了更重要的是解決問題。

你的完美主義者人格程度多強？在哪個領域表現？

你的完美主義者人格程度多強

以下是完美主義者人格在失衡時容易有的想法或行為，請讀一讀，觀察以下句子與自己的狀況是否吻合，如果吻合的敘述越多，表示你的完美主義者人格程度越強，換句話說，也表示你越需要療癒完美主義者人格，以便協助這個人格平衡發展。人格程度的強弱亦可同時參考前頁的表格「完美主義者人格的平衡與失衡表現」。

▼失衡時，完美主義者人格會有的想法是：

- 這件事情處理得不夠好，問題在於……
- 這個人有問題，他的缺點是……
- 怎麼可以犯這種錯誤？（責怪他人或自己）
- 萬一這個問題沒有解決，接下來可能會有什麼麻煩，而且還會造成別的問題……
- 這件事之所以搞砸，是因為我什麼地方沒處理好嗎？
- 他是不是因為我哪裡不好或做錯什麼，所以不喜歡我？
- 忽然想到很久以前的某件事，我這樣說、這樣做，是正確的嗎？是不是應該換個做法會更好？

- 都是你啦，不然我就不會這麼慘了！事情就不致於這樣發展了！

※如果以上八句中超過四句是你常有的想法，或是你慣用的口頭禪，代表你的完美主義者人格程度可能偏高，而且可能失衡了。

▼失衡時，完美主義者人格會有的行為是：

- 反覆再三地檢查確認，因為害怕出錯。
- 在細節上鑽牛角尖，見樹不見林，只見細節忘了整體大方向。
- 制定完美的計畫，且非得要按照計畫執行才安心。
- 一旦事情發展有違自己的期待，就覺得一定是哪裡出了錯，責怪自己或他人。
- 傾向看到缺點而非優點。
- 過度的檢討反省，甚至自責歉疚。
- 掌控欲強（為了創造完美），照表操課，而缺乏隨時變通的彈性。
- 把計畫的完美看得比人的感受還重要。

※如果以上八句中超過四句是你慣有的行為模式，代表你的完美主義者人格程度可能偏高，而且可能失衡了。

你的完美主義者人格較常表現在什麼領域？

請試著再進一步想想看，以上完美主義者人格常有的想法和行為，通常出現在什麼時候？除了你對自己的觀察之外，想知道你的完美主義者人格容易表現的領域，還可以參考以下所述在關係中或工作中易有的表現。

失衡時，完美主義者人格在工作上易有的模式

- 事事要求精準詳細，如果沒有確定的計畫會不知所措。
- 沒事做反而心慌。
- 成品容易一再修改。
- 害怕被挑剔問題、指出缺點（其實是自己先挑剔自己）。
- 如果工作成果不如預期完美，會耿耿於懷，進而怪罪他人或自己。
- 對工作、上司、同事、下屬採扣分制，扣到不及格就想離開這個工作環境。

失衡時，完美主義者人格在關係或感情上易有的模式

- 依照心裡設定的條件來選擇對象，但總是難以完美地符合。
- 想把對方改變成自己心目中理想的樣子。
- 自責自己條件不佳、處事不當而使得對方不喜歡自己。
- 對待對方小心翼翼，深怕犯錯。
- 害怕被指責，不敢承認錯誤。

◆ 把對方當成計畫的一部分，要他配合，而不是把他當作共同討論、實踐計畫的對象。

實例 完美主義者人格運用失衡時所創造的困境

最大心魔：錯誤

對完美主義者人格來說，「錯誤」是最可怕而令其避之唯恐不及的東西。完美的工作如果有了錯誤，就會搞砸一切；完美的感情如果有了錯誤，就不會幸福；完美的人生規畫如果有了錯誤，就會走向悲慘的結局。一旦錯誤發生，在你心中會延伸各種可怕的可能，讓你誤以為你不能被愛，你的人生無法美好。

其實，可怕的不是錯誤本身，是我們對錯誤的反應和抗拒。生命是流動有變化的，不可能時時都完美。有錯誤，才會有完美，錯誤與完美本為一體兩面，是相對的概念，不可能單獨存在。錯誤的存在是為了追求進步，如果一切都完美，就沒有成長的空間了。與其害怕錯誤，不如接納錯誤的存在，誠實面對自己所犯的錯，並反省檢討調整，讓每一次的錯誤不僅僅是錯誤，還是我們進步與成長的契機。

困境1 不符計畫的擔憂

對於完美主義者人格來說，計畫就代表安全，如果因為任何原因導致計畫生變，不如預期，就會陷入無止盡的擔憂。此人格的邏輯是：一個環節出問題，會延伸出更多問題，一個錯誤將導致無數個不完美的結果。

案例 事情的變化總是不符我的預期

小欣和男友暫時同居在北部，但男友的事業並不是很順利，數度想回南部老家去發展，看看能否有些新轉機。然而小欣是希望在台北發展的，這麼一來，兩人就得談遠距離戀愛。雖然男友還未正式決定，但小欣已經開始煩惱，要是他搬去南部，兩人分開，可能就會感情變淡，甚至分手。小欣的人生計畫是在台北發展工作與感情，如今這兩個條件可能難以兼得，令她非常苦惱。

此外，男友有時表現得比較脆弱恐懼，游移不定，這也讓小欣覺得擔心。她認為這樣的男生當起爸爸可能沒有擔當，之後如果他們結婚，她會非常辛苦。她理想中的老公，應該要堅強勇敢一點，可以給她依靠。她希望男友對待她的方式，男友幾乎都沒做到，但經過諮詢之後，我們發現男友在其他層面也表示了他的關心與愛，只是和小欣期待的不同。

案例中的小欣勾勒了人生計畫的細節，包含工作和感情的發展地點、另一半的個性、對待她的方式等。這些計畫象徵她心目中的完美人生，然而，有些部分不符合她的期待時，她會很難接受。於是開始延伸出各種擔心，最主要就是害怕難以得到她所期待的幸福。

困境2 鑽牛角尖的檢討

因追求完美，任何破壞完美的缺點、瑕疵，都容易被放大。即使整體而言已經相當不錯，完美主義者人格總能看到那細微的缺點，而那個小小的缺點便足以令他渾身不對勁。往往旁人不會注意到，也絲毫不覺得嚴重，但當事人總無法放過自己，會不斷鑽牛角尖，放大缺點。

案例 我總是看到自己的瑕疵

小傑對自己要求完美，尤其是外型。其實他已經是個型男了，五官俊美，瘦瘦高高，在他人眼中看來外型條件根本相當優秀，很難想像他會有外型的困擾。

他最在意的是自己臉上的痘痘，而且越在意長越多。有趣的是，旁人看他都覺得還好，不經他特別提起，也不會發現到他心中認定的瑕疵，更不妨礙他身為帥哥的事實。但他依舊非常在意，還去做了一些美容手術。

困境3 加害者情結

完美主義者人格認為事情會不完美一定是什麼出錯了，不是別人的錯就是自己的錯。如果認定是自己的錯，就會陷入難以自拔的檢討過程，一味地想：「我做錯了什麼使事情如此？」或「是不是我做錯什麼害他變得這樣？」無意間把自己形塑成加害者，以為自己總是害別人不快樂、害事情變得不如預期。

案例 總覺得是我的錯

茜茜是個平時看來爽朗的女生，她在公司裡是主管階層，常常為了事情的完美而嚴厲要求下屬，有時態度較為苛責與強硬。但面對她在意的朋友，卻經常擔心自己是否做了什麼惹對方不高興，很容易因為對方的心情變化而開始焦慮，陷入某種自責。在感情方面，面對喜歡的對象也是如此，一旦對方有什麼和以往不同的反應，或者變得冷淡，她都會立即想到自己是否犯了什麼錯，導致對方不開心，常常因此感到隱隱的罪惡感與愧疚，無法原諒自己。

深入覺察完美主義者人格——更透徹的自我觀察與分析

從前述困境中，也許你已經發覺自己的生活中也有過類似經驗。接下來，我們還可以更進一步針對完美主義者人格進行深入覺察。看看困境的背後，是否還有什麼值得我們探索學習的？

是否常指責別人、挑剔錯誤？

當你開始指責別人的時候，通常是發現事情不如你想像得完美而深感挫折，需要找出那個讓事情不完美的凶手。對完美主義者人格來說，如果找到不完美的根本原因，就有機會防範再次發生錯誤，因此會習慣性地立刻找出問題所在。當然，我們都不希望犯錯的是自己，那會讓自己深感愧疚並貶低自己的價值，因此就把錯誤的矛頭指向他人了。

如果你習慣挑剔錯誤，表示你內心有個完美的典範希望達成，因此會拿想像的典範與真實的狀況比較，若發現真實和那想像的完美之間有落差，便覺得那是錯誤或瑕疵，是不該存在的，急於將之消除，以達到你心中理想的完美範型。

是否經常過度擔心、無法輕鬆放下？

過度擔心，表示你內在的信念是「無法相信事情會有好的發展，必須要自己控制好所有的環節，才有可能不出錯」。而且，還不是有控制就保證不會出錯，只是「比較可能」不出錯，也難怪總是無法心安。這就導致了日也思、夜也思，都要睡覺了還沒辦法讓腦袋放鬆，腦中盤算著要怎麼處理接下來的事，如何做最好的安排，用無盡的思考緊抓著計畫不放，很難放下。

是否常害怕被挑剔、一直看到自己的缺點？

因為要求完美，對於不夠完美的自己也會百般挑剔。希望自己表現一百分，毫無錯誤，只能認同表現完美、沒有任何缺點的自己。換言之，無法接納一個「不完美的自己」。當你看自己永遠只看缺點，就會認為別人看你也只會看到缺點，這是一種投射，認為別人會用你的眼光來看自己。所以，容易以為對方覺得你不完美，害怕對方會挑剔你、不喜歡這個不完美的你。事實上，真正最挑剔你的不是別人，而是你自己。

是否常覺得被對方指責錯誤、被針對？

當你被要求或指正時，如果會覺得被找麻煩、被針對，也是完美主義者人格的影響。我們已經知道完美主義者人格會討厭錯誤，也害怕自己犯錯。所以，當對方提出要求或改變的建議，你內心害怕不完美的那部分就會被觸動，下意識地啟動防衛機制：「他的意思是認為我做得不好嗎？我怎麼可能做得不好？（我不可以做得不好，我必須是完美的），應該是他看我不順眼，找我麻煩。他為什麼要這樣針對我呢？」因為太害怕自己是不完美的，所以不願把需要改正的原因指向自己，而指向了那個「覺得你這樣做不太好」的人，指控他莫名其妙找你麻煩。

其實，狀況常常「沒有對錯」，也沒有所謂「應該要如何才是完美的」，也許只是對方有些意見想與你溝通協調，但因為你內在有完美主義的意識，太過恐懼這建議其實是批評你做得不好，就趕緊啟動防衛機制，用「被找麻煩、被針對」來為這不完美解套。

在深入覺察之後，接下來，我們將更進一步學習如何療癒完美主義者人格。

完美主義者人格的療癒方法

完美主義者人格的療癒方法分為三種，三種方法分別以「**其他人格運用**」、「**信念**」、「**行動**」來幫助我們放下舊模式，療癒完美主義者人格。你可以三種都試試看，在嘗試後感覺一下哪一種方式對你而言較有效，並持續運用。每一種療癒方式都需要長時間的覺察與練習，一次又一次地清理與釋放舊的想法與行為，因此請持之以恆，讓「相信自己可以改變」的信念幫助你進步。

❶ 運用其他人格來療癒完美主義者人格

我們可以運用「**拯救者人格**」、「**女神人格**」、「**嚴師人格**」、「**旅人人格**」來療癒失衡的完美主義者人格。

▼「拯救者人格」的包容與原諒，接納與臣服

面對不完美，最好的方式就是原諒並接納。當錯誤已經發生，自責或責怪他人都不能改變這個錯誤。甚至，越多的責怪，只會帶來越多的歉疚或怨懟，無論是誰造成這個錯誤，痛苦的都是選擇責怪的那一方。痛苦不是因為錯誤本身，是因為無法原諒與放下。你永遠有力量重新選擇，選擇對自己、對他人更加的慈悲，選擇放下所有責怪的念頭，選擇一個因原諒而海闊天空的生活。

有時候，事情的發展或自己的表現和我們期待的不同，那個不同在我們眼中是不完美的。然而，那僅是我們的單一視角。我們認為的不完美，從更高的層次來看總是完美的。你很難知道，你此刻的一個無心之錯、一點瑕疵，以及現在這個你覺得不太完美的自己，實際上可能已經幫助到多少人，扮演著多麼適切的角色，已經在宇宙中此時此地成為最完美的存在。就像一顆小螺絲釘，在自己的位置上努力地、好好地待著，便足以推動多少運作、促使多少美好的事情發生，即使這螺絲

釘有點小瑕疵，仍不妨礙它的功能與重要性。永遠別忘記，你已經是宇宙中完美的存在。

你的人生計畫，雖然和你規畫的不盡相同，卻總是完美的。這一切有賴宇宙的安排，也有賴你的努力，你與宇宙攜手合作，創造你的人生，而宇宙又和其他人一起攜手創造他們的人生，在這重重交疊的攜手合作之下，總會有些安排不能由你控制，但也絕對有你一旦努力便可以收穫的部分。儘管和你期待的不同，也絕對是最適合你的，甚至比你想要得更好。唯有開放與信任，臣服於更高力量的運作，你才會接收到真正屬於你的驚喜。

▼▼「女神人格」的欣賞與享受

總是在挑剔錯誤的完美主義者人格，有時也該學習欣賞一下自己和他人。你知道自己有多少優點被忽略了嗎？你知道別人有多少優點可以欣賞並學習嗎？

試著轉換看待自己和他人的方式，用「加分法」看，不要都以「扣分法」看。你可以和過去的自己比較，看看進步了多少；完成一個計畫或作品的時候，給自己大大的鼓勵與讚賞，畢竟，沒有什麼理所當然，能做得到就是難能可貴而值得稱讚的；看看別人表現傑出的部分，學習他們在任何事情上的認真與努力。

睜大眼睛看所有的優點，也可以規定自己每天寫下來。你越能欣賞自己，受到稱讚的你會越有動力繼續奮鬥，你也會表現得越來越好。你越能欣賞自己，也會越容易欣賞他人，並享受所有你或他人合作的成果。

任何努力的過程，都有值得你享受的部分，不用緊抓著每一個細節，反而是放鬆的處理，順應著感覺流動，在放鬆之下靈感與直覺才有空間存在。越放鬆去享受過程，創意與靈感越會源源不絕的流入，事情進展反而更加順利。

▼▼「嚴師人格」的自我負責、精進鍛鍊

有時，完美主義者人格太過在意是否完美，而聚焦於所有缺失，為此責備懊惱，陷入更痛苦的情緒中。與其如此，不如把焦點放在如何改善這些缺失，減少這類狀況，並直接付諸行動來處理解決問題。可多運用嚴師人格的負責態度，成熟地面對、解決問題，改善技能或規畫上的疏失，磨練得更精進紮實，或者剖析問題所在實際地找出解決方法。把力氣放在解決問題上，而非擴大問題的嚴重性陷入沮喪與批判的情緒，這是最有效的、面對問題的方式。

重點不是誰害事情不完美，也並非缺失有多嚴重，而是目標是什麼，要用什麼方式解決問題、達成目標。如此一來，你能省下更多力氣來創造成功。

▼▼「旅人人格」的學習視角、大處著眼

從靈魂的角度來說，每一次經驗都是一場學習。就像一門課程一樣，有它的學習重點、主修內容，通過這門課你就學到一些知識、技能或智慧。同樣的，當我們經歷錯誤時，就是靈魂學習的機會了。我要如何在錯誤當中發現問題，努力改進？從這次失敗中，我了解了什麼？是否有什麼部分

是我以往忽略的？問題的發生，經常反映了需要調整的部分，發生錯誤並不是罪過，只是一個學習的機會，讓我們成長進步的契機。沒有了這些不足或缺陷，就沒有進步的空間，如果只有完美，靈魂也沒得學習了，也就失去學習的樂趣了。

從旅人人格的視角來看，不完美的發生，是為了帶給我們更多學習的樂趣、進步的成就感。

有時，完美主義者人格過度在意細節，看到許多細節上的瑕疵或不足，不斷地鑽牛角尖，卻忽略了整體的大方向早已走偏，需要調整的根本是較大的結構與目的。就像我們畫一幅畫，在畫中每處細微的顏色與線條都力求精緻完美，畫到後來卻忽略了這幅畫到底要傳達什麼：是要傳達溫暖的感受？還是帶來震驚的突破？

當目標與意義未被明確捕捉，處理再多細節都無法傳達此畫的精神與意義。這就是所謂的見樹不見林。此時，你可以運用旅人人格的思考模式，關注這件作品的主要意涵、這個計畫的主要目的。當大方向與意義清楚了，你也會更清楚如何依循這個主要目的來調整，你的完美主義才會有更明確的方向，用來為你的計畫加分。清楚大方向的完美主義，能夠事半功倍，還能減少過度焦慮於細節的狀況。

2 幫助信念轉換的肯定語

除了運用其他人格來療癒完美主義者人格，我們還可以利用肯定語，經過長期練習，有助於內在信念轉換。

請找一個可以放鬆獨處的安靜空間，大聲唸出或心裡默唸以下肯定語，與完美主義者人格對話，使其獲得療癒。在唸肯定語的同時，可以試著覺察自己內心有什麼感受。

- 我的完美是因為我本身的存在，而不是因為沒有任何缺點。
- 對於我不滿意的，我能在自己的範圍內改善，並越來越好。
- 我享受創造的過程，錯誤也是創造過程的一部分，沒有好壞。
- 我原諒自己和別人所犯的錯，因為接納而激發各自最好的一面。
- 我相信宇宙無比的善意，總會給我最好的安排，即使和我期待的不同。
- 每一次錯誤都是學習與進步的機會，我感謝錯誤幫助我成長，相信一切會更好。

③ 以行動來療癒

我們可以運用「**每天寫下對自己的讚美**」、「**請求幫忙**」、「**冥想**」等方法，使完美主義者人格獲得療癒。

▼每天寫下對自己的讚美

總是挑剔自己的你，請試試看每天寫下三到五個自己的優點，或今天值得稱讚的表現。

例如：

我今天鼓勵了我的同事，帶給對方信心。
今天的進度很好喔，我已經完成了計畫的一半了。
這次的提案我解釋得比上次清楚，進步很多。
我覺得另一半好可愛，能夠看到對方優點的我，也很棒。
我喜歡一直如此認真負責、尋求進步的自己。

▼請求幫忙

你應該早已習慣一把抓，用自己的努力掌控一切細節，確保最好的發展與結果。因此容易陷入焦慮，害怕事情脫離你的掌控，走向不好的結果。事實上，你可以請更多人幫忙你，甚至是你的靈魂團隊：高我、天使、指導靈等，為你的挑戰與計畫提供協助。

●請求團隊幫忙的方式如下：

1. 在安靜獨處的狀態下，說清楚你目前遭遇的困難或擔心，就像對好朋友訴說心事一樣，但盡量不要抱怨，而是清楚陳述你的擔憂。
2. 請團隊的任何一位成員來協助你，用對你而言最好的方式為你安排。接下來就放輕鬆，不要有任何擔心，一切交給祂們。

3. 接下來幾天觀察情況是否改變，或者你是否突然有些靈感、頓悟，腦中浮現關於讓事情更好的做法。

4. 執行這個靈感或想法，推動事情往更好的方向發展。

5. 無論結果與方向如何發展，相信這對你而言是最好的安排。有時和你期待的不同，長遠看來反而對你而言是更好的。接受團隊的安排，就是在接受你真正需要的禮物。

▼適合完美主義者人格的冥想：淨化焦慮冥想

經常處於焦慮狀態，頭腦的分析盤算擔心不斷，是完美主義者人格很難放鬆的原因。因此適合多做一些冥想、靜心，讓頭腦放空，回歸內在中心，淨化腦內的雜思與煩憂。

●關注脈輪（脈輪位置請參考第44頁的脈輪說明）

眉心輪：淨化過多思慮、平衡過度的分析思考。

頂輪：增加信任感與較高力量連結。

太陽神經叢：釋放焦慮緊張與罪惡感。

●冥想步驟

1. 坐下，閉上眼睛。找到一個舒服的姿勢，脊椎稍微挺直，頭與身體成一直線。

2.做幾次深呼吸。讓每一次的呼吸都越來越深、越來越緩慢。

3.吸氣，將氣吸到整個頭部，吐氣，把氣吐到坐骨，釋放掉。約做五、六次。

4.焦點放在眉心輪，吸氣，將氣吸到你的眉心輪，吐氣，把氣吐到坐骨、腳底，釋放掉。約做五、六次。感覺在吐氣的時候將煩惱擔憂、糾結的思慮一併釋放。

5.焦點放在頂輪，吸氣時，想像金色的光從頂輪流入，沿著脊椎往下，經過你每一個脈輪；吐氣時，感覺這金色的光擴散到全身。重複幾次。感覺你的放鬆，你把自己交給更高的力量；感覺你被較高力量看顧著，在宇宙的安排下，一切都很好。

6.現在，把焦點移到你的太陽神經叢，特別是胃部，將氣吸到你的胃，吐氣，把氣吐到坐骨、腳底，釋放掉。約做五、六次。感覺在吐氣的時候將胃部的不舒服、緊張、恐懼與犯錯的罪惡感一併釋放。

7.當你感覺較為放鬆後，把焦點轉移到心輪，繼續做幾次深呼吸。

8.動一動你的手腳，睜開眼睛，回到你所處的空間。

9.如果剛剛過程中有感受到什麼訊息，可記下來，做為日後實踐之用。如果沒有也沒關係，單純地感受到放鬆就很棒了。

在認識了完美主義者人格、深入覺察，並嘗試過適合的療癒方式後，請找一個安靜的空間，為自己讀一讀給完美主義者人格的「愛的輕語」。讓心中的完美主義者無條件地愛自己，順流行至美好境地。

給完美主義者人格的〔愛的輕語〕

留意你睡眠中的夢，那是你的靈魂帶給你的訊息；
留意你現實中的夢想，那是你的靈魂深深的渴望。

你的這一生，是靈魂做的一場夢，在夢裡，他要實現渴望，要表現所有創造力，要用所有的能力與努力，創造一場美麗的夢境。

專注於你想創造的夢，而非夢中的困頓幻影；奉獻你的能力，看看它能為你譜出什麼優美的旋律。

你所培養的技藝，都在為你的創作提供雕琢的工具，你的每一分努力，都在為這場夢境推動劇情，創造你渴望的美夢。

不用擔心夢的走向，它此時這樣，彼時那樣，在流動當中，永遠不會陷入僵局。只要你盡力，你能推動它的流向，往你心之所向前進；只要你保有彈性，你能接受宇宙推動的流向，往你還未意識到之美好境地前行。

在你還未能明白宇宙的善意之前，無妨駐足暫留，無妨放聲哭泣，但千萬別批判自己。

給自己無條件的愛，無論怎樣的自己都好好的愛，這份愛，會成為你心中堅定的力量，支撐你到領略宇宙善意之時，支撐你直到你終於明白，此時此地即是樂園，美夢不曾遠離。

是的，美夢就在你心深處，不曾遠離。

7 寂寞渴愛的女神人格

只有他人的愛與認同，才能完整我。

別人對我的評價、想法，總讓我心情大受影響。
一個人時，總感覺特別孤單寂寞。
常常害怕自己是否就這樣孤老終生？
我一直在為別人付出……好累，到底誰來關心我？
不管我怎麼做、怎麼配合，都會有人不滿意，我該怎麼辦？
我總是在看別人臉色，害怕他們不開心、討厭我。
到底誰能愛我……

女神人格失衡易有的情緒與狀態

擔心害怕：擔心不被愛，害怕自己不夠好而有負面評價。

戰戰兢兢：害怕被討厭，因此謹慎斟酌自己的表現，看他人臉色取悅迎合。

失衡怨懟：長期付出多過接受，感覺到不公平、不平衡，心生怨氣。

孤單寂寞：覺得一個人的自己並不完整，容易感到孤單寂寞。

猶豫徬徨：自己很難做決定，往往仰賴他人意見，有時聽了仍不知如何是好。

女神人格的人格目的與特色

女神人格的「女神」，指的是希臘神話中的女神阿芙蘿黛蒂，這位代表愛情與美麗的女神。渴望愛與被愛，運用自己的魅力吸引所愛之人，在愛的關係中依賴他人，並透過被愛、被欣賞獲得價值感。

因此，女神人格的目的是付出愛與接受愛，在愛與感情的交流中肯定自身價值。由於渴望愛的交流，自然會建立重要的一對一關係，諸如伴侶關係、合作關係，在關係當中學習如何與另一人合作、協調，學習平等兼顧雙方需求，不過於配合，也不過於自私，達成人我之間的平衡。換句話說，女神人格讓我們一開始先有愛的渴望，透過這個渴望，最終將學會平等地付出、分享與合作，平衡雙方的需求與對立。當我們在關係中學會平衡之後，自己內在的矛盾與極端，也會找到舒服的平衡點。

女神人格對於任何關係的處理都很有幫助，是有助於我們社交的重要人格。在感情或朋友等私領域，此人格可幫助我們享受愛的交流、彼此的付出與陪伴，透過良好和諧的關係感到快樂，以及被愛的價值感。事業工作領域中，女神人格幫助我們更容易與同事、客戶等對象和諧地合作，協調雙方對立的意見，做出公平的裁決，有利於各種談判、公關、諮商、協調等相關工作。

失衡時，女神人格容易太依賴另一半或夥伴，失去自己的獨立性、自主積極的行動力；也可能過於在乎他人是否喜歡自己，小心翼翼地取悅迎合，最後反而失去自己原有的性格；也很容易因長

女神人格的平衡與失衡表現

平衡的表現	失衡的表現
懂得在關係中平衡地付出愛、接受愛。	為了得到愛而過度付出、取悅，失去平衡。
能運用自身魅力與人輕鬆交流，愉快地互動，享受社交的快樂。	利用自己的魅力獲得利益好處，或因沒自信而害怕施展魅力。
在一對一關係中，顧及雙方需求來協調。	在一對一關係中，只配合對方需求，忽視自己的需要。
建立「互助合作」的關係。各自為完整的個體，兩個人是互相幫忙，增強本有的力量。	建立「互相依賴」的關係。兩人都不完整，沒有對方就彷彿失去自己的一部分力量。
他人的欣賞能增強自我肯定，但不是唯一的價值感來源。	他人的欣賞是價值感的主要來源，總是取悅以獲得更多喜愛。
能欣賞他人與自身的優點、價值。	看不見自身的價值，羨慕嫉妒他人擁有自己所沒有的。
適度參考他人給予的意見，用以調整改進。	過度在意他人的看法，視之為對自己的評價與行事準則。
做決定時考量周到，同時採納兩方觀點，客觀公正。	做決定時害怕讓人不悅，想滿足每一個人的期待，因而優柔寡斷。
為維持關係的和諧，可退一步協調。	害怕衝突，總是妥協退讓。

期為一段關係付出過多，感覺到不公平、不平衡而心懷怨懟。

你的女神人格程度多強？在哪個領域表現？

你的女神人格程度多強？

以下是女神人格在失衡時容易有的想法或行為，請讀一讀，觀察以下句子與自己的狀況是否吻合，如果吻合的敘述越多，表示你的女神人格程度越強，換句話說，也表示你越需要療癒女神人格，以便協助這個人格平衡發展。人格程度的強弱亦可同時參考前頁的表格「女神人格的平衡與失衡表現」。

▼失衡時，女神人格會有的想法是：

- 我做那麼多，其他人卻做那麼少……好不公平。
- 如果沒有人陪我行動，我完全沒辦法處理。
- 要怎麼做他才會開心，才會喜歡我？
- 他不喜歡我，我好糟糕。
- 我會不會沒人愛？

- 這樣好嗎？如果我這樣做，他會怎麼想？他會不會生氣或討厭我？
- 這樣做是好的嗎？別人會認同嗎？
- 算了，如果起衝突就不好了，還是配合他吧。

※如果以上八句中超過四句是你常有的想法，或是你慣用的口頭禪，代表你的女神人格程度可能偏高，而且可能失衡了。

▼失衡時，女神人格會有的行為是：

- 為對方付出到失去自我，放棄自己的需要。
- 為了被對方喜歡，總是配合或討好。
- 為了取悅對方或怕對方生氣，不敢說實話。
- 沒辦法一個人單獨行動，總是需要有人作伴。
- 需要他人為自己決定，之後把做決定的責任和後果推卸給他人。
- 即使心中已有明確想法，還是會詢問別人，想獲得一樣的建議以加強信心。
- 一聽到他人對自己的評價就很緊張，深怕是負評。
- 聽到負評會嚴重沮喪，覺得自己很糟。
- 為了避免衝突，只當好好先生或小姐，不敢當面表達不悅，只敢私下抱怨。

※如果以上九句中超過五句是你慣有的行為模式，代表你的女神人格程度可能偏高，而且可能失衡了。

你的女神人格較常表現在什麼領域？

請試著再進一步想想看，以上女神人格常有的想法和行為，通常出現在什麼時候？除了你對自己的觀察之外，想知道你的女神人格容易表現的領域，還可以參考以下所述在關係中或工作中易有的表現。

失衡時，女神人格在工作上易有的模式

- 十分在意別人的看法，想法容易受影響而動搖。
- 即使上司已授權，可自行決定，仍會不敢自己做主。
- 有人一起處理事情比較安心，自己獨立進行容易不知所措。
- 幫別人比幫自己多，為了幫同事或夥伴而忽略自己的工作。
- 為公司付出貢獻，沒有得到公平的回饋獎賞，例如合理的薪水獎金，心裡雖不滿但不敢表達。
- 用和善的面具面對他人，實際上心裡很多抱怨與不悅。
- 處理事情時把「人」放在「事情」前面，怕得罪人而戰戰兢兢。
- 努力塑造自己的「好人」形象，有時偽善多過真心。
- 把工作上的人氣和他人評價當成評斷自我價值的標準。

▼ 失衡時，女神人格在關係或感情上易有的模式

- 自己的事情總依賴伴侶或重要朋友幫忙處理和決定，不自己處理。
- 把對方的意見想法，看得比自己的還要重要。
- 期待關係或關係中的另一半令自己快樂圓滿。
- 要求對方改變，以滿足自己對關係的期待、被愛的需要。
- 比較在意對方的需求，付出過度後感覺失衡，滿腹怨氣委屈。
- 希望關係只有和諧快樂，把不滿壓抑下來避免衝突，反而怨氣更多。
- 覺得單身的自己沒價值、不被愛，一直渴望談戀愛或結婚。
- 因為太渴望被愛，一有人對自己好就容易愛上對方，或開始在意起對方。

實例 女神人格運用失衡時所創造的困境

最大心魔：缺乏愛

女神人格在受挫、受傷後，容易覺得自己不值得被愛、缺乏愛，而需要一再從別人那裡得到愛，重新獲得被愛的價值感。於是，就會在自認為缺乏愛的領域中建立起互相依賴的關係，有人投入感情或人際關係領域，有人投入事業，在關係當中付出、取悅對方，讓對方開心並喜歡自己，好換得對方對自己的愛。

要是不被愛，會感覺自己是不值得存在的；要是沒有關係中的愛給予支撐，會覺得自己沒有力量站起來、沒勇氣行動；要是沒有關係中的另一人填補內心空缺，會覺得自己不完整，生活也不是圓滿的。愛是如此重要，卻是自己所沒有的，因此格外害怕得不到他人的愛，失去愛。

害怕失去愛就會想索取愛，失衡的女神人格為得到愛而長期付出、取悅，漸漸把力量交給對方，失去自己的力量，甚至忘記怎麼愛自己。根源都是因為：以為自己「缺乏愛」。

要化解這個心魔，需要明白：愛的缺乏是假象。我們一直都是被愛著的，這些愛隱匿在日常生活中，來自四面八方的各種照顧、體貼、關懷，以及生命當中，時不時出現的貴人、幫助、機會；我們的愛來自生活中每一個人小小的舉動，來自宇宙的看顧與安排，而最重要的那份愛，是來自於自己。

困境1 不相信能被愛

女神人格非常需要透過被愛、被喜歡來肯定自己的價值。如果是在戀愛方面，要是遭喜歡的人拒絕，肯定會相當受挫，並開始懷疑自己是不是不好，所以對方才會不喜歡自己。有時這陰影過於嚴重，即使後來有人喜歡自己、出現不錯的交往對象，仍無法相信對方是真心愛自己的，因為已經認為自己不夠好了。

案例 反覆確認「你到底愛不愛我？」

阿文在求學時期，就有過戀愛上的創傷。他喜歡上自己的好友，好不容易鼓起勇氣和對方告白，對方卻冷淡地告訴他，他不是他的菜。從此以後，阿文開始討厭自己的外表，怎麼看都覺得自己不夠好看，嫌棄自己的長相並非典型帥哥，太陰柔不夠男性化。過了好幾年後，阿文有了穩定交往的對象，對方非常愛他，對他也很好。但阿文並沒有因此而比較喜歡自己，仍然經常問對方到底愛不愛他？喜歡他哪一點？非得要經過不斷確認，才能稍微放心地相信對方是喜歡他的。

困境2 **做回自己的罪惡感**

經常把重心放在為人付出、助人的女神人格，往往已經把價值感建立在關係的付出上，藉此感覺自己值得存在；要是多為自己想一點，把重心轉回自己身上，可能還覺得自己太自私，沒為對方著想，而心中產生深深的罪惡感。這份罪惡感會讓我們不敢為自己多想一點，不敢做讓自己開心的事，於是再度陷入為人付出的舊模式，將自己的人生擱置在一旁，難以靠自己找回快樂。

案例 我不該過得這麼快樂……

小愛的爸爸長期重病，需要家人隨時照料，而小愛又是唯一還待在家的兒女，天性也比較願意付出，自然而然擔起了這個重擔，一擔就是三、四年的時間。如今在家人討論之後，爸爸可以住進安養院了，小愛也開始不用隨時看顧爸爸，然而，她並沒有因此比較輕鬆。她是最了解爸爸生活習慣的，如果讓別人照顧，會不會出什麼問題？失智症的爸爸其實已認不出她來，不會責怪女兒不去看他，可是小愛自己心裡卻過不去，只要沒去看爸爸，罪惡感就會油然而生，覺得自己好不應該。

她其實已經有自己的空間餘裕，可以為自己規畫未來，做做自己喜歡的事，但是只要一想到自己把爸爸放到安養院，自己去享受快樂的生活，就會忍不住批判自己太自私，以致於根本沒有心思好好過自己的生活，也不敢有新的行動。

困境3 付出過度不平衡

女神人格是要來幫助我們學習關係平衡的，因此如果此人格較強，容易發生一些失衡的狀況，目的就是讓我們在失衡的困境中，意識到自己付出過度（或反之，付出太少），以便練習找到適當的平衡點，讓雙方都能較平等地付出與接受，創造平衡的伴侶關係、合作關係。

案例 為什麼回饋越來越不足？為什麼我做得比較多？

宣宣從事助人工作好一段時間了，近來她漸漸發現，不論是精神上的回饋（工作上帶來的成長）或物質上的回饋（薪水）都越來越不足，而且與她的付出並不成正比，於是她開始想改變，考慮著幾個新方向。其中一個是幫她先生的工作，先生剛好創業沒多久，正需要人手，而宣宣如果幫她先生，也是在幫這個家撐起經濟、照顧這個家。其實宣宣已經著手幫忙一陣子了，可是她還在猶豫是否要完全放下自己的工作，專心幫先生。使她猶豫的其中一個原因是：如果每天替先生工作，她不就沒有自己的時間了？二來，她發現自己幫到後來，做得還比先生多，她都要懷疑到底這是誰的工作了，有時還會忍不住發脾氣，把關係鬧僵。

後來她在諮詢時抽牌得到的指引是：「注意平衡」。可以幫忙但不要幫太多，否則做太多做到不甘願，很容易有受害者般的委屈。一開始就在付出上有所斟酌，就會減少失衡的狀況，自然也不需要發脾氣來宣洩委屈了。這個「在不平衡中找回平衡」的課題，無論是在她自己的工作上，還是為先生做事，都顯而易見，看來就是人生現階段的大課題了。

深入覺察女神人格——更透徹的自我觀察與分析

從前述困境中，也許你已經發覺自己的生活中也有過類似經驗。接下來，我們還可以更進一步針對女神人格進行深入覺察。看看困境的背後，是否還有什麼值得我們探索學習的？

是否會常常難以抉擇？希望做一個皆大歡喜的決定？

女神人格之所以陷入難以抉擇的情境，通常是因為做決定時同時考量各種因素，尤其是考量到各個相關成員不同的想法，擔心是否讓某人失望，是否讓某人不快樂。例如，當我們猶豫是否要離職，女神人格讓我們不僅考慮自己在工作上的需要，還會想到：我是否影響到其他人？另一半會不會覺得這樣不好？老闆會不會覺得我不負責？同事會不會覺得被我拖累？……等等。選擇的困難往往在於，選擇了這個，會讓某人失望，選擇了那個，又會讓另一個人失望，因為每個人的期待不同，沒有一個選擇可以符合每個人的期待而面面俱到。而女神人格最不想讓別人失望了，這個「別人」，範圍又往往滿大的，只要有點交情，就可能被納入「不想令他失望難過」的對象範圍。

越是難以抉擇，越表示此時我們想當好人，不想讓其他人對自己失望。如果我們一直想讓每個人都開心，這個選擇困境會持續下去，除非我們開始意識到，沒有一個選擇可以面面俱到的。只要做了選擇，就會辜負任何對我們有期待的人，滿足了A，就滿足不了B；滿足了別人，可能就滿足不了自己，反之亦然。事實上，每個人的期待，都是要靠自己負責、自己來滿足的，而不是依賴他人來完成，這才是為自己負責的做法。我們當不了讓所有人都快樂的好人，但我們可以當一個為自己人生負責任的人，也讓對方為他自己的人生負責。

是否常感覺不平衡，心懷怨懟？

如果已經感覺不平衡，表示付出較多，接受的回饋較少，在給予和接受上已經不對等了。而且，往往是長期忽略自己需要，沒有滿足自己，卻又一直給予他人，感覺到疲憊，才會開始心生不滿，抱怨對方付出太少。若再往內心探究，過度的付出，有可能是因為非常需要對方、依賴對方，害怕失去這段關係，因此努力地付出和維繫。一直為對方付出，把注意力放在對方身上，其實也是逃避自己的一種手段：因為不願面對自己人生的問題，不敢盡全力追求目標，讓自己發光，而透過付出獲得存在的價值，並期待付出的對象可以照亮自己，讓對方成為快樂的來源。若是對方沒有回饋我們所期待的，自然就會失落沮喪，心生不滿與抱怨。

這種不平衡感可能出現於共同經營一個家、一段關係、一份合作的工作上，我們發現自己投注的心力遠遠超過對方，對方卻似乎並未投入同等心力，因此令我們感覺不公平。若已有這種感覺，請觀察一下自己是否隱忍著不悅？是否不敢說出不滿？通常，是長期累積下來且未說出的不滿，才會導致嚴重失衡和不公平的感受。

無論是以上哪一種情形，都是重要的警訊，提醒你對於對方或這個共同經營的領域，已付出過多心力，需要把注意力放回自己身上，找回自己的力量與光芒，對自己好一點，犒賞自己。為自己充電，有了充足的能量再付出，並盡量保持在付出的平衡點，也就是付出時最令你感覺舒服且剛剛好的程度，不會付出過多導致心生埋怨，也不會付出太少而心生罪惡感。如果不願平等付出的是對方，或許是在提醒我們：可以透過溝通協調等方式來恢復平衡。若對方沒有協調的意願，暫時抽離或結束關係，未嘗不是另一種恢復平衡的做法。

是否常小心翼翼，害怕別人不開心？勉強自己配合別人？

之所以會小心翼翼地對待別人，深怕惹對方不開心，通常有兩種可能：安全感建立在關係上，或自我價值來自對方的認同。

對方如果不開心，關係就容易有不快樂、不和諧，我們所建立在關係中的安全感，就會受到動搖。這表示，內心深處對關係是沒信心的，只要感受到關係當中的一點分歧、負面情緒、不和諧，就會擔心關係產生裂痕，難以修復，也影響到關係中的安全感。如果讓對方不開心，對方可能會討厭自己，甚至離開自己，放棄這段關係，這背後也潛藏著害怕失去對方的恐懼。

如果未能令對方開心，反而讓對方討厭自己、離開自己，失衡的女神人格便會陷入沮喪，聯想到自己是否不夠好、不值得被愛。這表示我們是透過別人的好惡，來評斷自己是否值得愛；是需要別人的認同，才能覺得自己有被愛的價值。

無論是哪種原因，都可以歸納出：我們沒有想讓自己開心，只想讓他人開心；我們把自我價值、愛、安全感都建立於關係中，唯獨沒有建立在自己身上。

於是與人互動變成了一種「交換」：我這裡沒有安全感、愛、自我價值，所以我必須為對方付出、取悅對方，他才會給予我欠缺的愛與安全感。我們以為自己沒有，所以必須對對方好，來換得我所需要卻未擁有的。害怕對方不給自己，因此盡力配合、討好，即使心裡不是很想這麼做，也不得不做，於是就變成了勉強配合順從。用給予和配合換來自己所需，勉強配合、過度付出的背後，往往有這種「交換」的心理。

是否經常仰賴他人意見，不敢自己決定事情？

在需要做決定的時候，總是詢問其他人的意見，如果別人覺得不好，原先的想法就會動搖，這通常是因為不太相信自己，覺得對方的想法比自己的可靠。簡言之，就是比較相信對方，而不相信自己，對自己的想法沒信心、沒把握。

不敢自己決定，也可能是不想為自己、為事情的結果負責。如果自己下了決定，就得為這個決定負責；如果依別人的想法來決定，最後事情不順利還可以怪罪那個做決定的人。換言之，預設了自己的決定可能不會有好結果，說到底，還是對自己的想法沒信心，不信任自己的決定能有好的發展。

於是形成一種循環：先是不相信自己，而避開任何得承擔責任後果的決定；因為一直以來都閃躲做決定的責任，較少依照自己想法來決定的經驗，於是就更難相信自己的想法，更無法鍛鍊出相信自己的力量。

在深入覺察之後，接下來，我們將更進一步學習如何療癒女神人格。

女神人格的療癒方法

女神人格的療癒方法分為三種，三種方法分別以「**其他人格運用**」、「**信念**」、「**行動**」來幫助我們放下舊模式，療癒女神人格。你可以三種都試試看，在嘗試後感覺一下哪一種方式對你而言較有效，並持續運用。每一種療癒方式都需要長時間的覺察與練習，一次又一次地清理與釋放舊的想法與行為，因此請持之以恆，讓「相信自己可以改變」的信念幫助你進步。

1 運用其他人格來療癒

我們可以用「戰士人格」、「嚴師人格」、「改革家人格」來療癒失衡的女神人格。

▼「戰士人格」的果敢行動、滿足自我、接受衝突

女神人格過度在乎他人想法，考量太多因素，使得決定和行動都變得困難，可多運用戰士人格，練習果決勇敢的行動。感覺一下自己的內在衝動，「不知為何，我就是很想做什麼」的感覺，一旦感受到這種感覺，就付諸行動，不用考慮再三。如果意識到自己正在考慮他人的想法，停下來，把思考路徑從「別人怎麼想」轉移到「我想要什麼」。根據自己的「想要」來行動，我們才能從行動中感受到自己的力量，在一次次的行動中鍛鍊出更多自主的力量與勇氣。

如果因感覺自己不顧他人而心生罪惡感，請記得，我們必須先滿足自己，讓自己有力量，有力量的我們才有能力為他人付出，並非一開始就犧牲自己的需要去滿足對方，好換來自以為缺乏的東西，例如價值感、愛、力量。滿足自己的需求是「自立」，而非「自私」。當我們能夠自立、好好照顧自己，給自己力量與愛，我們所付出的才是真正的愛，而不是交換。

女神人格喜歡和諧，很害怕發生衝突或不愉快，而勉強忍氣吞聲。因此，常常表面上很和善，息事寧人，但怨氣並未消失，忍耐到後來才決定放棄或結束關係。對方不知所措，自己也早已內傷。其實，衝突並不是完全不好的，有時運用戰士人格適當地直言坦白，表露自己的需求或感受，

雖然可能引發衝突，卻有機會更了解彼此的想法，溝通協調。關係當中本就有和諧與不和諧，不可能時時和平完美沒有缺憾，若是極力避免紛爭衝突，關係中的問題隱忍不談，反而可能使內心的隔閡加深、關係更加惡化。

▼▼「嚴師人格」的成熟負責、獨立自主

若是常常依賴他人，導致關於自己的事情難以決定，也不敢為後果負責，這時就需要嚴師人格幫忙平衡了。女神人格容易把自己的事當成別人的，把別人的事當成自己的，混淆了彼此的責任。運用嚴師人格的自我責任感，好好地把自己的事當成自己的，正因為是自己的事，就由自己負責，既然由自己負責，從決定到執行，也都得由自己來，然後坦蕩蕩地面對隨之而來的所有結果。不論好壞成敗，也不論你喜不喜歡，都承認並承擔起自己的責任。

當我們願意為自己負責時，也許會在過程遇到挫折，或者結果不如預期；但也可能因為自己的努力付出有不錯的成果，感到更深的成就感和滿足。重點不在於能否讓自己做出最好的選擇、獲得最好的結果，而是在於：我們能否成熟、負責地面對自己的人生，透過每一次的負責，鍛鍊出熟練的能力、自立自決的力量。

一旦我們擁有自立自決的力量，便不用依賴關係的另一方來滿足我們的需要，也不用在意自己的決定是否讓對方不悅。因為我們會越來越明白，我們有力量為自己的人生負責，別人也有力量為他自己的人生負責。每個人都能夠為自己的人生負責，不需要由他人來取悅與滿足。

▼「改革家人格」的忠於獨特、獨立自由

女神人格需要他人的喜愛，經常太在意他人的看法，把他人的評價視為自己的價值好壞。這時可多運用改革家人格來平衡，相信自己的獨特與唯一，評價不在於他人嘴裡，在自己心裡。忠於自己真實的性格、喜好與能力，所發揮的必是最好的，也是自己真正的價值所在。擁有他人的喜歡與支持是加分，但無法擁有也不會扣分。我們的價值在於自身的獨特性、特質，即使不受喜歡，我們自身的特質也不會因此改變，因此他人的不喜歡並不等於我們沒價值。每個人的價值標準是不同的，喜好也不同，再完美的人都不可能讓每一個人都欣賞，也不需要討好其他人，最需要討好的對象，是自己。擁有自己的喜愛，比擁有任何人對自己的喜愛都重要。

常常太依賴關係、失去自己的女神人格，也需要一點改革家人格的忠於自我來平衡。關係中，盡量保持自己原本的特質、做自己，不一味配合對方而變成另一個人。做自己，不表示堅持不做任何改變，而是遇到意見不同時，能尊重對方也尊重自己，誠實地表達自己的想法，再相互協調，但並非一開始就放棄自己的需要。當我們願意做自己，會更容易相信自己是獨立自主的個體，也會減少依賴帶來的失落挫折，真正找回自己的力量。

若因太過依賴，導致關係過度失衡、太多挫折，就是需要更多個人空間的時候了。讓彼此都能自由的選擇生活方式，給彼此多一點空間，減少干涉，盡量不為了黏在一起而亦步亦趨。簡言之，就是多一點放手。如果心態上做不到，實際上的拉開距離也是一種做法，例如減少見面、分居。距離拉開後，通常能較客觀理性地看待關係問題，重新處理解決；兩人的牽絆減少，期待依賴帶來的

失落挫折也會減低，最重要的是，我們有更多的自由空間能做回自己。

2 幫助信念轉換的肯定語

除了運用其他人格來療癒女神人格，我們還可以利用肯定語，經過長期練習，有助於內在信念轉換。

請找一個可以放鬆獨處的安靜空間，大聲唸出或心裡默唸以下肯定語，與女神人格對話，使其獲得療癒。在唸肯定語的同時，可以試著覺察自己內心有什麼感受。

- 我已經很好，不需要用一再的付出來肯定自己的價值。
- 我能在關係中找到舒服的平衡點，享受愛的付出與接受。
- 我喜歡我自己，別人對我的評價只是他的看法，只代表他自己，不代表我好不好。
- 我有力量獨立地做決定、行動。
- 我能表達內心真實的想法、感受，為關係帶來改善。
- 我能滿足自己的需要，也讓他人去滿足他們自己的需要。
- 滿足自己一點都不自私，是為自己負責。

3 以行動來療癒

我們可以運用「**運動**」、「**執行自己的目標**」、「**冥想**」等方法，使女神人格獲得療癒。

▼運動

身體的狀態會影響我們能量的高低，健康與否也會影響心情與自信。運動可以喚醒身體的內在活力，並鍛鍊身體的肌力、耐力，改善身體的狀態。而當我們身體狀態較佳，較有活力的時候，會比較容易認為自己有力量處理好事情，也會比較相信自己能獨力面對困難。提升身體的肌耐力，往往能提升心靈的意志力與強韌度。

運動不一定要很激烈、長時間，自己喜歡，且能養成規律比較重要。喜歡才能持久，持久才會有效果。可以試著每次給自己多一點點挑戰，激發內在力量的潛能，在一次次為自己努力運動的同時，也會漸漸鍛鍊出內在核心力量，幫助我們的心靈更有力量與信心。

▼執行自己的目標

平日生活中，選擇能獨力完成的簡單目標來執行，不論中間發生什麼挫折都堅持完成它，讓這個完成為自己帶來成就感。這目標得是為自己而做，不是為別人；最好是做起來會覺得好玩、開心，直覺上想做的事，有一點點挑戰性更好。例如，改造或布置自己的房間、規畫一個人的小旅行、為自己煮一頓特別的晚餐等等。依照自己的喜好來選擇目標，不用想太多、考慮別人怎麼想，給自己一段時間好好執行這個目標。一方面練習為自己付出、滿足自己的需要，一方面可練習讓目標引導行動，增加獨立的勇氣與行動力。

▼▼適合女神人格的冥想：平衡之愛冥想

容易感到失衡或孤單的女神人格，可以透過冥想來幫助恢復平衡、愛自己，釋放不值得被愛的恐懼以及必須依賴的信念。幫助恢復值得被愛的價值感、找回關係的平衡、相信自己的力量。

●關注脈輪（脈輪位置請參考第44頁的脈輪說明）

喉輪：表達自己真實的想法與需求，釋放害怕破壞關係的恐懼。

心輪：願意愛自己、肯定自己的價值，接受他人的愛與付出。

太陽神經叢：釋放不值得被愛的恐懼、需要依賴的信念，重新信任自己的力量。

臍輪：釋放因過度付出而累積的負面情緒，恢復平衡的交流。

●冥想步驟

1. 坐下，閉上眼睛。找到一個舒服的姿勢，脊椎稍微挺直，頭與身體成一直線。
2. 做幾次深呼吸。讓每一次的呼吸都越來越深、越來越緩慢。

3. 焦點放在心輪，吸氣，將氣吸到你的心輪，吐氣，把氣吐到坐骨、腳底，釋放掉。約做五、六次。感覺在吐氣的時候將不被愛的傷痛一併吐出，釋放掉所有不被愛的感覺。

4. 現在，感覺胸口中央有著粉紅色的光，隨著呼吸擴大增強，包圍整個胸腔，包含前後。感覺這粉紅的光為你增強愛的感受，你本有的愛是源源不絕的，你能給予自己這源源不絕的愛。你本就很好，有你值得被愛的價值，你值得享受他人的愛與付出。

5. 焦點來到太陽神經叢，吸氣，將氣吸到你的太陽神經叢，吐氣，把氣吐到坐骨、腳底，釋放掉。約做五、六次。感覺在吐氣的時候將不被愛的恐懼一併吐出，釋放掉所有不被愛、孤單、無人依賴的恐懼。

6. 現在，感覺太陽神經叢有著橘黃色的光，隨著呼吸擴大增強，包圍整個上腹部，包含前後。感覺這橘黃色的光轉化你不被愛的恐懼與幻覺，並為你增強自我獨立的信心、勇氣，在這光中，你更加相信自己，信任自己有足夠的力量，不需要依賴他人。

7. 焦點來到喉輪，想像喉輪有著水藍色的光，如海水般閃耀光芒。這水藍色的光隨著呼吸擴大增強，包圍整個喉嚨。感覺它轉化所有溝通上的害怕，而為你帶來平靜的表達；感覺你的表達是重要的，能滿足你的需要，也能幫助關係進入更深的和諧與平衡。

8. 最後來到臍輪。吸氣，將氣吸到你的臍輪，吐氣，把氣吐到坐骨、腳底，釋放掉。約做五、六次。感覺在吐氣的時候將累積的怨氣與負面情緒吐出，釋放掉所有不平衡的情緒。

9. 感覺臍輪有著橙色的光，隨著呼吸擴大增強，包圍整個下腹部，包含前後。感覺這橙光為你平衡臍輪能量，平衡過度付出的上癮模式，轉化必須付出的信念，找回平衡的做法。

10. 焦點回到心輪，並做幾次深呼吸。

11. 動一動你的手腳，睜開眼睛，回到你所處的空間。

12. 如果剛剛過程中有感受到什麼訊息，可記下來，做為日後實踐之用。如果沒有也沒關係，單純地感受過程就很棒了。

在認識了女神人格、深入覺察，並嘗試過適合的療癒方式後，請找一個安靜的空間，為自己讀一讀給女神人格的「愛的輕語」。讓心中的女神給自己滿滿的愛，流溢於他人和世界。

給女神人格的〔愛的輕語〕

付出，不為了別的，只為了成全付出的快樂。

付出本身即是快樂，因為你有愛，把你擁有的愛分享散播，怎會不快樂？

除非，你介意他人評價，在意他人回饋，如此你便不可能快樂。

因為這並非分享，而是索取；用你的付出，索取他人的回饋、好評與愛。

因為這並非愛，真正的愛無所求，只想給予；真正的分享是我們早已擁有，而不需索取。

如果這不是無所求的分享，怎會是愛？如果這不是愛，怎會快樂？

若你出於愛，給予愛，自然會有愛的回饋，它是隨之而來的結果，而非目的。

若你能愛自己，擁有自己的愛，你所給的才會是愛，否則那只是帶著愛的面具的索求與依賴。

付出只需專心地付出，愛人便去勇敢地愛人；
從今以後，不再需要戰戰兢兢地取悅、畏畏縮縮地面對，就做你自己。
做你自己，愛你自己，自然能好好地愛人助人，讓愛的關係建立。

輕輕地，給自己一個擁抱、給自己很多的愛，溢出來也無所謂；
那滿溢的愛，將會流向他人、流向這個世界。

你知道的，這世界也需要很多很多的愛，需要你的擁抱。
那得從你對自己的愛開始。

8 恐懼執著的煉金術士人格

若不緊抓那唯一，我的世界便全盤崩解。

越在意的事物，就越害怕失去，但不管怎麼緊抓不放，最後終究還是會失去……

好害怕結束、好害怕死亡，為什麼要面對這些？

常常有人說我控制欲強、佔有欲強，但我就是忍不住。

一旦受到傷害或背叛，我就痛苦萬分，怎樣也無法原諒，甚至還想報復。

我總覺得別人不可信任，要隨時隨地防範他們傷害我。

我總覺得光靠自己的力量是不夠的，一定要依靠某人。

為什麼，放下會這麼難……

煉金術士人格失衡易有的情緒與狀態

恐懼：對於某個欲望有極深的需要，深怕得不到或失去。

執著：執著於某一種欲望／對象，非要不可，緊緊抓住難以放下。

危機感：因為太需要、太怕失去，隨時警覺於是否即將失去。

各種情緒起伏：對於失去有強烈危機感，一感到危險便情緒波動，起伏甚大。

煉金術士人格的人格目的與特色

煉金術士，就是善於煉金術的人，以特定程序將平凡金屬轉化成貴金屬。煉金術士人格，便是一個負責「融合、轉化、提升」的人格，透過與其他力量、資源結合，生成更大的力量，並且經由人生中的恐懼與黑暗面，獲得最深的洞察與領悟，一次次揮別過去、死而重生。

煉金術士人格會驅使我們用「與他人結合」的方式來獲得資源與力量，經由融合來超越自己的限制，進而蛻變轉化，產生更大的力量與價值。就像金屬一樣，只有一種金屬時，其結構是固定的，但融合幾種金屬後，結構被打破而開始轉化，形成與原本相異的性質，也超越了本來的價值。與他人結合的需要，會讓我們發揮洞察力來掌控對方的行徑，確保結合的延續。因此，這個人格也帶有較強的洞察力與掌控能力。

另一個用來轉化的方式就是欲望與恐懼。煉金術士人格有極強的欲望，也有極深的恐懼。越強的欲望會帶來越大的決心與毅力，越深的恐懼會帶來越多的自我保護與掌握權力的企圖（因為權力越大越能不受傷害），因此往往可帶來較大的成就與影響力。社會上握有較多權力、社會資源的人，往往是此人格較強的，而各人運用權力與社會資源的方式不同，就會產生善用與濫用的差別了。當欲望走到極端，害怕得不到的恐懼與痛苦也會跟著擴大，能逼使我們從內在轉化，放下對欲望的執著。因此，我們透過煉金術士人格的欲望，來面對內在恐懼，進而轉化執著。

簡言之，煉金術士人格的核心目的，就是達成欲望，至於是什麼樣的欲望，端視個人靈魂選擇而定。透過追求欲望的過程，鍛鍊出力量，練習與他人結合、合併運用各種資源，並在該領域學會洞察深層的需求與情感，轉化欲望所帶來的痛苦，成為更強韌的力量。

在事業、公領域中，煉金術士人格為我們洞察人心與制度，適當地自我保護，找出資源所在（包含錢、權、人脈），善用他方資源；加上自己的能力、毅力與企圖心，一步步壯大自己、擴大目標與成就。在感情、關係等私領域，能用以洞察雙方的需求與問題，進行調整改善；也能創造緊密結合的互助關係，在需要時互相提供資源，幫助彼此度過危機（此人格擅長危機處理），甚至進一步激發彼此的潛力，帶來成長。

我們還可以特別注意：這個人格會為其他人格強化欲望。可以檢視看看自己哪些人格的目的特別明顯、欲望特別重，通常是受到煉金術士人格的影響。這也表示，受影響的人格有極大的機會轉化、提升，是靈魂最能重生之處。

失衡時，此人格可能對欲望過於執著，得不到會痛苦萬分，得到了又害怕失去；太過仰賴他人的力量與資源，只想透過他人的力量來獲得所需，自己的力量卻一點一滴地喪失；容易只看人的黑暗面，不願信任任何人，將自己的內心世界藏得過深；不易信任，一旦信任就託付全部，因此恐懼失去一切的得失心與危機感如影隨形，心情起伏不定。

煉金術士人格的平衡與失衡表現

平衡的表現	失衡的表現
目標明確，企圖心強，擁有極大專注力與毅力，容易掌握需要資源而增強力量。	為達目標不擇手段，利用他人的資源，只為滿足個人欲望。
將欲望當成進步成長的動力。	將欲望當成生命唯一目的。
善用權力，對他人產生正面影響。	迷戀並濫用權力，作為滿足私欲的工具。
不安心時，洞察自己內心恐懼，轉換心態。	不安心時，洞察／控制外在人事物來確保安全。
將危機視為轉機，面對痛苦而轉化。	將危機視為毀滅，極力抗拒痛苦。
能清楚洞察周遭狀況，採取需要的保護。	未經觀察就覺得處處都是陷阱、人人都是壞人。
視情況隱藏自己的欲望與弱點，保護自己不受傷害。	總不願透露自己內心動機，不信任每一個人。
明白擁有對方的力量是互相加乘、加分，但自己也有足夠的力量。	以為不能沒有對方的力量或資源，光憑自己辦不到，認為自己力量不足。
在關係中忠誠專一。	在關係中危機感重、控制欲強。
能建立緊密、親密的關係。	害怕被傷害，不敢與人親密、透露情感。

你的煉金術士人格程度多強？在哪個領域表現？

你的煉金術士人格程度多強？

以下是煉金術士人格在失衡時容易有的想法或行為，請讀一讀，觀察以下句子與自己的狀況是否吻合，如果吻合的敘述越多，表示你的煉金術士人格程度越強，換句話說，也表示你越需要療癒煉金術士人格，以便協助這個人格平衡發展。人格程度的強弱亦可同時參考前頁的表格「煉金術士人格的平衡與失衡表現」。

▼失衡時，煉金術士人格會有的想法是：

- 他想要什麼？我要怎麼做才會讓他變得如我期望？沒有它／他我該怎麼辦？
- 我現在該說謊還是保持沉默？不能洩露我真實想法……
- 他為什麼不能給我我要的？
- 我得不到的，你也別想得到。
- 你不讓我好過，我也不讓你好過。
- 他想對我幹嘛？他想從我這裡得到什麼好處？

- 要怎麼做可以避免痛苦？

※如果以上八句中超過四句是你常有的想法，或是你慣用的口頭禪，代表你的煉金術士人格程度可能偏高，而且可能失衡了。

▼失衡時，煉金術士人格會有的行為是：

- 濫用權力，過度干涉，控制他人。
- 依賴他人的資源或權力，不能靠自己力量生存。
- 隨時想隱藏自己真實的動機，害怕被人了解。
- 索求遭拒便心生怨恨，甚至報復。
- 一旦受到傷害，就再也不信任類似的關係與狀況。
- 凡事只以陰謀論看待，不相信人性的善良。
- 一感覺到痛苦就抗拒，想方法來減輕或避免。

※如果以上七句中超過四句是你慣有的行為模式，代表你的煉金術士人格程度可能偏高，而且可能失衡了。

你的煉金術士人格較常表現在什麼領域？

請試著再進一步想想看，以上煉金術士人格常有的想法和行為，通常出現在什麼時候？除了你對自己的觀察之外，想知道你的煉金術士人格容易表現的領域，還可以參考以下所述在關係中或工作中易有的表現。

▼失衡時，煉金術士人格在工作上易有的模式

- 防範看起來厲害的同事、下屬，容易覺得地位受威脅。
- 洞察上司（或掌握資源權力的人）的需求與心思，迎合討好，以獲取資源、得到權力。
- 必須與人結盟才能放心工作，自己負責會感到不安。
- 身為上位者，利用自己的權勢滿足私欲，甚至進行不法勾當。
- 對權力著迷上癮，無法放下控制。
- 過剩的企圖與野心，為達目的不擇手段。
- 易看到商場或人際往來的潛規則、黑暗面，進而利用操縱他人。
- 深怕失去事業成就與地位，全力追求與維持，忽略內心感受與私領域的經營。

▼失衡時，煉金術士人格在關係或感情上易有的模式

- 對人不信任，常猜測對方的心思與事情真相，常懷疑被騙。
- 不敢與人親密，不透露內心深處想法。
- 不敢與另一半太親密，甚至連性關係也有障礙。
- 感情上受過傷便再也不願信任。

- 因不信任而處處控制，引起對方反彈。
- 深怕失去對方而做許多防範措施，以為失去對方就會失去全世界。
- 很難分開，害怕關係結束。
- 即使關係已結束了，心裡也放不下，內心被對方盤據著。

實例 煉金術士人格運用失衡時所創造的困境

最大心魔：執著

失衡時會以欲望為主要目的的煉金術士人格，最大的心魔就是「執著」。執著於欲望必須滿足，執著於能滿足我們欲望的人事物，害怕一放開手，就什麼都沒有。

其實欲望並非不好，我們能夠生存，正是因為有生存的欲望，我們能夠有豐富多元的世界，正是因為有發明創造的欲望。欲望是人賴以生存、延續生命、創造與體驗的動力，是非常重要的。然而，當欲望發展過度，往往便成了恐懼，恐懼於失去、恐懼於得不到，恐懼於再也沒有人事物可以滿足內心的匱乏。於是就演變成了執著：必須要有，一定要有，要是無法擁有，也必須不擇手段地獲得。

執著之際，我們把自己的世界縮小到只剩那個欲望，那欲望就是我們的全部，如果不能擁有或失去，我們的世界就崩潰了。因此，煉金術士最大的痛苦來源，無非就是對欲望的執著。因為這份執著，我們患得患失，時時恐懼，一有風吹草動就心驚膽跳，一旦失去就天崩地裂、撕心裂肺。因為執著，我們容易失去理智，看不見其他事物的美好、生命的寬闊，看不見更多的可能，反而喪失更多等著我們的機會。

困境1 對事業地位執著，仰賴權威

煉金術士人格表現於事業時，常過度認同自己的社會地位與專業身分，深怕自己的專業不受肯定而失去此領域的身分認同，因此會積極洞察所屬專業領域，並且非常重視該領域的權威人物，例如長官、上司，盡力滿足他們的喜好，從權威身上獲得資源與力量。也容易因此戰戰兢兢，擔心不能投其所好，恐懼於自己的專業與權威不受肯定，社會地位不保。

案例 過度害怕長官的批評，簡直到了有病的地步！

小威是某政府機關的幕僚，一直以來主要的工作是幫長官分析狀況，依照長官的意願與裁決來行事，包含對外的發言等等。他的煉金術士人格很強，因此這類洞察分析，依長官心思來辦事，並不會太難，但是他仍然隨時處在害怕擔心的狀態。一有任務交代下來，就開始將全副心思花在上面：怎麼樣才會做得好？如何讓長官滿意，不被批評？這樣的焦慮一來是因為害怕自己不夠專業，其專業身分遭否定，二來是因為害怕一旦失去長官的信任，就不能再依附於長官帶給他的資源、權力。事實上，幕僚的確是煉金術士人格較強者容易從事的工作之一，因為幕僚正是為長官貢獻其心力，因為依附掌權者而獲得相關權力資源得以運用。小威笑稱自己的恐懼「簡直到了瘋狂的程度，根本有病」。

後來透過諮詢，他漸漸明白：針對這份害怕，他可以更信任自己，相信自己有足夠的力量，慢慢地，即使長官有所批評，他也能依照自己的標準來評斷，而不會如此挫折；最後或許還能獨當一面，用自己的才能與力量獲得權威地位，為他人帶來正面的影響。

本案例中，煉金術士人格強化了嚴師人格的欲望，因此也帶有嚴師人格的恐懼。

困境2 安全感依附他人，害怕失去

煉金術士人格表現於感情領域時，常常將安全感依附於對方，隨時洞察對方的行徑與想法，要是對方有些不對勁，就會開始緊張，甚至還會想方設法抓得更牢。因為太害怕失去對方、失去對方帶來的安全感，會非常想確認對方的想法，好讓自己安心。

案例 他讓我很沒安全感，我必須知道他怎麼想……

阿真是個體貼細心的女孩，很容易看見他人的需要，照顧他人，帶給別人安全感。她從事業務工作，業務內容包含給客戶需要的服務，而她這種洞察他人需要的特質剛好在工作上得心應手，發揮得很好。然而，一旦面對自己的感情，她就會很沒安全感，只要對方冷淡或疏遠，便恐慌不已，

想盡辦法知道對方在想什麼，想知道他是否有其他對象，並一直想做些改變讓對方更喜歡自己。阿真來做個案諮詢，想透過塔羅占卜來了解感情對象在想什麼，好生出因應的對策（事實上有此要求的個案很多，並不只阿真一人）。但我表明，我已經不再解讀個案對象的想法了，因為這對個案來說並沒有幫助，只會助長「用牌卡來確認」的依賴與執著。這問題的核心並非對方怎麼想，而是阿真本身的安全感不足，並想讓別人來滿足她的安全感。她的痛苦，來自於她執著在必須從他人身上得到安全感，且執著於同一個對象。

又經過幾次諮詢、引導後，阿真對自己有了更深的了解，原本她無法理解為何我不讓她問想問的問題，現在終於透過對自身生命的了解而明白。她已經明白她痛苦的根源並不在他人的不給予，而在自己內心的匱乏與執著。因為她把這份對外的洞察力轉向對自身的洞察，在安全感上也有了不少進步。

本案例中，煉金術士人格強化了嬰兒／母親人格的欲望，因此也帶有嬰兒／母親人格的恐懼。

深入覺察煉金術士人格——更透徹的自我觀察與分析

從前述困境中，也許你已經發覺自己的生活中也有過類似經驗。接下來，我們還可以更進一步針對煉金術士人格進行深入覺察。看看困境的背後，是否還有什麼值得我們探索學習的？

是否常覺得受傷害、被背叛？

這裡的傷害指的是心理、精神、情感層面的。當我們認為自己被對方傷害，表示我們期待對方滿足我們的需求，但對方沒做到，甚至做了相反的事，令我們非常失望，因而受傷。例如，我們希望對方一直能喜歡自己，把自己視為最重要的，但有一天發現，他更喜歡別人，覺得別人更重要，因此我們就感覺受傷、被背叛了。在這個例子中，我們有個「想要一直被喜歡、被認為最重要」的欲望，並期待某人來滿足我們。後來對方不再喜歡自己，喜歡上別人，於是就失望受傷。而欲望的程度，也會影響受傷程度。如果內心非常受傷，表示我們的欲望也非常之高，已經失衡、執著。

受傷來自於我們先有過度執著的欲望，而對方的背叛，則是反映了自己的失望。我們不能說對方背叛完全沒錯，然而，如果想真正療癒內在的傷、恢復平靜，需要先面對的，是自己深層的欲望與傷痛，而非對方做了什麼。因此當你發現自己受傷時，請記得，痛苦的來源在於自己失衡的欲望，而非他人。

甚至，這個傷痛多半早在這一次傷害之前就已存在，對方只不過是觸碰到你的舊傷口。傷往往是今生早期發生，或前世就已發生，而現在再次發生是讓我們有機會重新觸碰傷口，學習放下執著、重新選擇面對態度，只要重新相信，便能轉化成長。感覺受傷時，可以檢視一下，傷口在哪裡？是關於什麼課題的傷？通常是「不夠好、被拋棄、被否定」等失落的傷，這些傷等著我們經由類似的經驗來轉化超越，持續進步，因此我們會遭遇類似的情境，並在我們每次產生執著時就受到傷害。傷害是一種提醒，提醒我們重複了過去的執著，提醒我們欲望需要平衡，需要找回自己的力量，讓成長成為人生的目的。

是否常心生報復念頭，無法原諒？

想要報復，通常是我們認為對方傷害了自己，認為對方狠心、無情，所以也不用對對方太有情有義；他使我痛苦，不懂得我有多痛，我就要讓他嘗嘗痛苦的滋味。把報復變成一種激發自己力量的方式，用以與對方抗衡、保護自己不再受對方傷害。這表示，我們雖然怨恨，卻仍在意而緊抓著那個傷害我們的人，我們緊抓著的不只是對方，更是那內心的傷。因此，越想報復，內心的傷抓得越牢，越是好不了。當我們將力量用於緊抓對方與傷痛，聚焦於仇恨的負面意識，力量也會持續消耗，而找不回自身力量的完整性。

有時我們看似無法原諒對方，更多時候，其實是無法原諒自己。不能原諒自己當初做錯事導致這後果，不能原諒自己允許傷害的發生。我們更不能接受的，是自己創造了這個傷害的愧疚感。不能原諒，往往背後也有恐懼，害怕原諒之後對方再度傷害自己，造成更大的傷害。這也表示，我們內心還有對對方的需求，需要對方用某種態度來滿足這個需要，一樣是把自己的力量交給對方了。如同前面說過的，欲望（需求）越高，傷害越大。

其實，原諒並不是要硬逼自己相信對方沒有做錯，也不是要當這一切沒發生過。原諒，是我們願意面對受傷的事實，但只保留其中學到的功課與領悟，就放下這個傷害帶給我們的負面影響；重新轉換面對人生的態度，找回自己內在的力量，讓這份力量從他人那裡收回而更加完整。專注在自己身上，讓自身力量的完整成為最好的盾牌，力量完整的我們，會與那些傷害自己的人切斷負面連結，而內在的需求也不再仰賴他們給予。無所求便無所傷，我們有自己的力量，不需外求，自然不會因他人而失落受傷。

是否會想偷偷了解對方的狀態、洞察對方的想法？

想洞察對方心思時，有兩種可能的心理動機：一是確保自己的欲望能被對方滿足，例如保持關係帶來的安全感、達成目的成就、獲得資源權力，這表示我們已把力量交託給對方，必須洞察對方的需求、想法，投其所好，才能換得自己需要的力量。另一個可能是，想透過掌握對方想法與狀態以控制對方、主導方向，用以滿足自己的欲望。無論哪一種，都是控制。前者是消極而隱微的控制（用配合來換得所需），後者是積極而明顯的控制（用主導來滿足所需）。當力量在自己身上時，我們只需控制自己；但當力量在他人身上時，我們就需要控制他人。因此，這種情況是彼此的力量已經混淆，缺乏界線，誤將對方的力量當成自己的，自己的力量當成對方的，才會想要控制對方。並且容易形成權力關係，權力較高者把對方當附屬品來控制，權力較低者以為自己沒力量而被控制。各自的力量皆失衡了，關係也很難和諧。關係要和諧穩定，必須是兩方獨立有力量的個體，站穩自己，再支持對方，而非先撐住對方再來站穩，這樣只會怪罪彼此沒給自己力量，永遠站不穩的。

越是想洞察，越表示自己是不安心的，需要知道對方在想什麼來確保安全或控制狀況。這表示已經太過在意對方的想法，忽略自己的需要，忽略了其實自己就能滿足自己的需求。此時需要做的，反而不是一再探測對方，而是把焦點放回自己身上與內心，滿足自己需要，找回本就具有的力量。尊重他人的界線與自己的界線，才能收回力量讓自己的力量完整。一旦自身力量完整，就不需要對任何人戰戰兢兢地洞察控制。

是否常想緊緊控制，不願放手？

緊緊控制的背後，往往是因為「害怕死亡」。死亡指的不只是生命、身體的死亡，也包含各種形式的死去。一段關係的結束，是某種情感的死亡；一份工作的離開，是某種生存方式的死亡；放下一個相信已久的信念，是信念的死亡。所有的死亡必伴隨著重生，死亡是為了再生，生命便是一個不斷死去而後再生的蛻變過程。然而，失衡的煉金術士人格不相信未來會有美好的重生，只想緊抓著過去所依賴的舊模式而活，害怕所有形式的死亡，害怕結束。

驅使我們緊抓不放的，既是害怕死亡的恐懼，亦是「未來不會更好」的信念。一旦發現自己有這種不願放手的行為，需要做的不是自我譴責或勉強自己馬上改變，而是找出上述的恐懼與信念，用以下療癒方式加以療癒、釋放。

在深入覺察之後，接下來，我們將更進一步學習如何療癒煉金術士人格。

煉金術士人格的療癒方法

煉金術士人格的療癒方法分為三種，三種方法分別以「**其他人格運用**」、「**信念**」、「**行動**」來幫助我們放下舊模式，療癒煉金術士人格。你可以三種都試試看，在嘗試後感覺一下哪一種方式對你而言較有效，並持續運用。每一種療癒方式都需要長時間的覺察與練習，一次又一次地清理與釋放舊的想法與行為，因此請持之以恆，讓「相信自己可以改變」的信念幫助你進步。

❶ 運用其他人格來療癒

我們可以用「**製造者人格**」、「**信使人格**」、「**拯救者人格**」、「**旅人人格**」來療癒失衡的煉金術士人格。

▼▼「製造者人格」的舒適界線、自我價值

運用製造者人格的特質找回舒適圈，建立自己的界線，可以幫助煉金術士人格感受到自己的力量，不仰賴他人來獲得。

感受自己的需求，並自行滿足需求，讓自己舒服、自在。需求可能是精神上的，也可能是生理上的，請不要忽略生理上、感官的需要，例如吃飽吃好、休息、運動、聽音樂等，這些生理需求往往能較容易滿足，能較輕易地讓我們感覺到能量恢復，充滿力量。讓自己的身體先舒服，能量充

足，會更有精力來滿足其他精神上的需要，而且是用自己的力量。

有時煉金術士人格太過仰賴他人力量，是由於無法自我肯定、相信自己的價值與價值觀。因此，可善用製造者人格對自己價值觀的堅定，發現自己的喜好，清楚知道自己所認同的價值觀，並以此價值為標準，無論自我發展、對自己的評價都用自己的價值觀為依據：根據自己的興趣與喜好來確立目標、發展能力，根據自己所認同的好壞標準來自我評斷與修正。當我們以自己的價值觀為標準，並能自我肯定時，就不會需要仰賴他人的力量支撐我們，我們能相信自己、靠自己站穩，自給自足地發揮能力，依照自己的價值觀來創造價值。

自給自足對煉金術士人格是很有幫助的。自己給予並滿足自己所需，這會讓自身力量一點一點地累積強化，平衡過度仰賴他人而需控制的傾向，當然也就減少了權力關係所帶來的痛苦。

有了自己的力量後，我們就會減輕對各種結束與死亡的恐懼，因為外在形式的結束，只是外在力量的失去，但我們自己還在，仍舊擁有自己的內在力量。

▼▼「信使人格」的多元興趣

有時煉金術士人格太過專一執著於某個欲望，會以為這就是全部的人生，只要這個欲望的成果稍有動搖就彷彿天崩地裂。這時非常需要信使人格「不專一」的特質來幫忙，減輕執著。所謂的不專一，其實就是對很多人事物都有好奇心，興趣多元廣泛。運用信使人格，拓展生活各種面向，把生活過得多采多姿，例如培養多重興趣，在更多事情上找到樂趣，偶爾看看自己不常關注的事情，看看大家在討論什麼，對這個世界更多方投入。你會發現，人生不是只有那個欲望才是唯一，還有很多樂趣可以探索。輕鬆有趣的好奇心（而不是帶有控制目的的洞察）會幫你把世界打開，心境也跟著打開，你的世界與心境都變寬廣了，當你最在意的欲望有點匱乏之時，也不致於整個世界都崩解。

就好像一種心力上的分散投資風險，全部的心力放在同一個地方，我們會只緊張兮兮地注意這個地方，深怕這裡投資失敗，一失敗就全完蛋；如果把心力分成十份，分別投注十個地方，即使一個地方出問題了，因為還有其他地方是穩定的，也不至於太過害怕。

如果你已經或正陷入這種崩解，除了好好面對內在的傷之外，適當地轉移注意力到其他事物上，對於情緒的舒緩也會有點幫助。

▼▼「拯救者人格」的原諒與慈悲

被傷害或背叛時，請先好好觀照自己的情緒，讓情緒自然流動。不刻意加強受害心態，不強化憎恨，就只是感覺自己的情緒，讓它自然地來，自然地走。情緒高峰過後，再慢慢運用拯救者人格的原諒與慈悲，釋放掉與對方牽絆著的怨恨與痛苦。請記得，不要在傷痛剛發生的時候就逼自己原諒，先好好照顧自己的感受，但不用更多的怨念去強化情緒。

前面曾經說過，原諒不代表要認同或接受對方的行為，而是要放下彼此的負面影響。畢竟，當我們無法原諒時，內心被憎恨與譴責佔據著，折磨的是自己，痛苦的也是自己。原諒指的是心態上的原諒：原諒這件事的發生，原諒任何促成這件事的原因（可能包含自己所認為的疏忽），釋放憤恨、譴責所帶來的痛苦，好放下傷痛對我們的負面影響。在行為上，可以選擇給對方改變的機會，也可以選擇保護自己，與對方保持距離。原諒不是為了做聖人、完美的人，是為了做一個快樂的人，讓自己過更好的人生，把心力放在更值得的當下與未來。

慈悲，也請先用在自己身上，對自己慈悲。當被對方傷害或背叛時，回想一下自己是否有類似對方的行為模式？也許表現方式不盡相同，但心理動機和模式是類似的。例如，發現女友與其他男生曖昧，一時之間非常受傷，但仔細想想，自己可能有時也會有些曖昧對象，或是與某些女生較親密。會有曖昧行為是因為想要有更多被愛的感覺，太想要這感覺而沒有好好約束自己。而女友現在的曖昧也可能是如此。當你能理解自己，慈悲地接納自己所犯下的錯，原諒自己，才有可能對對方慈悲並真正原諒他。

▼▼「旅人人格」的享受旅程、領悟成長

當我們抱著較多的恐懼與執著，可以運用旅人人格來探索人生，追求成長，幫助紓緩恐懼、平衡執著。恐懼，往往是因為視某種欲望為生命唯一目的，害怕欲望不能滿足、目的失敗。然而，我們若能把生命的目的放在人生旅途上的探索，放在更多的成長上，即使遇到挫折，我們也會明白這份經驗是在教導我們、而非來打擊我們。我們會更能把焦點放在探索人生、發現新的可能、看見自己的潛力。想的是個人精神上的收穫與領悟，而非物質上或關係上的成功與失敗；重視的是生命經

驗的擴展，而非結果的好壞。如此一來，我們不會對結果如此執著，也不會因為這執著而擔憂害怕，我們能更享受過程給我們的經驗，藉此學習與成長。

如果傷害、痛苦已經發生，可以運用旅人人格的智慧，來發現這件事的意義，對你而言的轉機與成長契機。人往往在痛苦時才會想要改變，才有可能成長，因此，痛苦是最好的轉變催化劑。當痛苦發生，就表示從內在改變的時刻到了。運用智慧與直覺，感受一下這個傷害或痛苦，可能在提醒你需要跨越什麼課題？又是要帶給你哪方面的領悟與覺醒？也許你有長久以來不願放下的想法，正好能透過這份痛苦來幫助你放下。也許是某種執著，或任何你緊抓不放的舊模式、習慣、信念等，要藉這份痛苦來幫助你釋放，死而重生。痛苦往往就是在幫你推向生命的新階段，當你願意藉由痛苦來放下舊階段的內在模式（有時也包含必須放下相關人事物），便會走向美好的新生。

越深刻的痛苦，帶來越深刻的領悟。善用這個痛苦的經驗，你將能汲取內在智慧，把危機化為轉機，把傷痛化為成長的禮物。

2 幫助信念轉換的肯定語

除了運用其他人格來療癒煉金術士人格，我們還可以利用肯定語，經過長期練習，有助於內在信念轉換。

請找一個可以放鬆獨處的安靜空間，大聲唸出或心裡默唸以下肯定語，與煉金術士人格對話，使其獲得療癒。在唸肯定語的同時，可以試著覺察自己內心有什麼感受。

- 我的欲望能由自己的力量滿足，他人的資源只是支持與輔助。
- 我能清楚看見舊傷，專心療癒並轉化成力量。
- 我相信痛苦不是來折磨我，是來幫助我明白不適用的模式，把它放下。
- 我相信死亡或結束不是終點，是另一個新生命的起點。
- 我的世界非常寬闊，擁有無限的可能與美好，此時此刻的痛苦只是生命中微小的一部分。
- 與其控制他人，不如控制自己。因為真正的力量在自己身上，控制自己便是在掌握真正的力量。
- 生命充滿了機會，此時擁有的不是唯一，送舊才能迎新。

3 以行動來療癒

我們可以運用「**自給自足的賺錢理財**」、「**接觸大自然**」、「**冥想**」等方法，使煉金術士人格獲得療癒。

▼▼ 自給自足的賺錢理財

靠自己的力量賺錢提供生活所需，可以幫助煉金術士人格找回自己的力量。發揮自己的能力，用自己的能力賺取金錢，會一點一點地找回本身的力量，讓我們能夠相信自己便有足夠的生存能力，不需仰賴較有權力之人（例如父母）給予資源。工作選擇最好以自己的專長、喜好為考量，而不是以社會主流價值或父母的期待來當標準。以自己的標準選擇人生方向、自給自足的工作，才會更加踏實，回歸自身力量的核心。

理財也是不錯的方法。將賺得的收入做好規畫，等同於將自己的資源做安排、運用，是一種為自己負責的態度。清楚知道自己的金錢流向，明白每一次花費的意義，有意識地運用金錢，這會增強你的力量，感覺到內在根基更加穩定。

▼▼接觸大自然

煉金術士人格習慣以他人為能量來源，過度在意他人，使得能量場與他人混淆在一起，除了容易受影響之外，也會喪失自己的力量。多接觸大自然，可以接受大自然的能量，可以直接補充自身的能量，而不需受他人影響。此外，執著痛苦而產生的情緒，也能在大自然中被吸收淨化，並因它們穩定的磁場安定下來，讓心靈歸於平靜。

因此，時常到郊外、公園、綠意盎然的地方走走，接觸花草樹木，聆聽自然的聲音、嗅聞自然的芳香，是很棒的充電和療癒。如果能自己栽種植物，在家中就能享有植物們的陪伴，也會幫助煉金術士人格釋放情緒壓力，補充一些能量。

▼▼適合煉金術士人格的冥想：釋放執著冥想

容易過度執著、恐懼痛苦的煉金術士人格，可以透過冥想來幫助放下，釋放執念與控制、釋放欲望不被滿足的恐懼。幫助恢復情緒上的穩定、找回自己與他人力量的平衡、穩定自己的力量。

●關注脈輪（脈輪位置請參考第44頁的脈輪說明）

頂輪：汲取生命源頭能量，恢復與較高力量的連結，增加信任感。

眉心輪：釋放執念、轉化信念。

太陽神經叢：釋放欲望不被滿足的恐懼，放下多餘的控制。

海底輪：汲取大地之母能量，增強安全感，穩定自己的力量。

●冥想步驟

1. 坐下，閉上眼睛。找到一個舒服的姿勢，脊椎稍微挺直，頭與身體成一直線。

2. 做幾次深呼吸。讓每一次的呼吸都越來越深、越來越緩慢。

3. 焦點放在頂輪，吸氣時，想像金色的光從頂輪流入，沿著脊椎往下，經過你每一個脈輪；吐氣時，感覺這金色的光擴散到全身。重複幾次，一邊感覺較高力量正在活化你的細胞，為你帶來更多的生命能量。感覺你與較高力量的連結、在宇宙的安排下，一切都很好。

4. 焦點放在眉心輪，吸氣，將氣吸到你的眉心輪，吐氣，把氣吐到坐骨、腳底，釋放掉。約做五、六次。感覺在吐氣的時候將糾結的執念、負面的信念一併吐出，釋放掉頭腦所創造的幻象、恐懼。

5. 現在，感覺眉心輪有著靛藍色的光，隨著呼吸擴大增強，包圍整個頭部，包含前後。感覺這靛藍的光為你轉化負面信念與恐懼。那些執著，轉化成堅定的力量、轉化成信任，你能相信不再需要緊抓，生命會在最佳的時機，給你所需要的。

6. 焦點來到太陽神經叢，吸氣，將氣吸到你的太陽神經叢，吐氣，把氣吐到坐骨、腳底，釋放掉。約做五、六次。感覺在吐氣的時候將欲望不被滿足的恐懼一併吐出，釋放掉因控制而與他人糾結的負面能量。

7. 最後來到海底輪。想像從海底輪往下射出深紅色的光，很長很長，延伸到地底。感覺你穩穩地扎根在此，你是安全的，被大地之母滋養著、支撐著。想像大地之母的溫暖能量沿著這深紅色的光來到海底輪，再沿著脊椎往上進入你的內在，擴展到全身。祂呵護著你、孕育著你，就像在搖籃裡一樣安心地受到保護。祂讓你知道，你隨時都是安全的，你受到大地的保護。只要你願意，隨時都可以從大地汲取你所需的能量，幫助你穩定。

8. 焦點回到心輪，並做幾次深呼吸。

9. 動一動你的手腳，睜開眼睛，回到你所處的空間。

10. 如果剛剛過程中有感受到什麼訊息，可記下來，做為日後實踐之用。如果沒有也沒關係，單純地感受過程就很棒了。

在認識了煉金術士人格、深入覺察，並嘗試過適合的療癒方式後，請找一個安靜的空間，為自己讀一讀給煉金術士人格的「愛的輕語」。讓心中的煉金術士接納痛苦，用愛轉化成禮物。

給煉金術士人格的〔愛的輕語〕

讓接受替代抗拒，釋放你的痛苦。

接受此時此刻發生的一切，它的原貌如此，不需要去刻意改變。

接受你所感覺到的痛苦，它正在告訴你，你哪裡失衡了，哪裡是轉化的機會。

接受你本來的力量，那是你在他人身上，永遠找不到也無法替代的唯一泉源。

接受你還不能接受，仍有所執著的部分，
只有當你接受，你才知道你在緊抓什麼、害怕什麼；
只有當你接受你的害怕，你才能看見它，以你的愛與擁抱接納並照亮。

痛楚只存在於無明，當你願意接受它、明白的看見，它便在光亮之中現形，轉化成生命的禮物。

猶如被下了魔咒變成怪獸的王子，你以愛之吻令他解放於魔咒的束縛，恢復本來的面貌；

你的接受，能解除執著之苦的魔咒，釋放傷痛，恢復生命本來的明亮與美好。

接受，是你的光與愛，足以照亮一切黑暗。

不必抗拒痛苦，它如同黑暗，只是缺乏光明的存在；僅僅需要一道光，便能轉換成光明的地方。

那一道光，便是你對自己的愛，與接納。

9 義憤填膺的旅人人格

以為是正義，卻激化了仇恨與對立。

我常常懷疑公理正義何在，這世界到底是怎麼了？

看到那些言行過分的人，我真想叫他們去死一死。

我常常覺得事情應該這樣做才是對的，如果沒做到，我會有罪惡感。

有時好沮喪、好挫折，可是大家都說人應該正面思考，所以我都逼自己要樂觀。

我也是為了對方好，才會教他怎麼做，為什麼總是換得反彈？

溝通真難……我常常不懂對方的想法，對方也不懂我的。

我被某些道德觀、教條束縛得好累……

▼▼旅人人格失衡易有的情緒與狀態

義憤填膺：見到不符合心中正義道德之事，便為之憤怒譴責。

挫折煩躁：溝通困難，對於不能被理解感到挫折心急。

外樂內苦：覺得做人應該要正面，只讓他人看到正向樂觀的自己，內心深埋愁苦的負面思想。

憂鬱：認為自己必須樂觀正向，不接納負面情緒，長久累積後情緒反撲陷入憂鬱。

旅人人格的人格目的與特色

旅人人格渴望拓展經驗、開展視野，在各種新經驗中學習、收穫、成長。這個人格會表現在兩個層面的拓展，一是現實世界的拓展，通常熱愛旅行與移動，造訪不同的地區、文化、國家；二是精神世界的拓展，接觸各類的哲學信念、宗教信仰、宇宙觀，探索與神和生命的關係。為了拓展，旅人人格的視角通常既高且遠，關切較遠的未來多過現在或過去，追求未來的理想；關切較高的思想道理，因此追求真理，傳遞真理。

旅人人格具有較為開放信任、樂觀豁達的態度，可以幫助我們拓展生命經驗，在拓展中學習，對人生產生新的思考與領悟，藉此自我成長與提升。正如「旅人」之名，能將人生視為一場旅行，開放自己去經驗與感受，獲得意想不到的收穫。如果沒有這個人格，我們容易蝸居在自己的世界裡，較少探索與成長。不過，如果靈魂在今生選擇了比例較低的旅人人格，也可能是基於其設定的靈魂目的而如此選擇。

在工作領域中，旅人人格為我們帶來學習向上的動力，會想透過工作打開視野、學習新事物，找到工作的意義，並將這份意義分享給服務的對象；在關係中，旅人人格渴望透過關係在精神上有所成長，與另一半分享交流人生大大小小的領悟，或者與能帶來精神成長的人建立關係。例如不同文化的外國人、宗教哲學家、老師、有理想或有智慧之人等等。

失衡時，旅人人格可能過度執著於自己的信念與人生觀，強迫自己與他人實踐，導致溝通困

旅人人格的平衡與失衡表現

平衡的表現	失衡的表現
渴望拓展經驗，並兼顧現實責任與理想。	為拓展經驗忽略現實需要面對的責任。
追求真理，將真理實踐在自己身上；只在他人尋求建議時分享。	執著於真理，連帶要求身邊的人實踐，即使他人並無意聆聽也執意說理。
關於真理與道理，認為人們可以相信，也可以不相信，這是每個人的選擇。	關於真理與道理，認為人們應該相信，這是每個人都必須相信並遵從的。
尊重每個人有自己的信念信仰。	批評他人的信仰或信念。
有個人智慧，直覺地領悟宇宙法則。	盲目遵循宗教或靈性組織的教義、教條。
多運用直覺，也蒐集事實資訊輔助。	只依從直覺，忽略資訊的蒐集與事實。
樂觀豁達，在盡心盡力之後相信好的結果。	盲目樂觀，缺乏努力卻期待得到好的結果。
不拘小節，隨興而為。	需謹慎時仍太過不拘小節而犯錯。
自信，並平等看待他人，尊重每個人的選擇。	自大，視自己為神，不尊重他人的自由意志，試圖導正他人選擇。
正向樂觀有智慧，能在痛苦中看見意義與機會，也接納自己的負面與黑暗面。	要求自己隨時正向樂觀，把負面思想隱藏起來，不願面對黑暗面。

難，與挫折而來的憤怒沮喪；只把焦點放在未來與理想，忽略當下與現實面，反而現實生活過得一團亂；盲目地樂觀與相信，忽略實際層面的問題，日後產生許多必須處理的麻煩。

你的旅人人格程度多強？在哪個領域表現？

你的旅人人格程度多強？

以下是旅人人格在失衡時容易有的想法或行為，請讀一讀，觀察以下句子與自己的狀況是否吻合，如果吻合的敘述越多，表示你的旅人人格程度越強，換句話說，也表示你越需要療癒旅人人格，以便協助這個人格平衡發展。人格程度的強弱亦可同時參考前頁的表格「旅人人格的平衡與失衡表現」。

▼失衡時，旅人人格會有的想法是：

- 你為什麼要這樣想？你怎麼會這樣想？
- 你為什麼不相信我教你的？
- 這個想法是錯的，你應該……
- 這樣做不對，你應該……

- 不，我這樣不夠正面，我應該……
- 雖然沒問過他，不過他應該是這樣想的吧？事情應該是這樣吧？
- 應該還好吧，不用在意這種小地方。（常因此大意失荊州）
- 我下次要……我一定會……。（之後就忘記了）

※如果以上八句中超過四句是你常有的想法，或是你慣用的口頭禪，代表你的旅人人格程度可能偏高，而且可能失衡了。

▼失衡時，旅人人格會有的行為是：

- 強迫說教，認為自己是為對方好而說服他人接受自己的信仰或信念。
- 批判他人的想法、信念。
- 譴責不符合自己道德觀或理念的人與事。
- 以道德觀或信仰約束自己，稍有違反則自我譴責。
- 缺乏溝通，未經事實資訊的蒐集，就以為事情是如此。
- 以為對方應該知道，而在表達上沒講清楚，造成誤會。
- 溝通時爭執對錯，而非協調解決。
- 只看大方向，忽略小細節。
- 為了較遠的未來或較高的理想，而忽略現實需要面對、解決的問題。
- 輕易承諾卻沒做到。

※如果以上十句中超過五句是你慣有的行為模式，代表你的旅人人格程度可能偏高，而且可能失衡了。

你的旅人人格較常表現在什麼領域？

請試著再進一步想想看，以上旅人人格常有的想法和行為，通常出現在什麼時候？除了你對自己的觀察之外，想知道你的旅人人格容易表現的領域，還可以參考以下所述在關係中或工作中易有的表現。

失衡時，旅人人格在工作上易有的模式

- 喜歡指導、教導工作夥伴，甚至可能指導上司老闆。
- 溝通或資訊傳遞上容易有誤會誤解。
- 遇到需要處理細節的工作會非常煩躁，容易出錯。
- 無法忍受成長性不高的工作。
- 覺得自己應該要什麼都懂，能不問人就不問。
- 面對工作樂觀正向，有時樂觀到太大意。
- 關注自己的成長與拓展，而忽略了工作方面的承諾與責任。
- 眼光放太高太遠，忽略現實的問題或當下需要的努力。

失衡時，旅人人格在關係或感情上易有的模式

- 在溝通時爭論對錯，僵持不下。
- 告訴對方應該要怎麼做才是對的、好的，卻遭到拒絕或起衝突。
- 認為對方的付出理所當然，或理所當然地要求對方改變。
- 表達不清造成誤會。
- 溝通時不易理解他人或被他人理解。
- 用自己的信念或道德觀審視對方，予以批判。
- 關注自己的成長與拓展，而忽略了對另一半／夥伴的承諾與責任。

實例 旅人人格運用失衡時所創造的困境

最大心魔：是非對錯

旅人人格較強的人，很容易為了正義而憤怒，看到他人做了不道德的事，或沒有遵循某種「自認為較好」的信念而活，會深深不解，甚至憤而譴責之。

這是因為，旅人人格需要明確的方向才能前進並展開旅程，所以會需要一個明確的信念與意義，作為方向的憑藉。例如，當我們相信「成長是好的」這個信念，我們就可以找尋一個「能令我們成長」的方向來前進。因此，得先區分出好或壞、是非對錯，並依循好的、正確的、對的方向來

行動。然而這樣的區分也下意識地排斥了壞的、不應該的、錯誤的部分，並認為這些部分「不應該存在」，因此除了自己要避免這些「不應該」，也會認為他人應該行為正確，只做好的、對的事。面對那些行為不正確的人，溫和一點的旅人人格或許只會說教、指導，激烈一點的可能會譴責、攻擊，成為所謂的正義魔人。

這種是非對錯的觀念越強，所造成的對立越多，而越多對立便會導致越多衝突，引發更多憤怒與批判，造成心理的痛苦，也破壞了人際關係的和諧。

其實，所謂的正確、道德，並沒有放諸四海的標準。在尊重其他生命的前提下，每個人都有各自的觀念與選擇的自由，往往我們所認為正確的，是屬於我們自己的正確，並非普天之下的正確，也不一定適用於他人。旅人人格可以試著明白，是非對錯的標準是相對的、而不是絕對，每個人來自不同的文化背景，生長於不同的環境，有著相異的信念與人生觀也很正常，並有他的需要。在這多元的世界中，大家若要和諧共存，需要的是更多的互相理解與尊重，而非統一的教條與約束。

不過，仍必須注意：放下是非對錯，並不是讓我們用來逃避錯誤、卸責，殺人者一樣要面對刑責，犯錯者一樣要反省改進，承諾與責任仍須面對。減少對錯的觀念，主要是能協助我們鬆動僵固的信念，尊重每個人對各自生命的選擇。

困境1 溝通挫折，難以互相理解

旅人人格有自己認定的對錯好壞，也有自己所相信的信念、人生觀，並會認為這麼想是理所當然的。所以，如果對方的想法和自己不同，一時之間很難理解，也不太知道要用什麼方式讓對方明白自己的想法。溝通時，常常發生互相搭不上線、無法協調，甚至是誤會的狀況。這種狀況能讓旅人人格透過經驗去了解，同一件事情，每個人看待的角度不同，自然會有不同的看法、觀點，然後練習站在對方的立場，用對方容易理解的邏輯、比較能接受的方式，學會與各種人溝通協調。

案例 即使費盡唇舌，溝通總有問題

小琴和女友一直以來都有溝通的問題，近來已經嚴重到談分手了，因此來找我做個案。小琴說自己一直不知道要怎麼溝通，不知道到底對方想聽什麼、要怎麼讓她聽懂，讓她理解自己想要什麼。從星盤中，可以看到小琴的心智思考層面有旅人人格的特色：有智慧、樂於學習成長，但也容易認為自己的想法和溝通方式是理所當然的，表達起來容易讓對方感覺被指責、不受尊重，而不小心使對方不愉快或造成誤解。而小琴也坦承的確在各方面都遇到類似的溝通問題，只因為女友是最親密的人，問題比較嚴重。針對這個問題，我們透過抽牌得到訊息，建議她在溝通時可以多照顧對方的感受，明白雙方有各自的立場，沒有哪一邊是對或錯的，重點在於找到兩人都比較能接受的方式，來協調解決當下的問題。

困境2 為了成為「好」的自己，犧牲了真實與自由

很多時候，旅人人格會根據心中的道德觀，或腦中預設的好與正確，要求自己只扮演某種「正

確」的角色，如果沒做到就會譴責自己不應該。為了不要當「不好、不正確」的人，不想要感覺罪惡與愧疚，就會勉強自己一定要成為那個「好的、正確的」自己，不符合「好」的標準的行為都要禁止，無形中限制了自己的自由與內在渴望。為了當好的人，犧牲了真實的自己。

案例 我「應該」要做符合主婦標準的事

娟娟是一位家庭主婦，她個性活潑，很有創造力，也喜歡自由自在的生活。但是，她覺得自己越來越不快樂了，因為她已經很久很久沒有做一些讓自己開心的事，或者說，她長久以來一直「不允許」自己去快樂。雖然心裡常常感覺到想要去上課、畫畫、小旅行，但是，她總覺得身為家庭主婦有這樣的行為太自私，是很不應該的。她的觀念是：一個好的家庭主婦必須全心付出於家庭。因此，當她把心力放在自己身上時，就會有深深的愧疚感，最後總是選擇忽略自己真實的渴望，假裝其實不需要。於是，長期壓抑下來，原本活潑的她越來越消沉，漸漸得了憂鬱症。

困境3 粗心大意、表達不完整，影響工作效率

旅人人格在大方向上很有智慧，但容易在小地方上不夠細心，犯下一些小小的錯誤。偏偏有時雖是小小的疏漏與錯誤，卻會造成大大的影響，令人頭痛不已。

案例 小地方失誤卻造成大麻煩

小方的工作很有意義，能夠帶給他人很大啟發與成長，很適合天生有智慧，也樂於助人的小方，大致來說做得得心應手。只是，工作內容會牽涉到資訊傳遞，需要閱讀大量文件，仔細核對資訊是否正確，這一點小方就有點頭痛了。他有時在小地方疏忽，有時沒在非常重要的資訊中找出錯誤，導致資料到了客戶端那裡才發現，於是又要把資料帶回公司重新跑一次流程，事情又要多做一遍。要是沒有很忙就算了，但往往就是在最忙的時候發生這類事情，忙上加忙，一個頭兩個大。

此外，在與同事協調事情的時候，因為沒把話講完整，導致對方聽成另一個意思，他雖然覺得對方的反應很奇怪，但也沒有進一步提問，直到第三人進來參與討論，才把誤會解開。這類因為表達不清而產生的誤會不時發生。

像這種溝通誤解，常常起因於我們用過於簡單的方式表達，以為自己已經說清楚了，但其實可能省略了重要主詞、時間、原因等等，因此對方容易誤解，把那些被省略的部分用自己的邏輯填補成另一個意思。其中一方沒仔細表達，另一方沒聽完整但也未提問，雙方各有旅人人格的「粗心大意」與「自以為」，因此容易產生溝通不良的模式。

深入覺察旅人人格——更透徹的自我觀察與分析

從前述困境中，也許你已經發覺自己的生活中也有過類似經驗。接下來，我們還可以更進一步針對旅人人格進行深入覺察。看看困境的背後，是否還有什麼值得我們探索學習的？

是否常想說服別人相信自己的信念？覺得自己是為對方好卻遭到反彈？

旅人人格容易認為自己的信念是唯一正確的，並將此信念延伸到他人身上，認為其他人也該相信，而非相信那些錯誤的信仰或觀念。當我們會想這樣說服他人接受自己的觀念時，表示我們正在執著於這個信念。

執著，意味著我們對某件事物緊抓不放，必須倚賴它而生存。執著的背後潛藏著害怕，害怕如果失去這個東西，我們便失去了依靠。執著於自己的信念，就表示我們是強烈地依賴這份信念，並害怕失去這份信念、失去依靠與方向。因此，這也表示：其實我們心底對這個信念是沒那麼堅定的，我們害怕失去這個信念，因此想強加在他人身上，說服他人，讓他人的相信來幫助我們堅定和感覺放心。這就是宗教團體存在的原因之一，同樣的信念，若有一個團體共同信仰遵從，會比我們個人單獨的信仰來得更令人篤定。

有時候，我們會依照自己的信念、觀念，說服他人，認為自己是為對方好，但卻引起對方的反彈、抗拒。這種情形其實是個提醒：也許我們並未體察對方有不同的想法，又或者我們所認為的

「好」，並不一定是對方需要的，這時無論是激烈地強迫對方接受，或是表面平靜但言語之間流露「我才是正確的」，都會讓對方覺得不舒服，自然就會引起反彈。或許出發點是善意，但仍舊是僅將自己的真理、道理奉為圭臬，而貶抑了對方的需要與想法，因此容易造成關係的困難與隔閡。

是否常譴責自己不夠正面樂觀？認為自己不應該？

譴責自己不夠正面樂觀，表示我們只認為樂觀是好的、對的，悲觀是壞的、錯的，而想把壞的錯的屏除在外。要是我們自己有壞的、錯的表現，就會有罪惡感，因此會譴責自己這樣不對，強迫自己要樂觀正面。

所有的「不應該」也是出自類似的心態，「應該」通常指涉一種「理當遵從」的信念、道德觀、教條，認為自己理所當然要這麼做、該要遵從，如果不這麼做，就是不應該，就是錯的，一旦做錯就會心生罪惡感，忍不住自我譴責，甚至自我懲罰。

是否有時會成為正義魔人，強力譴責他人的行為不正確、不應該？

我們對他人的譴責，通常也是對自己的譴責。任何我們認為他人不應該這麼做的事，通常也是不允許自己這麼做的。我們先是用「我不該這樣做，才是好的」的想法來限制自己，不可以這樣做、那樣做，一旦看到他人有這些行為，就會心生厭惡與批判；因為我們覺得有這種行為的自己是不好的，於是也覺得別人有這種行為不好。對他人的厭惡與譴責，源頭在於對自己的厭惡與譴責；

對他人的批判，其實是對自己的約束。

正義魔人，不允許的就是不正義、不道德。一心想打擊他人的不正義，表示意識裡有強烈的好壞分別、善惡分明，對壞與惡避之唯恐不及，只想活在純粹善與好的世界，排斥黑暗面與不正義的部分。如同前面所說，對他人的厭惡與譴責，源頭在於對自己的厭惡與譴責，當我們成為正義魔人時，其實同時是非常排斥自己的黑暗面的，但不代表我們自己沒有黑暗面，只是我們不接納它而壓抑下來。因此，一旦看到他人的黑暗，就會勾起我們對自身黑暗面的厭惡感，忍不住譴責攻擊，巴不得那個人連同他所表現的黑暗一起消失。

另一個可能是，我們深怕自己成為那不正義、不道德之下的犧牲者，也可能早有類似的被迫害經驗，因此亟欲打壓那些帶有過去影子的對象。例如，你強烈譴責某人的出軌行為，而這個人其實不是你的感情對象，但他出軌的行徑卻令你深感厭惡，這表示兩種可能：第一種可能，是你自己也有類似的出軌經驗，而你無法接受自己、深深排斥自己這部分的黑暗面；另一種可能，是你曾經遭人劈腿、發現對方出軌，有過陰影，或者雖沒經驗，但非常害怕被劈腿，所以對那不相關的某人的出軌行為，厭惡至極，強烈譴責。批判的背後，其實反應了內在的恐懼或傷痛。

在深入覺察之後，接下來，我們將更進一步學習如何療癒旅人人格。

旅人人格的療癒方法

旅人人格的療癒方法分為三種，三種方法分別以「**其他人格運用**」、「**信念**」、「**行動**」來幫助我們放下舊模式，療癒旅人人格。你可以三種都試試看，在嘗試後感覺一下哪一種方式對你而言較有效，並持續運用。每一種療癒方式都需要長時間的覺察與練習，一次又一次地清理與釋放舊的想法與行為，因此請持之以恆，讓「相信自己可以改變」的信念幫助你進步。

1 運用其他人格來療癒

我們可以用「**拯救者人格**」、「**信使人格**」、「**改革家人格**」來療癒失衡的旅人人格。

▼「拯救者人格」的同理包容、信任宇宙正義

遇到溝通困難的時候，我們可讓拯救者人格的同理心，平衡一下旅人人格的對錯想法。通常，溝通困難的原因，會在於兩人都只有想到自己的立場，但因為立場不同、想法邏輯也不同，常常無法互相理解，像兩條平行線永遠沒有交集。此時，可以試著轉換立場，從對方的角度思考：他現在為何這樣想？我們自己是否曾體驗過類似於他的處境？當我們處於對方的處境時，會希望談話對象對我們說什麼？當我們聽到哪些話，會更願意理解對方、向對方坦白？通常，當我們放下對錯的立場，不去指責對方，對方也較能卸下防衛的武裝，願意好好聽我們說話。如此一來，就開啟了順利

溝通的可能性。

若是對方真的做了一些令你火大的事，讓你心中怒火難以遏止，忍不住想指責他的錯誤時，請試著稍微緩一緩。或許你會需要一些發洩，然而，如果發洩在對方身上，並無助於溝通，反而是火上加油。此時可試著回想一下，自己是否曾有過類似對方的想法或行為？或許是在不同方面，但模式是類似的？例如，工作嚴謹的你火大於某人做事隨便草率，雖然你工作態度是很嚴謹的，但居家生活或許其實也有隨便草率的時候。當看見自己與對方的共同點，接納包容自己的同時，也會較能接受對方的缺失與錯誤，平息內在的憤怒。

如果對方的不道德，的確是普世價值之下並不容許的，甚至也觸犯法律，例如：殺人、虐害生命、詐欺等等，我們當然難免義憤填膺，甚至懷疑正義何在。不過，為了不讓這憤怒延燒、失去內在的平衡，或許可試著找回拯救者人格對宇宙的信任：凡事的安排必有其因果，有個更大的力量在運作這一切，那就是宇宙的正義。

當我們把視野拉大，今生只是靈魂的其中一世，還有好多前世的作為是我們不知道的；今生的加害者，也許是前世的受害者，但我們並不知道每個人生生世世的全貌，無從鑑定，自然也無權評斷其今生作為。我們只需要知道，沒有一個靈魂能自外於因果法則，在此法則之下，所有發生的事都有其因（只是這個因可能在更久以前的前世），就算無其因，也會有之後的果（只是可能會發生在更久以後的下輩子）。宇宙的正義，會讓一切都處於完美的秩序中，得其因果；它不是要去懲罰犯錯的靈魂，而是讓靈魂學習為自己所作所為負責，並且體會所有事情的一體兩面來平衡（體會過傷人，也要體會被傷）。我們只需要在每個當下為自己負責，至於他人的不道德與罪行，除了讓人間的律法去制裁，也請信任宇宙的律法：因果法則，自有（已有）最適當的裁決與安排。

▼「信使人格」的好奇聆聽、多重善變

遇到溝通問題時，可以運用信使人格的好奇心。溝通時，我們常常只想表達自己的立場，聆聽對方，是為了進一步捍衛原本的立場，為自己辯護。結果，溝通變成了辯論賽，目的變成證明誰輸誰贏，偏離了解決問題的方向。為了回到解決問題的初衷，可多運用信使人格的好奇心，多多發問，詢問對方的想法。聆聽對方，是為了理解對方，了解對方真實的想法，然後才能明白兩造之間想法的落差，思考如何處理這落差，以找到協調的方式，達成解決問題的目的。

多多提問、增進理解也可以避免誤會，誤會時常產生於：還沒問對方的情形下，就先預設對方應該是怎麼想，當誤會解開時，才說「我本來以為……」。要減少誤會，需要減少預設，增加提問，對對方的想法有好奇心、想要理解。我們幾乎可以說：理解，是溝通的關鍵；理解足夠，溝通也會順暢。

旅人人格經常只想接受好的一面，對於負面思考與情緒、黑暗面、不符合好與正確的部分，都想排斥壓抑，無法接受這種好與壞、善與惡同時存在的矛盾。那麼，請試著用信使人格的多重與善變來理解自己，人格本來就是多重多樣的，正如本書所描述的觀念：每個人都有內在的各種人格，也因此人格之間會有矛盾與衝突，但不可否認的，這些人格都是我們的一部分。人格沒有好壞，特

質也沒有絕對的善惡，常常是一體兩面，有時正面有時負面、有時失衡有時平衡，沒有固定的狀態，也沒有絕對不變的認同。不需要只認同自己為某幾種「好」的人格，即便是你認定所謂「較好的人格」，也會有失衡的時候，但那也不代表你真的不好。通常，我們只是被自己的信念困住，以為非黑即白，非善即惡，而忘記善惡是同時存在的，黑白交融的灰色才是最普遍的顏色。

所有被壓抑下來的性格、情緒、思想，都不會消失，只會累積與強化。只認同好的一面，壞的一面並不會消失，早晚會反撲成為更大的惡；只承認正面的情緒，壓抑負面的感受，負面情緒也不會消失，遲早會累積成嚴重的身心問題，憂鬱症常常就是這樣來的。認同或接納，不代表要去行使壞事或惡行，而是明白自己也會有負面的時候，並不予以批判或指責；完整地接納全部的自己，當自己受到完整的接納，有了來自自己完整的愛，自然會有善心驅動而做出利己利人的事，不需要靠教條道德來約束。

▼「改革家人格」的客觀理性、尊重多元

旅人人格在傳遞自己的信念時，經常是帶著一股熱忱熱情，而忽略了對方可能其實有其他想法，只是不便明說。運用改革家人格的客觀與理性，在傳遞信念想法時，同時觀察對方的態度，並且客觀檢視整體事態，評估此時是否適合繼續溝通，還是需要換個方式？如果對方與自己的想法不同，也尊重他有不同的思考，明白每個人都有選擇的自由。他的選擇並不是針對你的錯誤而反駁，是基於他自己有不同的想法而堅持。他的不認同，不代表你的想法不對，只是代表他有自己的思考

而已。放下「我的想法不被對方認同」的主觀角度（從自己出發），轉變成「他有自己的想法」的客觀角度（從對方或事情出發），我們會比較能夠心平氣和地理解，接受彼此有不同的觀念。

每個人都有自己的生存方式，也有各種多元的觀點，每個人的不同，能表現各自的獨特性，並有它獨一無二存在的意義（例如各自的生命課題與任務）。因此，不需要讓每個人都和自己抱有一樣的信念、觀點。如果大家的觀點都一樣，對人生的想法都相同，也不會有各種探索、多樣有趣的發明與發現了。那麼，這世界就會顯得單調而無趣了，不是嗎？

② 幫助信念轉換的肯定語

除了運用其他人格來療癒旅人人格，我們還可以利用肯定語，經過長期練習，有助於內在信念轉換。

請找一個可以放鬆獨處的安靜空間，大聲唸出或心裡默唸以下肯定語，與旅人人格對話，使其獲得療癒。在唸肯定語的同時，可以試著覺察自己內心有什麼感受。

- 我能夠理解不同的觀點與立場，順利地溝通協調。
- 觀念沒有對錯，我能選擇最適合自己的，他人也會選擇最適合自己的。
- 我能夠充分表達自己的想法，讓他人理解。
- 我是自由的，我能不被是非善惡觀念束縛，接納完整的自己。

- 我能放下對錯好壞的成見，以解決問題為目的，展開良性的對話。
- 我相信宇宙的因果正義，此時一切的安排都有其原因。

3 以行動來療癒

我們可以運用「閱讀學習」、「文字書寫」、「冥想」等方法，使旅人人格獲得療癒。

閱讀學習

閱讀富含哲理思考的書籍，可以滿足旅人人格拓展精神層面、探索真理的渴望；廣泛閱讀各類書籍，則能夠明白不同背景作者的想法，藉此接觸各類思考觀點，有助於理解想法上的相對性和多元性。對於打通思考脈絡、理解多重觀點是很有助益的。上課學習也是很好的選擇，學習不同的知識架構，與老師、同學的思想交流互動，不僅幫助打開視野、刺激新的思考，也能練習日常生活的對話溝通。

文字書寫

無論是有難以表達、說不出口的話，還是心情不佳思緒混亂，我們可以用文字寫下來，自由地把心中大大小小的想法、感覺寫成文字。不用刻意編排架構邏輯，成篇不成篇都很好，重點是將浮現於腦海的每一個想法都寫下來，盡量不遺漏。透過書寫，你會更清楚自己完整的想法或感受，或許還會發現平時疏於表達之處，明白溝通困難的原因。

就算沒有明確的發現，只要能將想法寫出來，就是一種抒發，有助於情緒釋放，讓思想順著文字流動，情緒也會隨著思想流動，有些原本壓抑的感受可能會浮現。那麼，請不用控制它，讓情緒感受充分的釋放吧。

▼適合旅人人格的冥想：以愛溝通的冥想

容易感到溝通挫折或義憤填膺的旅人人格，可以透過冥想來幫助增加溝通上的自信，平衡過度的正義感與道德要求，釋放不被理解的挫折感以及對錯分明的信念。幫助恢復內在的樂觀開放，自由地感受生命、探索真理。

●關注脈輪（脈輪位置請參考第44頁的脈輪說明）

眉心輪：平衡過度的正義感與道德要求，釋放對錯分明的信念。

喉輪：增強溝通自信，更願意理解接納他人的觀點。

心輪：用心溝通表達，用愛包容對立。

太陽神經叢：釋放不被理解的恐懼，減緩因恐懼而攻擊指責的模式。

●冥想步驟

1. 坐下，閉上眼睛。找到一個舒服的姿勢，脊椎稍微挺直，頭與身體成一直線。

2. 做幾次深呼吸。讓每一次的呼吸都越來越深、越來越緩慢。

3. 焦點放在眉心輪的位置，想像眉心輪中心有著藍色的光，隨著呼吸擴大增強，包圍整個頭部。感覺這藍光轉化你對於正義道德的信念，將這些固著的想法轉化成開放的思想，釋放所有對錯、好壞的信念。

4. 焦點來到太陽神經叢，吸氣，將氣吸到你的太陽神經叢，吐氣，把氣吐到坐骨、腳底，釋放掉。約做五、六次。感覺在吐氣的時候將不被理解的痛苦與不舒服一併吐出，釋放掉所有不被理解的恐懼。

5. 焦點來到喉輪，想像喉輪有著水藍色的光，如海水般閃耀光芒。這水藍色的光隨著呼吸擴大增強，包圍整個喉嚨。感覺它轉化所有溝通上的障礙、溝通困難的信念，而為你帶來溝通的舒暢、信心，更自由的表達；感覺你和他人的想法連結在一起，你願意明白，這些不同背後有著相同的愛，也漸漸明白：他人的觀點只是代表他自己的另一種觀點。

6. 現在來到心輪。感覺胸口中央有著綠色的光，隨著呼吸擴大增強，包圍整個胸腔，包含前後。感覺這綠光喚醒你內在的愛與慈悲，你越來越能接受，每個人有自己的本來面貌，有自己的想法觀點、人生觀。綠色的光喚醒你的愛，能接納這些本來面貌；喚醒你的慈悲，明白有些人的錯誤是基於恐懼；喚醒你的包容，而放下對正義的過度堅持，接納事物的一體兩面、化解對立。你深深地明白，愛比對錯更重要。

7. 繼續感覺你的心輪，並做幾次深呼吸。

8. 動一動你的手腳，睜開眼睛，回到你所處的空間。

9. 如果剛剛過程中有感受到什麼訊息，可記下來，做為日後實踐之用。如果沒有也沒關係，單純地感受過程就很棒了。

在認識了旅人人格、深入覺察，並嘗試過適合的療癒方式後，請找一個安靜的空間，為自己讀一讀給旅人人格的「愛的輕語」。讓心中的旅人放下對立讓愛現形，展開一切皆好的旅程。

給旅人人格的〔愛的輕語〕

一切皆好。一切都是好的。

即使你認為那是人性的醜惡，命運的不公不義，即使你自己也深陷痛苦的處境；仍請不要忘記，一切皆好。

或許你當下並不明白，然而，若你仔細回顧你的生命，你可能發現此時的困境，是要你換個心境重獲自由，是要你解開思想的枷鎖，展翅高飛。

所有發生的一切，都有其因果，我們在宇宙的因果法則中，一切都依它應當發生的樣貌而出現，一切皆好。

當你把視野拉大，把時間軸拉長來看，一切的好將更清楚。

把這短短幾年的困頓，放在長長的一生中來看，它便成為你成長的禮物；把這短短一世的辛苦，放在長長的多生多世中來看，它便成了你的靈魂可以平衡因果與學習成長的機會。

一切皆好，只要你願意嘗試寬廣的角度，讓隱藏的禮物現形。你會發現，對立的真相是愛，不公義的真相是宇宙正義，痛苦的真相是成長的禮物。

因此，好與壞、善與惡、對與錯，不再需要涇渭分明；它們實為一體，一同上演著我們所要用以成長的劇情。宇宙的正義看顧著我們的靈魂之旅，祝福始終存在。

一切皆好。

10 沉重抑鬱的嚴師人格

最難征服的，是心裡那座高山。

不論我怎麼努力、表現多好，我都覺得自己不夠好。
我常常感覺壓力很大、責任很重，生活沒什麼樂趣。
我總覺得自己會失敗，因為害怕失敗，更不敢行動。
看到別人成功，我既羨慕又嫉妒，好不是滋味。
自律很難嗎？為什麼我身邊的人都達不到我的標準？
其實有時內心很疲憊、難受，但我就是無法向人求助，不想讓人看到我的脆弱。
別人的批評，總是造成我的內傷……

▼▼嚴師人格失衡易有的情緒與狀態

壓力沉重：責任感強，覺得自己必須一肩扛起，超出了自己能負荷的範圍。

害怕失敗：沒自信能成功，容易先預設失敗的狀況。

批判譴責：無法接受自己不夠好或失敗，一旦不及標準就批判與譴責。

壓抑憂鬱：不願接受自己的情緒與脆弱面，長久壓抑之後情緒反撲陷入憂鬱。

悲觀：為了保護自己不受傷害，容易先往負面的狀況設想。

羨慕嫉妒：看到別人表現好，會觸及內在的自卑感，對之既羨慕又嫉妒。

肩膀痠痛：負荷的壓力過重，面對生命過於嚴肅。

嚴師人格的人格目的與特色

嚴師人格，就像一個嚴格的老師，是一個要求嚴厲、自我鞭策的人格。容易看見自己不足的地方，並害怕這個不足被批判，因而嚴格對待自己，必須更努力、更上進，好彌補缺陷，獲得外界認同。也由於這種缺乏自信，使得我們能夠更有動力認真向上累積實力，最終，在這個沒自信的領域成功，成為專家或權威。

因此，嚴師人格的目的，在於自我約束，設定界線與規則，以達成現實的目標，創造成功。透過此人格，我們會明白自身的不足而努力彌補，用以創造更大的成就，同時累積自己的能力與價值。這個人格較強的人，經常是社會中有名的佼佼者與成功人士，大眾往往只看見他們的成功，而不知道他們背後的自卑情結，促使他們對自己有多嚴格；也難以想像他們是克服了多少恐懼，才走向成功的。

在生活、情感等私領域中，嚴師人格可以協助我們負起責任、了解自己的短處而努力求進步，更加成熟可靠；也能幫助我們更謹慎地規畫與安排，較有效率地處理物質相關事宜。展現於工作事業等公領域時，可能長期專精於一項能力，成為專家或權威，對社會產生正面的影響。

然而，失衡的嚴師人格，卻會令我們壓力沉重，過度自信不足，因為太害怕失敗而不敢有任何行動，或不願有任何新嘗試；另一種極端則是，因為害怕失敗而過度控制事情，對自己、對他人都採高壓政策，難以輕鬆生活。

嚴師人格的平衡與失衡表現

平衡的表現	失衡的表現
認真負責。	過度認真負責，扛起過多責任。
建立目標，追求成功。	害怕不能成功而過於嚴厲控制或逃避。
冷靜自制，成熟得體。	壓抑情緒，冷漠而難親近。
因長期經驗累積而建立自信。	害怕失敗而不敢行動，經驗不足更沒自信。
謹慎實際。	為求安全，寧可保守也不願突破。
良好的組織能力與效率。	過度追求效率而忽略他人感受。
自覺不足而更努力。	自覺不足而批評自己、自我懷疑。
一分耕耘一分收穫的信念。	九分耕耘一分收穫的信念。
靠自己，堅強獨立。	不願請求幫忙，怕被視為弱者。

你的嚴師人格程度多強？在哪個領域表現？

以下是嚴師人格在失衡時容易有的想法或行為，請讀一讀，觀察以下句子與自己的狀況是否吻合，如果吻合的敘述越多，表示你的嚴師人格程度越強，換句話說，也表示你越需要療癒嚴師人格，以便協助這個人格平衡發展。人格程度的強弱亦可同時參考前頁的表格「嚴師人格的平衡與失衡表現」。

▼失衡時，嚴師人格會有的想法是：

- 這件事我能做得好嗎？萬一沒做好，別人會怎麼批評我？
- 要是我不多做一點的話，事情可能會很糟。雖然這不在我責任範圍內，但我能做就做吧！
- 情緒太干擾了，先不要管它，把事情做好比較重要。
- 如果這件事失敗，我就完蛋了。
- 我又表現不佳了，我好糟糕。
- 事情可能這麼容易嗎？會不會想得太簡單？
- 不能向別人求助，向人求助表示我太弱了。
- 好想休個假都不要做事……但不行，沒做點正經事怎麼可以享樂呢？

※如果以上八句中超過四句是你常有的想法，或是你慣用的口頭禪，代表你的嚴師人格程度可能偏高，而且可能失衡了。

▼失衡時，嚴師人格會有的行為是：

- 不斷自我懷疑，以致於難以行動。
- 總是扛起過多責任，越做越多。
- 只想處理事情不想處理心情，不太面對自己和他人的情緒。
- 預設事情可能失敗，並把失敗想得非常可怕，真的失敗了就會否定自己。
- 過度看重自己的表現好壞，用表現好壞來衡量自己的價值。
- 以為成功難如登天，往往選擇困難的路徑。
- 不願透露自己的弱點和情緒，怕被視為弱者。
- 把成功或事業當作唯一，其他的生活面向都延後處理。
- 嚴肅高壓地面對生活，忘記幽默與玩樂，也難以為生活留白。
- 視生活中每一件事為責任，甚至連興趣都變成壓力。
- 執著於目標的成功與否。

※如果以上十一句中超過六句是你慣有的行為模式，代表你的嚴師人格程度可能偏高，而且可能失衡了。

你的嚴師人格較常表現在什麼領域？

請試著再進一步想想看，以上嚴師人格常有的想法和行為，通常出現在什麼時候？除了你對自己的觀察之外，想知道你的嚴師人格容易表現的領域，還可以參考以下所述在關係中或工作中易有的表現。

失衡時，嚴師人格在工作上易有的模式

- 要求相關工作人員完全按照規矩行事。
- 嚴格要求自己，也以同樣標準要求同事或下屬。
- 看不慣他人的行事效率或組織能力。
- 害怕自己所負責的工作被批評，即使事實上自己只負責該工作其中一部分。
- 經常自己加班，忘記休息，忽略生活其他面向。
- 扛起較多責任，並想自己一手完成，不願求助或分配出去。

失衡時，嚴師人格在關係或感情上易有的模式

- 對關係負責，但有時淪於形式，只剩下固定的模式，如定時打電話、接送、吃飯。
- 用金錢、禮物等物質的付出，取代情感上的關心與陪伴。
- 壓抑自己的需求與心情，不讓對方幫助與支持。
- 不相信自己值得被愛，用很多的努力付出來換取被愛。
- 把感情當成是責任在經營，缺乏情感的交流與享受。
- 對交際沒有信心，害怕相處上的困窘而逃避與人建立關係。

實例 嚴師人格運用失衡時所創造的困境

最大心魔：失敗

對嚴師人格而言，最可怕的狀況莫過於失敗。失敗會讓他們覺得自己不夠好，失去他人認同，甚至引來批評。工作上的失敗，會讓他們質疑自己的能力與專業，延伸出許多自我否定；感情或關係上的失敗，會使他們感覺價值低落，不值得被愛，對關係失去信心，對被愛不抱希望。總之，任何方面的失敗，都會引發強烈的自卑感，而那種「自己總是不夠好」的感覺，就是嚴師人格極力避免的。

其實，這份害怕失敗的心情並非完全不好，如能適當運用，可以成為一個人更努力的動力，反而能夠邁向成功。但是，當我們過度在意失敗、害怕失敗，也會因此耗費大部分心力試圖避免失敗，而非聚焦於如何成功。真正能用來精進的能量變少了，多半用來維持安全，而非開創新局。

嚴師人格可以試著理解的是：失敗並非不好，也並非表示你是不好的。失敗並非代表你能力不夠好或不值得被愛，而是一個讓你知道如何更精進的機會。老生常談的「失敗為成功之母」有其道理，生命是二元對立的存在，兩種極端都是必須存在的，我們不可能只追求其中一端，而完全讓另一端消失。當你追求成功就可能失敗，有失敗的經驗，知道如何改善，才有可能走向成功。把失敗當成純粹的經驗來學習，不將它指向自我的好壞，接受失敗為生命的其中一種樣態，更中性地看待它，你會慢慢發現它沒有這麼可怕。

困境1 害怕群眾的目光與批評

嚴師人格因為內在的自卑，特別需要透過某些成果來肯定自己、獲得認同，以減少自卑的恐懼。為了被認同，會渴望被更多人看見，讓更多人來認同自己，獲得被肯定的成就感。於是矛盾就出現了：雖然想被看見，又怕受到關注時他人不認同的眼光，害怕被質疑與否定，這些害怕又使得他不想關注。

案例 嚴苛要求自己，因為不想受到否定

小傑自小就是認真負責的孩子，嚴格要求自己要有好成績、好表現，一般小孩是能不去學校就不去學校，他則是一旦生病無法去學校，就會擔心學習進度因此落後。這些要求從來不是來自父母，都是他自己。直到現在，進入事業發展的人生階段，這種性格越來越鮮明，他嚴格要求自己，嚴謹地安排工作，渴望自己的專業受到重視與肯定，但當他必須面對群眾，尤其是以他為焦點的時候，他總是格外緊張，深怕自己表現不好，會招致批評與否定。然而他也不想放棄能表現自己的機會，因為，那是能證明自己能力的唯一方式。

這種害怕群眾眼光的狀態，其實是反應自己內在自信不足，不相信自己是好的。正因為不相信自己是好的，才會需要去證明自己的能力。這和實際上的能力強弱無關，是嚴師人格的高標準與低自信，讓他總是無法認同自己的能力。

困境2 責任過重壓力大

嚴師人格總是希望自己是能力夠強的，所以面對責任或工作很少拒絕，常常扛起過多的責任，做到最後自己壓力已經很大了，還是無法放下。

案例 號稱「無極限員工」的背後其實有苦難言

盈盈在老闆和同事眼中是個耐操的員工，無論什麼任務交給她，她一律接受而且使命必達，久而久之，為自己贏得了「無極限」的評價。其實，盈盈心裡有苦難言，有時她已經累得半死，但心裡那股「我一定得可以」的念頭，逼得她什麼都扛起來。而她自己也知道，這是因為她不願讓人覺得自己不行，想用「什麼都做得到、什麼都可以做」，來證明自己的能力。她也不太願意讓別人幫忙，因為有了他人的幫忙，這份任務就不是自己獨立完成，更無法證明這個任務的成功來自於自己。

困境3 關係中難以放鬆，壓抑自己的本性

嚴師人格在關係中很容易把關係看得較為嚴肅，會透過關係的好壞、對方的反應評價，來評斷自己在關係處理上的能力。換言之，在關係處理上是較為沒自信的，也深怕自己的價值不夠、無法讓對方喜歡，於是就會在面對關係時較為緊張嚴肅，努力，甚至用力地經營關係，很難自在輕鬆。

案例 關係相處真困難，我壓力好大……

阿珍有過幾段比較挫折的關係，每次交男朋友都有相處上的障礙，交談困難，越用力越碰壁，最後都無疾而終。後來她處理關係也越來越緊張，一想到要和對方交談或接觸就很沉重。她很擔心這種挫折是否會延續下去，到最後都沒有適合的對象出現、孤老一生。

在與阿珍諮詢的過程中，我們從她的星盤得知這是她的今生課題，要在關係中克服自己的恐懼，學習如何與另一半實際地解決相處問題來獲得成長。另一方面，針對她害怕遇不到適合對象的恐懼，她的靈魂團隊則透過牌卡傳遞了以下訊息：「她因為太害怕關係的挫折而下意識地逃避關係，預先看見許多問題與困難，就不願進一步冒險了。對方的難相處只是反映她自己對關係的不信任，讓她有逃避的理由。只要好好面對，就有機會轉化成新的關係模式，再加上讓自己的本性展露出來，尤其是天性熱情、有生命力的一面，自然就會吸引與她生命本質契合的適合對象。」

深入覺察嚴師人格——更透徹的自我觀察與分析

從前述困境中，也許你已經發覺自己的生活中也有過類似經驗。接下來，我們還可以更進一步針對嚴師人格進行深入覺察。看看困境的背後，是否還有什麼值得我們探索學習的？

是否常批判他人、嚴格要求？

嚴師人格很容易批判他人，特別是針對對方表現得不夠好之處。也很容易對身邊的人，尤其是較親近的家人、伴侶、合作夥伴、重要朋友等特別嚴格，看不慣他們不合標準的作為。這其實是一種投射作用，把對自己的限制，投射到他人身上，也對對方有同樣的要求和限制，就好像照鏡子一樣，我們從對方身上看到自己不願接受的部分，亟欲除之而後快，所以批判他要求他，希望他不要再有這樣的表現，背後的意識是：不允許自己有這樣的表現。

例如：看到家人面對工作鬆散隨便、做事不認真的樣子，越看越火，覺得他太不應該了，心裡升起的批判是：「他不可以這樣子，太不認真了。」這表示，你平時也是如此要求自己，認為自己不可以鬆散、不可以不認真。你真正在批判的是不認真的自己。因此，你幾乎不會表現出不認真的一面，因為你逼自己一定要認真，你只接受認真的自己。

我們可以藉由這樣的觀察，覺察嚴師人格給自己的批判與制約。你會發現，對方只是鏡子，這面鏡子讓你看見你對自己施加了多少限制與批判。

是否常對他人的成功感到羨慕嫉妒、想貶低他人？或對他人的失敗感到鬆一口氣與安心？

嚴師人格內心深處的自卑，令他很難相信成功，但又嚮往成功來建立成就感與自信。當看到他人的成功時，容易聯想到自己此時還未成功、還有不夠好的地方，會引發內心深處的自卑感；並羨慕他人已經擁有他所渴望的成功，甚至心生嫉妒，忍不住質疑：為什麼他可以？憑什麼？

我們會羨慕嫉妒的事物，通常是自己渴望擁有但卻還沒有的，而羨慕嫉妒的對象，就是能擁有這些事物的人。因此，對成功人士的羨慕、嫉妒，其實都反映了內心的自卑與不安，渴望成功卻覺得自己無法擁有成功。說到底，就是不相信自己會成功。越多的羨慕嫉妒，表示越不相信自己能有成就，也表示自卑感越多。

有時，嚴師人格的自卑感，也會驅使我們想要貶抑他人、批評他人的成就。因為看到他人的成功，就會顯得自己卑微與失敗，因而升起防衛機制，用貶抑他人或酸言酸語來維護自己的自尊，彷彿只要對方沒那麼成功、沒那麼厲害，自己也就不會顯得這麼差了。以貶抑他人獲取自身的優越感，說明了內在深處的自卑，畢竟，如果真的覺得自己夠好，就不需要與他人比較，更不需要貶低他人來突顯自己的優越。

相對地，看到他人失敗時覺得安心與放鬆，這也是嚴師人格的特質。他人的失敗，在嚴師人格看來，似乎能夠映襯、彰顯自己的成功，使我們感覺「我應該比他好，所以我也沒那麼糟」，產生勝過對方的優越感，彌補一點欠缺的自信。另一方面，他人的失敗減少了自己必須成功的壓力，讓我們心想「既然他都失敗了，我失敗也是正常的」。他人的「失敗展演」呼應了我們內在不相信成功、預設將會失敗的心態，因此也不需要堅持非成功不可了，因而鬆一口氣。

是否特別想證明自己是有能力、能成功的？

比較積極的嚴師人格，會認真面對自己的專業，並且致力於在專業上成功。有時甚至會興起一股念頭：「我要讓○○相信我是可以的，讓他們刮目相看。」這種向某些人證明自己能力的想法，表示內心有著一股被那些人瞧不起的自卑。正是這股自卑感，促使嚴師人格積極地想證明自己，不要再被那些人看不起。

這也表示，其實內心深處仍是覺得自己不夠好的。如果我們打從心底相信某件事，不會需要說服其他人也來相信，因為自己早就堅信如此，他人的不相信或任何質疑的眼光都不會使自己受到動搖。因此，當一個人真的有自信時，也不會需要透過任何成就或他人的肯定來證明。之所以會需要一再證明，表示心底仍然有對自身能力的懷疑，而想透過成就、成功、他人的認同尊重，鞏固自身的自信。

是否害怕失去權威、地位？害怕被挑戰或質疑？

嚴師人格較強的人，即使已經成功，獲得一定的權威、地位，還是可能會害怕。他們害怕的是失去已經努力得來的地位與成就、失去透過這個地位得到的認同和尊重。也可能害怕接下來不會再有進一步獲得認同的機會。

一般來說，嚴師人格在經過早期的努力後，到了晚年多半已有所成就，也因為經驗上持續累積，漸漸地對自己有了信心，能夠變得較為放鬆，也較能相信自己。然而，也有人即使已是一方權威，仍無法相信自己的能力，依舊懷有「要是不夠努力、控制不足，就會失去地位」的想法。換言之，內心還是有一些自卑，必須靠較高地位的身分認同以保有自信。並且無止境地在社會中繼續追求更多的外在認同。

無論有無地位與成就，只要會害怕被挑戰與質疑（有時害怕也會以憤怒表現），被挑戰時容易有較大的反應，就表示內心仍是信心不足的。因為，他人的質疑或挑戰，會勾起內在對自己的不信任，而唯有自己內心先存有這份不信任，才有可能被他人勾起而產生反應。

在深入覺察之後，接下來，我們將更進一步學習如何療癒嚴師人格。

嚴師人格的療癒方法

嚴師人格的療癒方法分為三種，三種方法分別以「**其他人格運用**」、「**信念**」、「**行動**」來幫助我們放下舊模式，療癒嚴師人格。你可以三種都試試看，在嘗試後感覺一下哪一種方式對你而言較有效，並持續運用。每一種療癒方式都需要長時間的覺察與練習，一次又一次地清理與釋放舊的想法與行為，因此請持之以恆，讓「相信自己可以改變」的信念幫助你進步。

❶ 運用其他人格來療癒

我們可以用「孩童／英雄人格」、「嬰兒／母親人格」、「改革家人格」、「旅人人格」來療癒失衡的嚴師人格。

▼▼「孩童／英雄人格」的遊戲與享樂

嚴師人格責任感強，而這份責任感使得面對工作或關係容易有較大的壓力，很難放鬆，並且易陷入自我批判。這種情況下，需要的不是拿掉責任或不讓自己認真，而是返回初衷，重新感覺當初做這件事、進入關係的熱情與樂趣。

當我們選擇一份工作、一段關係時，總能感受到它吸引我們的地方，以及其中我們渴望探索與熱愛的部分。當時的我們，就像一個天真的孩子，單純地被點燃熱情與好奇心，於是選擇進入其中一探究竟（當然，如果你只是因為一些生存與經濟的考量而選擇，就另當別論了）。這份喜愛常常因為後來的責任感與壓力，漸漸被遺忘與抹煞，但它不是真的消失。你可以運用孩童／英雄人格的赤子之心，重新找回那種快樂遊戲其中的感覺，把焦點放在好玩之處，想的是要怎麼玩出趣味；哪裡可以運用更多創造力？怎麼做可以更有趣？

不用擔心玩樂的態度無法做好工作，玩也可以是「認真地玩」，當你認真投入地「玩」一件事，相關的潛力與創造力都會被激發，反而能有更多源源不絕的創意與想法。一旦你活力滿滿，自然有充足的能量去達成目標。

試著以孩童／英雄人格影響嚴師人格，讓他明白：人生其實是一個大遊樂場，每個遊樂設施就像一個人生體驗。我們不只是要認真地遵守規則與秩序，也需要放鬆地在遊樂設施（人生體驗）中盡情享受、放肆玩耍。

▼▼「嬰兒／母親人格」的滋養照顧、情感連結

總是把眼光放在成功與外在成就的嚴師人格，其實是很需要多關照內心世界的。嚴師人格看似獨立堅強、不太有情緒起伏，但不代表他不需要被照顧或沒有情緒。相反地，因為長期壓抑沒有抒發，可能累積成病，最後導致身體上的問題或憂鬱傾向。這時候，就需要讓嬰兒／母親人格來平衡一下，偶爾表達一下情緒，無論是說或寫；偶爾透露脆弱的一面，讓人照顧與關心；偶爾把焦點從外在世界拉回到內在，感覺一下自己心裡的感受：此時此刻需要什麼？是好好吃一頓飯？散散心？大玩一場？找人聊聊天喝點小酒？之所以會說「偶爾」就好，是因為對嚴師人格而言，能做到「偶爾」就很不錯了！

呈現脆弱的一面對嚴師人格尤其困難。失衡的嚴師人格只希望自己很強，不能接納自己的脆弱面，因此不願被人看到脆弱的部分。也可能因為過去的陰影，而不願打開內心以免受傷，是保護自己的一種方式。適當的自我保護當然有必要，所以可選擇較信任的人透露內心的脆弱，一次一點地慢慢練習，訴說自己的感覺與不安，讓那些愛你的人有機會接觸你的內心，與你產生情感上的連

結。而你也會因此感受到被支持，增強內心的安全感，重新感覺與人的情感連結，發現那是一種多麼美好的感受。

▼▼「改革家人格」的創新變化、利益群眾

嚴師人格擅長建立結構與模式，結構與模式能確保事情穩定進行，沒有意外，這對於需要累積成就的嚴師人格能感到安心。因此，一旦有了固定的結構模式，嚴師人格就會傾向持續沿用，不太願意多做嘗試或冒險。久而久之，就難免變得守成，沒有新的突破與發展，欠缺創新與變化。有時，時代的趨勢已經不同，需要做些變革以便適應，只運用原本的模式來經營處理，反而可能窒礙難行。嚴師人格或許明白創新的時候到了，但因為害怕新嘗試會失敗，害怕這失敗會引來批評甚至失去原本的地位，常常就裹足不前，不敢有所改革。

這時候，可善用改革家人格樂於改革的心態，促使改變的行動。改革的目的是為了放下與淘汰不需要的，以便迎接更多嶄新的機會與資源。有時改革的好處並非立現眼前，需要一些時間來孕育，而改革的初期也常常較混亂令人不安，但這是正常的過渡期。長期來看，創新會引來新的機會，雖然可能失去部分舊資源，但那些會失去的，通常也已經不適合你了。你的改變與創新，會引領你走向一個更適合你的新階段，在新階段會有新的目標，也是建立新成就的機會。

「利益群眾」是另一個幫助嚴師人格平衡的方法。當嚴師人格過度在意自己的成就時，會變得小心翼翼、戰戰兢兢，過度擔心自己的社會形象與專業身分，要他得失心不重也難。得失心會讓一

個人更害怕緊張，常常無法專心投入當下，甚至反而容易失常，例如上場前準備好久，卻在臨場時過度緊張而表現得差強人意。此時，可以把注意力放在如何把自己的能力用在服務他人？如何幫助對方？較有成就者，如何把自己的能力貢獻於社會？如何對社會產生正面影響力？

我們時時受惠於他人的幫助，所吃、所穿、所用，都是他人付出自己的能力，經過許多人的合作幫助，才能來到我們身邊供我們使用。整個社會就是一個大型的互助團體。當你想著，接受他人付出的你，要如何回饋他人、回饋社會，保持著感謝與貢獻的心態，自然會減少對於自己的檢視，而是把心力放在利益他人。在成就他人的同時，也會連帶成就自己。

▼「旅人人格」的樂觀豁達、探索成長

嚴師人格為了確保成功，會先預設所有困難：包括可能發生的問題、麻煩或阻礙，事先做好預防的準備。透過盡可能周全的預防，確保事情順利進行，的確能減少一些問題的發生。這樣的預防心態如果過度發展，卻也會使得本來簡單的事變得複雜；心思多半放在預想的麻煩與問題上，耗費過多能量於預防負面的可能性，不僅心理壓力倍增，也模糊了最重要的焦點，也就是「執行目標，達成理想」。

這種凡事往壞處想的悲觀傾向，會讓嚴師人格難以相信事情可以輕鬆完成，而總是過於辛苦；嚴師人格甚至還會覺得，唯有辛苦付出的成果才能突顯其價值、更能獲得尊敬（出於自我證明的心態），所以選擇困難的途徑來達到目標。結果，事情就往往變得更困難複雜，更需辛苦地面對。關

於這點，我們可以試著以旅人人格的樂觀來平衡。

與其悲觀地預防負面可能，不如樂觀地期待正面結果；與其擔心事情往壞的方向發展，不如相信事情永遠都有轉機，只要自己有充足的努力，資源與協助必將順應而來。自我價值不需透過困難辛苦來證明，成敗與安全與否也不是評判生命的唯一標準，能在過程中有新的發現，擴展生命經驗，獲得啟發與智慧，這些都是更珍貴的收穫，當下便是獲得，而日後的人生中也可能派得上用場。

讓「成長」也變成目的之一，我們會能有更寬闊的視野，樂觀輕鬆地享受這個探索的旅程，並以正面信念吸引正向結果。

2 幫助信念轉換的肯定語

除了運用其他人格來療癒嚴師人格，我們還可以利用肯定語，經過長期練習，有助於內在信念轉換。

請找一個可以放鬆獨處的安靜空間，大聲唸出或心裡默唸以下肯定語，與嚴師人格對話，使其獲得療癒。在唸肯定語的同時，可以試著覺察自己內心有什麼感受。

- 我相信目標總是可以輕鬆地達成，那些阻礙或麻煩只是我的想法創造的幻象。
- 我感謝所有來到身邊的機會與人事物，它們都是來成就我的。

- 表達我的脆弱與情緒是安全的，接受他人幫助與支持是幸福的。
- 我有足夠的條件能成功，過程中的所有挫折都在砥礪我，助我邁向成功。
- 我的努力已值得收穫，不需辛苦逼迫自己。
- 我願意放下不屬於我的責任，讓他人有機會負起自己的責任來成長。
- 我的價值早已俱足，不需透過困難來證明。
- 我相信宇宙的善意與照顧，我願意放下過度的控制來讓宇宙協助。

3 以行動來療癒

我們可以運用「**玩樂或嗜好**」、「**經營居家生活**」、「**冥想**」等方法，使嚴師人格獲得療癒。

▼玩樂或嗜好

嚴師人格很容易長期處在高壓狀態，久了難免陷入低落、憂鬱的情況，需要更多的玩樂或嗜好來平衡、恢復正面能量。

請試著讓自己每天有段時間可以放鬆地玩耍，或投入嗜好，而不要帶有罪惡感。可以是非常簡單的活動，例如手機遊戲、看電視、看電影、看漫畫、唱歌、畫畫、看表演展覽、和朋友聚會等等。如果真的較難每天撥出時間，至少一週要有一次徹底放鬆地玩樂，給自己一段完全不需要思考工作或任何責任的時間。

如果玩樂會讓你有罪惡感，這表示內在仍有一個信念，認為自己必須辛苦、不值得享樂與輕鬆。那麼，請多運用第298頁的正面肯定語幫助你轉換信念，並持續玩樂的行動，由外（行動）而內（內心）協助你改變。

▼▼經營居家生活

總是忙碌於外界、追逐成功的你，多花一點時間回到家庭生活來經營，會讓你恢復平衡，內心更加穩定。

例如好好照料自己的起居飲食，適當的休息、為自己烹煮一頓晚餐，慢慢品嘗食物的美味。花一點時間與家人相處、關心一下家人、與家人吃個飯等等。不一定要特別說些什麼、做些什麼，只要簡簡單單地感受與家人互相陪伴的生活。

或者你也可以布置自己的家或房間，營造令你舒適的空間，感受空間的氛圍，也可以創造更多你想要的氛圍，用居家空間的舒適感，影響你內心的感受，好讓你的內心之家更加安穩舒適。

▼▼適合嚴師人格的冥想：釋放壓力、強化信心冥想

長期處於緊繃狀態的嚴師人格，可以透過冥想來幫助放鬆，並加強自信與穩定的安全感，釋放自信不足而來的恐懼與壓力。

●關注脈輪（脈輪位置請參考第44頁的脈輪說明）

太陽神經叢：增強自信心。

眉心輪：轉化沉重的負面信念與擔憂。

海底輪：與大地之母連結，增加安全感。

肩頸：釋放壓力與負擔。

●冥想步驟

1. 坐下，閉上眼睛。找到一個舒服的姿勢，脊椎稍微挺直，頭與身體成一直線。
2. 做幾次深呼吸。讓每一次的呼吸都越來越緩慢而深長。
3. 焦點放在眉心輪的位置，吸氣，將氣吸到眉心輪，吐氣，把氣吐到坐骨、腳底，釋放掉。感覺眉心輪漸漸鬆開，負面想法隨著吐氣往下釋放。約做五、六次。
4. 焦點轉移到肩頸的位置，感受它現在的緊繃與不舒服。吸氣，將氣吸到你的脖子、肩膀，吐氣，把氣吐到坐骨、腳底，釋放掉。感覺累積在肩頸的沉重能量都往下釋放，肩頸肌肉越來越放鬆，越來越輕鬆輕盈。約做五、六次。
5. 焦點來到太陽神經叢，吸氣，將氣吸到你的太陽神經叢，吐氣，把氣吐到坐骨、腳底，釋放掉。約做五、六次。把對自己的批判、害怕自己不夠好的恐懼一併釋放。

6. 接著，想像金黃色的光在你的太陽神經叢擴張，像一顆金黃色的光球充滿著你的上腹部，整個上腹都被這顆金黃色光球籠罩。感覺它照亮你本有的光彩，為你啟發內在的信心，你為自己的存在感到榮耀。

7. 現在，把焦點移到你的海底輪，想像從海底輪往下射出深紅色的光，很長很長，延伸到地底。感覺你穩穩地扎根在此，很安全地被大地之母支持著。

8. 慢慢把焦點轉移到心輪，繼續做幾次深呼吸。

9. 動一動你的手腳，睜開眼睛，回到你所處的空間。

10. 如果剛剛過程中有感受到什麼訊息，可記下來，做為日後實踐之用。如果沒有也沒關係，單純地感受到放鬆就很棒了。

給嚴師人格的〈愛的輕語〉

在認識了嚴師人格、深入覺察，並嘗試過適合的療癒方式後，請找一個安靜的空間，為自己讀一讀給嚴師人格的「愛的輕語」。讓心中的嚴師綻放笑容，喜悅地邁向成功。

通往成功的秘訣，不是受苦與批判，而是喜悅。

喜悅幫助你放鬆，在最輕鬆的心情下，發揮最好的一面。
喜悅帶給你最自然的動力，你能發自內心嚮往著、專注地前進，不知不覺便已攀上高峰。
喜悅能讓你看見已經擁有的，感謝你已走到這裡，感謝一路上的支持，感謝一切境遇，感謝你如此幸運。
喜悅提醒我們，辛苦不是必然，快樂更能成就。辛苦之道讓我們到達成功的那一刻才能快樂，而喜悅之道卻是每一步都在內心歡唱，每一刻都是快樂，當下即是天堂。
放下沉重的負擔，解開限制的枷鎖，你那喜悅的心，自然會引領你開闢自身的疆土。

你是自身的王，而非成功與成就的奴僕。何不以喜悅之心領導，開懷地笑、盡情地玩耍，創造樂園般的王國？

當你玩得盡興，喜悅滿盈，幽默樂觀，一顆心開闊自在能量飽滿，實現目標又有何難？

喜悅是你最大的力量，它帶來成功，創造滿足；它掃除塵埃與障蔽，讓你內在之光煥發燦爛。

而你本是如此。

11 疏離孤寂的改革家人格

萬般不自由，高處不勝寒。

我常感覺受到束縛，非常不自由。

為了融入團體，我常常壓抑自己的想法，或放棄表現機會。

我總覺得自己是邊緣人，好像跟主流社會格格不入。

常因與眾不同而遭異樣眼光看待，總讓我不禁懷疑自己是否真的很糟糕。

為了理想，我致力於改革創新，但為什麼總是阻礙重重？

我常被說叛逆難搞，但其實我只不過是想做自己。

我的獨特一直不能被理解，好灰心……

改革家人格失衡易有的情緒與狀態

挫折灰心：想法做法前衛獨特，經常不被理解而感到挫折。

沉悶無趣：自由受限，缺乏創新，因而動力不足感覺沉悶。

疏離孤寂：與社會格格不入，以這份獨特自傲卻也有點寂寞。

抽離冷漠：待人處事冷靜抽離，總像隔岸觀火，難有熱情投入。

憤慨：對於不平等、不自由的狀況感到憤怒。

※此人格特別不易感受到自己的情緒，以上情緒需要更多觀察。

改革家人格的人格目的與特色

改革家，顧名思義是要來改革的。以其先進思想或突如其來的洞見來創新、發明，改變生活，帶來進步。範圍小至自己，大至社會，目的皆為「革新」。

此人格有幾個發展階段。「初期」仍在適應社會、觀察理解團體的運作，因此傾向融入朋友、社群團體，以團體為依歸，從中得到安全感，並學習怎麼與團體合作；「中期」，開始意識到自己的獨特性，與團體、社會不同之處，為了找回獨特性，以便自由發展，開始從原本所屬團體抽離，甚至做出驚人改變；「後期」，已經明白自己的獨特所在，相信自身前衛的價值觀與理念，以之為根據，用以改革，為社會帶來進步，利益他人。

在此必須特別強調，並非每個人的改革家人格都會發展到後期，也並非發展到後期才是較好的。無論是發展至哪一個階段，都是靈魂各自的進展，以及我們今世的自由意志可以選擇的選項，進展與選項並無優劣高下。進展階段也非固定不變，會因應個人心態的變化而在不同階段流動往返。簡而言之，此人格能根據不同階段的特質，幫助我們與團體合作、忠於自身的獨特而自由發展、創新與改革。

改革家人格的創新，需要客觀理性的觀察，才能中性地研究問題，因此通常是比較不帶情緒而冷靜的。為了帶來改革，思想與價值觀走在前端、跳脫主流，前衛到被視為怪咖或瘋子（許多歷史上的知名發明家可以證明，怪咖或瘋子實際上可能是天才）。為了發明與創新，心智運轉速度極

改革家人格的平衡與失衡表現

平衡的表現	失衡的表現
獨立自主的選擇與行動，不受限於他人意見或主流價值。	為叛逆而叛逆，故意唱反調以突顯自己的獨特；與主流價值敵對。／只依從主流價值、所屬團體而行動。
能獨立思考，不會人云亦云。	總是持反面意見，反抗多數人的想法。／總依從社會、團體多數人的想法。
對於自身的獨特能認同，忠於做自己。	對自身的獨特不能認同，壓抑自己的本性，只為得到團體、社會的接納。
處事冷靜理性，抽離客觀。	處事只用理性思維，欠缺人情人性的考量。
擅長團隊合作，以團隊利益為考量，需要時仍會領導團隊。	隱藏在團體裡，不願跳出來擔任領導或開創自己的舞台。
在一定基礎上突破創新，求新求變。	基礎不扎實，卻一味追求變化與創新。
追求自由與獨特，並以和緩方式進行，旁人較能接受而順利發展。	追求自由與獨特，但以激烈手段進行，引起旁人較大的反彈而挫折不斷。
根據自己先進的思想與價值觀來改善社會，利益他人。	以自己的獨特與前衛為傲，蔑視他人的古板與陳腐，在自己的圈子內孤芳自賞。

快，並擅長研究原理帶來理論的創新突破。此人格較強的人，經常是科學家、發明家、社會政治改革者，以及各種領域的創新突破者。

在工作事業方面，改革家人格幫助我們保有個人獨特性，忠於自己的特質加以發揮，並且突破創新，進一步為團體社會帶來改善。在關係中，則讓我們不因他人而失去自己，保有空間與自由，在關係中也能獨立自主，具備客觀視角來處理關係問題。

失衡的改革家人格，可能會只想隱身在團體當中，完全不敢獨當一面（初期）；也可能會故意唱反調，為了證明其獨特而與社會主流價值對抗，刻意與權威和體制作對，為叛逆而叛逆（中期或後期）；或者自身的獨特性不被理解接納而感到挫折孤寂，漸漸抽離冷漠，最後變成社會邊緣人（初期或中期）。

你的改革家人格程度多強？在哪個領域表現？

你的改革家人格程度多強？

以下是改革家人格在失衡時容易有的想法或行為，請讀一讀，觀察以下句子與自己的狀況是否吻合，如果吻合的敘述越多，表示你的改革家人格程度越強，換句話說，也表示你越需要療癒改革家人格，以便協助這個人格平衡發展。人格程度的強弱亦可同時參考前頁的表格「改革家人格的平衡與失衡表現」。

（以下描述包含「初期」、「中期」、「後期」，因此可能看來有些矛盾，主要是因為初期和中後期的狀態不同）

▼失衡時，改革家人格會有的想法是：

- 只要跟著團體的決定走就好了。隱身在團體裡最安全了。
- 現在正在流行這個嗎？雖然不清楚這是什麼，但我也想加入！
- 這種主流想法太平凡了，我的點子比較特別。
- 我的想法只是比較獨特少見，為什麼他們不能理解呢？
- 雖然有點道理，但我偏偏不要聽他的。
- 面對問題只需要用理智判斷就好了，為什麼人們要被情緒干擾？
- 你們人類真是種奇怪的生物。
- 不要整天黏著我。
- 不要管我或命令我。

※如果以上九句中超過五句是你常有的想法，或是你慣用的口頭禪，代表你的改革家人格程度可能偏高，而且可能失衡了。

失衡時，改革家人格會有的行為是：

- 只想跟著團體行動，即使才華出眾也不敢自己獨當一面。
- 沒有自己的想法，跟隨主流而活。
- 習慣性地推翻他人意見與想法，與人唱反調。
- 未經現實考量就貿然改革創新，方法往往較激烈，常驚嚇他人。
- 自視甚高，不願屈就較為平凡的工作。
- 無法適應社會，拒絕社會化的行為（例如基本的禮節、尊重他人的稱呼等等）。
- 只想處理事情，排斥處理心情。
- 不管身處於哪一種團體或領域，都有格格不入的疏離感，自己也不想太親密或融入。

※如果以上八句中超過四句是你慣有的行為模式，代表你的改革家人格程度可能偏高，而且可能失衡了。

你的改革家人格較常表現在什麼領域？

請試著再進一步想想看，以上改革家人格常有的想法和行為，通常出現在什麼時候？除了你對自己的觀察之外，想知道你的改革家人格容易表現的領域，還可以參考以下所述在關係中或工作中易有的表現。

失衡時，改革家人格在工作上易有的模式

- 只敢選擇被社會主流認同的工作，壓抑自己獨特的才能、性格和喜好，忍受既不喜歡也不適合的工作。
- 在公司團體中盡量不出頭、也不表達個人意見，只想被動地跟隨團體行事。
- 不喜歡被老闆命令管理，易心生反彈，甚至找理由拒絕。
- 不喜歡交際應酬，堅持做自己，較難融入工作團隊或職場小圈圈。
- 時常批判公司體制迂腐，瞧不起傳統的做法。
- 經驗與能力還未成熟，就一心想突破創新。
- 做事方式與想法較特別，經常要花很大力氣讓他人理解，容易有挫敗感。
- 在工作上推動新觀念或改革時較為激烈強硬，難與意見不同者協調出共識。
- 過於理性規畫全局與未來，缺乏當下的衝勁與冒險心態而不敢行動。

失衡時，改革家人格在關係或感情上易有的模式

- 忽冷忽熱，親密到一個程度就會抽離，以保持距離與自由。較難穩定發展。
- 覺得為對方而改變就會失去自己的獨特性，因此不願改變，導致關係問題難以改善。
- 不明白對方為何有情緒反應，覺得對方難理性溝通。
- 太需要自由空間、新鮮與變化，因此不願親密也不願承諾，引發另一半不滿。

- 比起另一半，更在意與朋友的往來，經常讓另一半覺得不被在乎。
- 很難對喜歡的對象表達熱情，停留在理性的抽絲剝繭，不敢行動。

實例 改革家人格運用失衡時所創造的困境

最大心魔：被社會孤立

對改革家人格來說，與社會的關係是非常重要的，無論是哪一個階段皆然。初期的改革家人格需要加入朋友或志同道合的團體，得到社會團體的接納；中期，透過社會與團體的相處觀察，明白自身的獨特性與不同，並得以發揮於社群之中；發展到後期的改革家人格，更要徹底發揮自身的創新理念，為社會帶來更多益處，或是改革。無論是哪個階段的改革家人格，都需要與社會建立一種關係，藉以成為自身存在的價值。

因此，與社會的關係是好是壞、親疏遠近，就會影響到改革家人格的信心與自我認同。如果長期缺乏團體社會的支持，其獨特性又被社會視為乖戾異類，這種與社會格格不入、孤立疏離的感受，對改革家人格而言是種凌遲。偏偏改革家人格對於情緒採取抽離切割，不願處理面對自身痛苦，長期累積無處抒發的痛苦，最後可能導致更偏激的行為，對社會造成極端的影響，以此找回與社會的連結。偏激的改革家人格可能成為激烈的革命人士，也可能變成瘋狂的殺人犯，無論是哪一個，都會為社會拋下一枚震撼彈，引發大眾關注。消極一點的改革家人格可能會極端地退縮，不願參與任何社會活動，裝作不在乎、不需要，試圖自我保護。

改革家人格引發的極端矛盾，不禁令我們反思，或許當我們都能欣賞多元價值、更尊重每個人及自己的獨特性時，所謂的「社會異類」能有機會變成「社會改革推手」，也將有更多人能把自己的特別之處運用於建設性的方向上，而非用來傷害他人，徒留許多悲劇與遺憾。

困境1 工作了無新意，難以忍受僵化階級制

若在工作領域中展現較強的改革家人格，勢必會難以忍受一成不變、缺乏新意的工作內容。如果再加上公司體制陳腐僵化，更容易使改革家人格極度不舒服，工作起來痛苦連連。

案例 工作一成不變，公司氣氛又好保守……

阿香在某間公司擔任助理，細心體貼的她既勝任這份工作，也很受同仁照顧，堪稱是公司的吉祥物。然而，她卻工作得越來越不快樂，首先是工作內容大同小異，做了一段時間之後，就再也沒有變化了。她覺得很悶，越來越沒勁。其次是公司講究階級的生態與體制，每次遇到上級主管都必須要尊稱其職稱問好，沒做到的話總會被責怪。對於每次都被要求這件事，阿香已經感到無比厭煩。這些情況讓她有受到限制、快要窒息的感覺，於是她開始認真地想要離職了。

工作內容或公司體制是沒有對錯好壞的，只有適合與否。而改革家人格較強的人的確比較不適

合待在體制較為保守、工作型態一成不變的環境中，尤其僵化的階級制更與改革家人格眾生平等的理念牴觸。他們需要的是創造與改革，或者自由平等一點的工作模式，這樣才能將能力運用於適當的地方，徹底發揮。在此必須特別提醒，雖然每個人都會有改革家人格的性格，只是強弱程度有別，但只有程度較強的人，以及此人格較常表現於工作領域的人，才適用以上建議。

困境2 隱身團體，放棄表現機會

為了團體順利運作，以及能安全地待在團體中，改革家人格重視團體利益更甚於自己的表現，於是常常把機會讓給團體中的其他人，放棄自己的舞台。

案例 我還是不要太出鋒頭比較好

甜甜是位極有才華的演員，但在舞台上，她總是無法盡情發揮，因為她總想把焦點讓給其他演員。她習慣把自己的重要性放較後面，習慣這樣告訴自己：「如果這裡我多表現，未必對整體演出好，還是讓別人來吧。」每次一有釋放能量、盡情表現的衝動，理性思考就拉住自己，不讓自己執行，簡直可惜了她原本的天賦。事實上，如果她願意讓自己的熱情自然地釋放到表演中，讓內在能量帶領她行動，她的表現自然會替團隊加分。她也會因為在舞台上找到「自己的舞台」（而非只是依附於團體的舞台）、找回表演時純粹的快樂，進而帶給他人更多的快樂。

中期以後的改革家人格能較堅持做自己，對於任何社會化的行為會較為反感排斥。但有時候，「社會化」與「做自己」之間是需要平衡的，這麼做，是讓自己能與社會融合得較好，有更多機會可以發展，自己的獨特性也才能幫助社會改革，創造兩者的雙贏。

困境3 不願社交，工作量減少

案例 「就是不喜歡應酬」的工作態度

阿寬是位自由藝術工作者，以接案為生。有一段時間，他幾乎兩個月沒有工作，開始覺得不妙，於是來找我諮詢。諮詢過程中，我透過塔羅牌建議他需要多一點社交應酬，他非常驚訝自己竟然得這麼做，而且他的確是不喜歡社交，不熟的人就不會勉強自己去接觸往來。其實，所有建議都會針對個案原本的個性來做平衡。因為阿寬本身是比較直來直往的人，比較率性而為，也不是特別喜歡在工作場合交朋友，因此，需要某種社會化的行為來幫助他平衡，這不僅能讓他打開自己、感受與人來往的溫度，還可以幫他創造更多工作機會。

四個月後，他告訴我，他照做之後，事情果然有了很大的變化。隨著朋友的介紹，工作一個又一個接踵而來，已經排到隔年去了。他甚至自嘲：「原來不是我的能力或腦袋有問題，是我的個性讓我得不到我想要的。」

現在，他已經開創出自己獨有的風格，不僅作品量豐富，更為他的藝術領域帶來一波新的風潮。

深入覺察改革家人格——更透徹的自我觀察與分析

從前述困境中，也許你已經發覺自己的生活中也有過類似經驗。接下來，我們還可以更進一步針對改革家人格進行深入覺察。看看困境的背後，是否還有什麼值得我們探索學習的？

是否常擔心團體不接納自己？因為缺乏團體歸屬感而不安？

一般來說，我們多少會需要團體的歸屬感。然而，如果你會不時尋找志同道合的團體，或者當與所屬團體不太融洽時，就會感覺到深深的不安，也會擔心你加入的團體不喜歡你、不認同你，那麼你極有可能是對團體歸屬感上了癮。

通常會對加入團體上癮，表示自己把安全感與認同建立在團體之上，把團體視之為自身存在的延伸，藉此逃避自己與他人不同的地方，壓抑自己的獨特性。因為當我們加入團體時，我們彷彿和大家都一樣，能減少自己和群眾的差異，感覺自己是正常的。所謂正常，其實不過是和多數人一樣，所以看似比較正確，較不會被排擠或孤立。

為了正常和被接納，避免被孤立，於是把自己的個人性、價值觀、信念壓抑下來，用團體所認同的來代替，然而，與他人不同的感覺還是會存在，於是有人會更用力地讓自己和團體一樣，有的人可能內心產生動搖，開始思考到底是要忠於本來的與眾不同，獨立發展自己的特色？還是要繼續否認這份不同，安全地追求社群認同就好？

若是發現自己有這種狀況，可能表示正處於改革家人格初期，可以漸漸發展到中期的階段。

是否會經常與他人唱反調？是否經常與主流價值對抗？

唱反調是一種「彰顯自己與他人不同、自由自主不會被輕易影響」的方式，但它只是用來彰顯，而不代表真的自由自主。真正的自由自主，會先深入自己的感覺與想法，就事論事，從事情本身的多重面向去思考，是較為中性而多元的，而非只從他人角度的相反觀點思考。與人唱反調或作對，其實只是根據對方的想法採取反面觀點來表達，仍仰賴著對方的價值觀與意見，加以反對，是受制於對方、依從對方的對立面來行動，反而是另一種不自由。若經常在日常生活中表現出這種唱反調的小叛逆，表示平時未能真的活出更大的自由自主，所以才會經常需要在小地方上抒發叛逆的能量。

奧修曾說：「創造力是生命中最偉大的叛逆形式。」叛逆的能量並非不好，而是需要導向較高層面的表現，也就是真正發揮自己的獨特性，不畏他人眼光，盡情發揮創造力。如果落實於生活層面，就是依據自己真實的渴望、才能與性格來選擇人生的路（職涯方向、是否走入婚姻），而不是選擇社會價值觀所認同的，或聽從父母長輩的要求，卻壓抑了真實的自己。在人生的大事上勇於叛逆與自由，就不需要在小事上與人作對，引發不必要的衝突與麻煩。

之所以會與主流價值對抗也是一樣的原因。改革家人格的思想前衛、領先於時代，或多或少都會有不想隨社會主流而為的狀況。不過，根據自己獨立的想法專注發展，和與主流價值為敵、心生抗拒，是兩種截然不同的心境。前者聚焦於個人的獨特性，並認同這個與眾不同的自己，願意忠於自己，發揮特長、平靜專心地做自己；後者則聚焦於自己和主流的差異，覺得自己不被主流接納，而要興起自己的勢力與之抗衡，對外境較為在意而抱有敵對意識。敵對意識背後是有恐懼的，可能有不被社會接納的傷痛，被主流排斥的陰影，而採取敵對的方式保護自己。其中還有自我價值認同的議題。不能自己認同其獨特性，需要藉由贏過社會主流、證明非主流的自己更為優秀，才能認同自己的價值。

是否經常覺得他人很不理性、太過情緒化？

偶爾遇到情緒起伏大的人，可能只是偶發案例，但如果是常常感覺別人太多情緒、認為他人思考不理性，多半表示自己不願意碰觸情緒，想盡可能地切割與排斥，並且不願意接納自己也有情緒的一面。

如果純粹理性的生活並不會帶來困擾，當然也很好。如果會困擾，表示這些情況正在提醒你，可以試著把人性與情感帶入思考的範疇，讓溝通變得順利，並試著接受自己的情緒。畢竟我們都有這樣的經驗：遇到他人有情緒之時，純理性的分析往往事倍功半，不僅挫折也很難達成溝通目的。與其如此，不如接受一個事實：「人本就是同時兼有理性與情緒的，兩者需要平衡地存在」。當我們讓自己和他人都接觸內在真實的情緒，理性與感性兼具，在溝通時加入感性成分，深入人心，理性的力量往往更能發揮、更能服人。

在深入覺察之後，接下來，我們將更進一步學習如何療癒改革家人格。

改革家人格的療癒方法

改革家人格的療癒方法分為三種，三種方法分別以「**其他人格運用**」、「**信念**」、「**行動**」來幫助我們放下舊模式，療癒改革家人格。你可以三種都試試看，在嘗試後感覺一下哪一種方式對你而言較有效，並持續運用。每一種療癒方式都需要長時間的覺察與練習，一次又一次地清理與釋放舊的想法與行為，因此請持之以恆，讓「相信自己可以改變」的信念幫助你進步。

1 運用其他人格來療癒

我們可以用「**孩童／英雄人格**」、「**女神人格**」、「**嚴師人格**」來療癒失衡的改革家人格。

▼「孩童／英雄人格」的熱情享受個人舞台

在發展初期，需要被團體接納的改革家人格較不敢開創自身的舞台，因為太需要從團體得到歸屬感與認同，覺得跟隨團體比較安全。結果幾乎隱身在團體中，壓抑真實的渴望與才能，埋沒了自身的才華與光芒。或許這樣做是比較安全，但是壓抑久了，也會漸漸地能量低落、心情沮喪，或者越來越沒有成就感，畢竟在某種程度上，我們都需要一個屬於自己的舞台。這時候，需要讓孩童／

英雄人格天生的熱情散發出來，讓熱情去引導行動，釋放有關「團體會怎麼想、他們還會喜歡我嗎？」的想法，專注於內在小孩的快樂：做什麼會讓我快樂？怎麼做會打從心底地悸動與爽快？

在每一次行動時都感受你的心，感受你此刻是否快樂，這些都是重要的提醒，讓你明白自己內心深處的渴望，以及真實的才能所在。一旦你活出了真正的渴望與才華，你的自我認同就會從「與團體一致的正常安全感」，轉移到「自身的獨特與光芒」；你的快樂泉源就會從「團體的接納與歸屬感」，轉移到「做自己帶來的快樂」。精確地說，團體的接納與歸屬感並不是真的讓你快樂，而是讓你避開恐懼（怕自己被孤立），暫時感覺安全而已。當你自己就是快樂、就是光源，就不會需要團體的歸屬來感到安全。因為，正盡情享受舞台、發揮才能的你，只有快樂沒有恐懼，自然也不需要歸屬的安全感來避開恐懼。

▼▼「女神人格」的圓融和緩、社交

發展到中期或後期的改革家人格，有可能採取激烈手段來做自己或改革，但是通常越極端的做法，越會導致反彈，不僅達不到目的，自己內心也受挫，更加深與社會格格不入的孤寂感。這時我們可運用女神人格，採取比較圓融和緩的做法，漸漸改變自己、改革社會，減少反彈，更有利於我們順利改變，達成雙贏。

例如，如果想在公司推動一個新企畫，既完全不同於以往風格，亦無前例可參考，這對思想較守舊的上司或同事而言，無疑是有點風險的，可能引來較多的反彈聲浪。那麼可以試著以中庸之

道，改採漸進式的做法，一步步落實企畫，並在解說的態度上盡可能圓融，考量大家的心情、安撫大家面臨改變的不安，或許在推動上便會比較順利。

改革家人格因為特立獨行、與眾不同，彷彿不屬於這個社會，而特別容易感到孤寂。這時，可讓女神人格的社交本能協助我們融入社會，和他人簡單地交際往來，這多少都會讓我們感覺自己其實並非一個人，孤立也並非事實。偶爾參與一些社交場合，可感受人與人之間交流的樂趣（就算無法很融入，光是研究觀察人們的行為也是種樂趣），也可幫助我們減少疏離的感受。

▼▼「嚴師人格」的融入社會、適應制度

改革家人格較強的人需要自由與平等，因此多半是不願意服從社會規範（個人自由受到限制）與權威（上對下的不平等）的，越是對他逼迫命令，他越是不願服從。即使表面服從，心裡也並不甘願，累積許多怨氣；又或者堅持衝撞，撞得頭破血流，心裡也憤慨萬千，對主流社會與權威充滿了敵意與憤怒。這時需要的是回到平衡點，唯有自己先平衡，面對外界才不會感到衝突與無力，也才有力氣發展下去，進一步實現自由與平等。

這裡的平衡，指的是在自由與規範、個人獨特性與社會體制之間，找到一個平衡點。因此，可以試著加入一點嚴師人格的思考與做法：明白社會體制與規範有其存在的需要，明白自己身處團體社會，若無規範也無相對的安全與保障；明白權威不必然是種威脅，而是源自我們內在對自己的要

求，所向外投射出來的角色，有助於我們自身嚴師人格的發展*。然後適度地順從社會規範與權威，在社會體制較能接受的範圍內，做自己並發展特長。維持自己的特色，堅持創新與改革，但用更符合社會體制的方式來進行和推動。讓順應社會體制為我們減少障礙，讓權威的管理鞭策我們增進實力，更容易實現自我獨特性。

另一方面，適度的社會規範與權威管理，可以鍛鍊我們在創新改革上所需要的基本能力。我們能因此累積足夠的基礎與專業技能，對所需改革的事物有更深入的了解，在創新與改革上更加事半功倍。

2 幫助信念轉換的肯定語

我們可以大聲唸出或心裡默唸以下肯定語，試圖和改革家人格對話，使其獲得療癒，長期運用有助於內在信念轉換。請試著唸出以下肯定語，覺察自己內心有什麼感受。

---

* 作者注：此處的「投射」概念意涵較為複雜，在此特別解釋。在占星學中，如果命盤裡具有強烈衝突、相反的兩個面向，而生活中只活出其中一面，另一面就會投射出去，由外在的人事物來扮演，形成內在與外在的拉扯。以此文為例，內在有改革家人格與嚴師人格的衝突，我們如果只活出改革家人格的一面，外在就容易出現扮演嚴師人格的嚴格長輩、權威人物來管理我們。雖然可能讓人感覺不快，但內外的拉扯卻是有助於平衡、讓人格整合的機會。

- 我認同我的與眾不同，我的與眾不同能在社會中發揮重要的價值。
- 我和別人的差異代表我們都是獨一無二的，都是不可取代的存在，不代表我是孤立的。
- 我能夠用和緩的方式改革，順利推動創新的理念做法。
- 我能忠於自己的獨特，用自己的認同取代社會的認同。
- 自由來自內心，當我相信自由、願意自由、實踐自由，就會吸引創造更多自由的情境。
- 人性與情感不是負擔與阻礙，是增強理解與交流的關鍵。

3 以行動來療癒

我們可以運用「**創造性或冒險的活動**」、「**網路社群的參與**」、「**冥想**」等方法，使改革家人格獲得療癒。

▼創造性或冒險的活動

改革家人格常因過於理性而壓抑了熱情玩耍的本能。因為創造來自於玩耍，所以，玩耍的本能如果沒有適當抒發，很容易讓我們漸漸與自己的創造力失去連結，再也不知如何創造，內在小孩也越來越不快樂。

創造性或冒險的活動，例如遊戲、表演、刺激的遊樂設施等等，這些活動都必須在當下立即感受狀況、本能地反應行動，再根據狀況的改變立即反應的，不能只靠理性（有時理性也來不及運作），而需要用內在小孩的本能來行動。這會喚醒你熱情與玩耍的能力，重新感覺到跟隨本能行動的活力，以及那種簡簡單單、像孩子般的快樂。

▼網路社群的參與

改革家人格需要和社會或團體有適度的連結，如果是關係上有較強的改革家人格，又在社交上需要空間距離，現實生活若有太多的往來羈絆反而是束縛。因此，網路上的社交活動相形之下是較適合的。

如果感受到孤單或不被理解，可以在網路上尋找類似理念與志向的團體，感受一下自己的獨特並非唯一，明白自己先進的理念也有人能夠理解，也許還可交換經驗意見。這會幫助我們建立信心，了解下一步要如何走。然而，網路社群也需要慎選，如果是較為偏激、具有傷害他人意圖的，或者明顯有排他性、對外敵意的，很可能只是帶著仇恨在互舔傷口、互相取暖，無益於個人的成長。

此外，網路社群的交友與實際互動的交流仍有不同，還是需要注意自己是否對網路世界成癮，藉此逃避了實際生活與人的互動。適時與人面對面往來，透過親眼見面、聽到對方聲音等實際的感官接觸，感受交流的溫度，仍是我們生活中無可取代的需求。

▼適合改革家人格的冥想：自由創造的冥想

容易感到孤立疏離的改革家人格，可以透過冥想來幫助增加自我認同，肯定自身的獨特，釋放不被理解與認同的痛苦以及相關信念。幫助恢復與社會或團體的良好連結，順利發展個人的獨特性，找回自由。

●關注脈輪（脈輪位置請參考第44頁的脈輪說明）

眉心輪：根據內在洞見決策，信任自己的理性與獨特、釋放不易被理解的信念。
心輪：打開心輪，增強依心而行的本能與熱情，帶動創造力。
太陽神經叢：釋放不被理解與認同的恐懼，減少因恐懼而激烈衝撞的模式。
臍輪：增強與他人的情感連結、交流與分享。

●冥想步驟

1. 坐下，閉上眼睛。找到一個舒服的姿勢，脊椎稍微挺直，頭與身體成一直線。
2. 做幾次深呼吸。讓每一次的呼吸都越來越深、越來越緩慢。
3. 焦點放在眉心輪的位置，想像眉心輪中心有著藍色的光，隨著呼吸擴大增強，包圍整個頭部。感覺這藍光啟發你內在的洞見，讓你更信任自己獨特的想法，釋放與轉化你不易被理解的信念。
4. 現在來到心輪。感覺胸口中央有著紅色的光，隨著呼吸擴大增強，包圍整個胸腔，包含前後。感覺這紅光激發你內在的熱情與本能，你的內在小孩在紅光的照耀中充滿了能量與活力，他躍躍欲試地渴望創造，渴望成為本來快樂的自己。

5. 焦點來到太陽神經叢，吸氣，將氣吸到你的太陽神經叢，吐氣，把氣吐到坐骨、腳底，釋放掉。約做五、六次。感覺在吐氣的時候將被社會排斥的痛苦與不舒服一併吐出，釋放掉所有不被理解的恐懼。

6. 焦點來到臍輪，想像粉紅色的光在你的臍輪擴張，充滿了你的臍輪。它為你增強對他人的信任、關係的和諧，增強情感情緒上的感受與連結，釋放你在關係中的挫折與恐懼，你也更願意了解自己與他人的情緒。

7. 慢慢把焦點轉移到心輪，繼續做幾次深呼吸。

8. 動一動你的手腳，睜開眼睛，回到你所處的空間。

9. 如果剛剛過程中有感受到什麼訊息，可記下來，做為日後實踐之用。如果沒有也沒關係，單純地感受過程就很棒了。

在認識了改革家人格、深入覺察，並嘗試過適合的療癒方式後，請找一個安靜的空間，為自己讀一讀給改革家人格的「愛的輕語」。讓心中的改革家專心做自己，閃耀獨特光芒。

給改革家人格的〔愛的輕語〕

做你真心喜歡做的事，專心一意，那比什麼都重要。

不用擔心他人怎麼看待你的特別，因為特別就是特別，不需要讓他人的眼光來加冕；

不用擔心自己太另類而被孤立，只要你接納你的另類，有一天你會發現，那些與你志同道合的另類已經在你身邊。

再久一點你會發現，什麼另類同類的都不再重要，重要的是，你是你自己，你充分活出真實的自己。

專心一意，你所蓄積的能量如此充沛，充沛到你只能沉浸在這源源不絕的快樂裡。

專心一意，你忠於自己的表現創造，都將利人利己，創造雙贏。

專心一意，你的獨特存在就是對社會的貢獻，這世界因你的獨特而進化革新，更加美好。

專心一意，做最真實的自己，發揮你獨有的創意；你就是自己的光，照亮自己，也照亮周遭一切。

那光絕對不在外頭，而在你心裡的，那份堅定。

12 失落哀憐的拯救者人格

在深淵中等待一絲曙光。

總覺得自己真是命苦，老天為何要一直捉弄我？誰可以救救我？

我常覺得這世界上不幸的人好多、好可憐，也常常覺得自己不幸。

看到別人正在受苦，我就忍不住想幫助他們脫離苦海。

每次我都是犧牲奉獻的那一個，累得半死，對方卻一點也不珍惜。

反正這一切都是注定好的，我還能怎麼辦？

面對現實好難，我只想逃避。

我所在意的人總是讓我失望、讓我傷心……

拯救者人格失衡易有的情緒與狀態

失落受傷：期待他人為自己帶來快樂與美好，難以實現時頓感幻滅與失落。

悲傷無力：覺得自己沒辦法、改變不了任何事，只能持續承受同樣的痛苦與悲傷。

受害感：認為所有痛苦的處境都是他人造成與命運使然，自己是受害者。

逃避上癮：感到現實世界的困難，藉由各種能脫離現實世界的上癮物來逃避。

委屈自憐：犧牲奉獻付出過多，他人不領情時便感到委屈，憐憫自己的遭遇。

迷惘：找不到明確的方向，不知如何分析、辨識與決定。

拯救者人格的人格目的與特色

拯救者人格，正如人格名稱，渴望著拯救與被拯救。對這個人格來說，宇宙是一體的，人們是不分彼此的，你的事就是我的事，我的事也是你的事，沒有一個人的痛苦和其他人不相干，也沒有一個人的快樂和他人無關，我們是活在一個整體的、互相牽連與影響的世界。因此，我們能同理彼此的感受，並基於這份同理，付出自己的心力，幫助對方過得更好，而這樣互相幫助的模式，其實常常帶有拯救的意圖：認為對方正在受苦，需要我們的拯救讓他脫離痛苦、恢復快樂。較為積極堅強的拯救者人格，會傾向拯救對方為多；較為消極脆弱的拯救者人格，則多半自憐自己的遭遇，渴望他人來拯救。

拯救者人格的目的，在於適度地去除自我與自私，學習將自己的愛與能力付出更多，奉獻給更多人、更大的世界，並藉此明白自己有源源不絕的愛與力量。在平衡發展的情況下，這個人格能幫助我們更有同理心，願意並知曉如何給予他人最需要的幫助，並能理解他人的遭遇，發展出高度的接納包容與無條件的愛。甚至基於對世界的愛，為了實現心中的美與善，勇敢地追求夢想、實現夢想，為人們帶來精神上的提升。此人格的豐富想像力，也經常透過藝術管道帶給世人美好的想像世界。因此拯救者人格較強的人，有許多是慈善家、藝術家、靈性工作者等。

失衡時，拯救者人格則會陷入自憐的狀態，深感自己的付出不被珍惜而委屈；追求夢想或現實的種種困難，令我們只想逃避；總是期待他人來拯救，卻忘記自己也有力量，自己才是力量的來源。

拯救者人格的平衡與失衡表現

平衡的表現	失衡的表現
同理心強，對於他人處境能夠感同身受。	過度憐憫，易被他人情緒影響，甚至被情緒勒索。
無私的付出，適度的犧牲奉獻。	過度的付出，最後感到委屈與自憐。
將對現實的不滿化為夢想，勇於實現夢想，並帶給世界更多美好。	因為對現實不滿，只想逃避，對酒、毒品、電玩等可用以逃離現實世界的事物成癮。
願意協助他人恢復快樂。	把他人的不快樂當成自己的責任。
在痛苦時也能信任一切的安排，從小細節感受宇宙的愛，恢復自己的力量。	在痛苦時，期待他人拯救自己從痛苦中解脱，忽視自己的力量。
憑著直覺靈感行動。	過度仰賴直覺靈感，缺乏分析與辨識。或以未有直覺靈感為由，逃避行動。
想像力豐富，落實於創作與生活樂趣。	沉溺在幻想中，沒有行動，藉此逃避現實。
臣服於更高力量的安排，具有「信任宇宙的愛」的靈性意識。	覺得一切都是命中注定，放棄自由意志與自身力量，抱著「被命運捉弄」的受害者心態。
從生活中感受到愛，充滿感謝。	對生活不滿與無奈，怨天尤人。

你的拯救者人格程度多強？在哪個領域表現？

你的拯救者人格程度多強？

以下是拯救者人格在失衡時容易有的想法或行為，請讀一讀，觀察以下句子與自己的狀況是否吻合，如果吻合的敘述越多，表示你的拯救者人格程度越強，換句話說，也表示你越需要療癒拯救者人格，以便協助這個人格平衡發展。人格程度的強弱亦可同時參考前頁表格「拯救者人格的平衡與失衡表現」。

▼失衡時，拯救者人格會有的想法是：

- 他好可憐，我必須幫他，不然他好不起來。
- 為什麼我要做這麼多？我付出那麼多、犧牲那麼多，他卻……
- 看到他不開心，我壓力好大。我要做什麼才能讓他快樂？
- 他／老天為什麼要這樣對我？只要他／老天對我好一點，我就能快樂多了。
- 都是他害我變成這樣的，我也無法改變什麼。
- 我真的沒辦法。我做不到。
- 我好難過，誰可以救救我？

- 我相信是我的就是我的，所以不用特別做什麼努力。（其實是因害怕而逃避）
- 宇宙／神要我做這件事。
- 這一切都是注定的，宿命啊！

※如果以上十句中超過五句是你常有的想法，或是你慣用的口頭禪，代表你的拯救者人格程度可能偏高，而且可能失衡了。

▼失衡時，拯救者人格會有的行為是：

- 沉迷於非現實世界，用來逃避現實的困難與痛苦。
- 自己已經宛如泥菩薩過江，自身難保，卻還是犧牲自己為他人付出。
- 為別人的不快樂深深自責與愧疚，急著處理。
- 把自己美好的想像投射在他人或外在事物上，最後幻滅。
- 覺得自己被環境或他人所逼迫，不得不如此。
- 陷入自憐情緒，或扮演受害者，以博取同情和支持。
- 容易迷惘，並必須透過各類算命與靈訊來尋找方向與選擇。
- 害怕各類天象導致運勢變差的傳言，例如水星逆行。甚至將所有不幸歸咎於此。
- 各種上癮與逃避行為。

※如果以上九句中超過五句是你慣有的行為模式，代表你的拯救者人格程度可能偏高，而且可能失衡了。

你的拯救者人格較常表現在什麼領域？

請試著再進一步想想看，以上拯救者人格常有的想法和行為，通常出現在什麼時候？除了你對自己的觀察之外，想知道你的拯救者人格容易表現的領域，也可參考以下所述在關係中或工作中易有的表現。

失衡時，拯救者人格在工作上易有的模式

- 受到工作夥伴的情緒影響，情緒隨之起伏。
- 容易被環境氣氛影響做事心情。
- 忍不住幫忙看起來深陷困難的同事或客戶，即使困難跟工作本身無關，甚至可能是生活瑣事。
- 多做許多並非責任範圍的工作，筋疲力竭。
- 同事或老闆對於自己盡心盡力的付出視為理所當然，因而感覺委屈不值得。
- 工作上遭遇不平等不公義的對待，但不為自己發聲，自怨自艾怨天尤人。
- 對沒興趣或困難的工作感到無力，開始逃避擺爛。

失衡時，拯救者人格在關係或感情上易有的模式

- 細膩敏感，期待被細心對待，容易感覺失落與受傷。

- 以為對方就是自己期待的理想對象，最後發現和自己想像落差太大，於是非常失落。
- 期待對方滿足自己理想的幸福愛情，但對方做不到，自己也不願接受對方的本來面貌。
- 為對方犧牲奉獻許多，但不被珍惜覺得委屈。
- 得不到對方的愛時，用自憐或受害姿態來博取愛與關注。
- 關係或感情已經失衡不快樂，但只給自己一些「愛上了所以沒辦法」的理由（例如前世欠對方、靈魂伴侶有承諾），而未實際解決問題，且又不願離開。

實例 拯救者人格運用失衡時所創造的困境

最大心魔：受害者情結

拯救者人格容易卡在受害者情結而無法前進。由於自我界線較為模糊，這個人格比較不能感受到自己的核心力量，而會渴望他人或更高力量（如神、宇宙）來拯救自己脫離困境。並且容易認為，自己的所作所為與選擇，是出於環境或他人的逼迫，或者命運的捉弄，使得他沒有辦法不這麼做，產生一種「是他們害我如此」的受害者想法。這種想法累積久了，在情緒上也開始產生自憐，鬱積於內心變成無意識的信念與感覺，形成揮之不去的受害者情結。

一旦有了受害者情結，我們就有更多理由不運用自己的力量來改變。把不快樂的罪魁禍首指向他人與命運，便不用為自己的不快樂負責；至於得不到快樂或愛的失落，則透過以受害者姿態博取到的同情與憐憫獲得補償。一切雖沒有進展，但很安全，某種程度還可以依賴他人的同情讓自己好過一點，例如私下抱怨，就可以得到他人的安慰來舒緩情緒。但這種「好過」並不真實，內心深處仍有很深的挫折與無力感，對於生活的失落也一再重複，說到底還是無法快樂。受害者情結只是讓我們一再放棄自己的力量，也放棄了找回快樂的權力。

拯救者人格需要明白的是，受害並不是真相，真相是你擁有選擇的權力，也擁有改變的力量。你是自己人生的主人。當你拾回部分散落在外的力量（通常力量散落是因為分心於付出過多或逃避），並專注在自己的意願與決心，願意自己做出新的回應與選擇，宇宙（以及他人）就會回應你的渴望，協助你改變自己的人生。

你的意願是最大的力量。如果你不願意站起來，沒有人可以把你扶起。而當你決意挺身站穩往前走時，也沒有任何人攔得了你。

※特別說明：重大傷害事件的受害者，當然是需要更多時間來療癒和修復傷痛的，也需要更多的支持與同理，所以並非本文所說的受害者情結。本文的受害者情結，是指經常在生活中讓此情結成為習慣與模式，以致於長期失去自我力量的心理狀態。

困境1 情緒受影響迷惘困惑

拯救者人格天性慈悲善良，希望每個人都能快樂。情緒上的人我界線常常模糊不清，有時身邊的人一有情緒起伏，他們的情緒也會隨之起伏，不知如何辨別情緒究竟是來自於自己還是他人。畢竟在此人格內心深處，眾人是一體、不分彼此的。由於界線不清，有時需要清楚界定方向與目標時也會產生困難，容易受到旁人的意見、心情所影響，較難匯聚專注的心力於自己的渴望上。

案例 別人的不開心總讓我莫名地有壓力……

莉莉是個藝術工作者，她敏感貼心，很容易與人融洽相處。或許與她相處的人會滿舒服的，但她自己卻有些困擾，因為每當面對不同的人，她就會下意識地去適應、配合對方，到最後自己要什麼都不清楚。另外她對旁人的情緒非常敏感，常常感受得到對方的不快樂，漸漸地開始感到壓力，想著要怎麼讓對方開心一點。工作上需要團隊合作時，更是會影響到心情，畢竟每個人都有自己的個性，她不可能讓每一個人都開心。當她總是耗費心力在處理情緒時，自己的目標也就更難好好執行了。

困境2 犧牲奉獻演變成委屈不甘

拯救者人格很願意愛人與付出，然而當界線沒有拿捏好時，付出會變成犧牲，愛會變成委屈與不甘。如果死心蹋地一點，關係會持續下去，但漸漸變成無力的受害者（輕微者也許是關係失衡心理不平衡，嚴重者可能遭到受虐家暴）；願意離開的人，則多半帶著委屈與埋怨，在自憐的心情下，心死的離開。

案例 做得這麼多、這麼用心，最後只覺得不值得……

心心是個樂觀開朗，很樂於照顧他人的女孩。說是女孩，但她對歷任男友的照顧就像媽媽一樣，很替對方著想，注意到他生活的細節，盡心盡力地配合與幫助。一開始的感情發展都不錯，但是通常到後來，對方越來越像孩子，越來越任性，什麼都要她做。心心起初覺得有點煩，但因為這種情況表示對方需要自己，加上她本來就喜歡照顧人，所以私下對朋友抱怨一下就罷了。然而，後來幾乎每一個男友都讓她失望，不是和其他女生曖昧、劈腿，就是認為心心還做得不夠多、不夠好，已經把她的付出視為理所當然。故事的結局往往就是她終於領悟到不值得了，才傷心透頂地離去。

以上故事，也經常發生在家庭中，尤其是母親。許多母親的拯救者人格非常強烈，她們對孩子有很多的愛，加上從小呵護照顧的習慣，即使當孩子長大成人也難以放下，一直為孩子全心付出，甚至把自己的生活放到一旁，犧牲自己的快樂來照顧無論年齡多大的孩子。久而久之，孩子習慣了這種付出，視為理所當然，也會無止盡地索求父母的資源，索求不得還咒罵者也是有的。母親或許覺得疲憊沮喪，卻還是一邊埋怨一邊繼續做牛做馬，並一邊哀嘆命苦，覺得自己欠孩子沒辦法。

其實在這種情況下，我們可以試著找回付出的界線，減少過度付出的情況，讓孩子有為自己負責與成長的空間，做父母的也能找回自己的快樂，不再是以孩子的快樂來補償自己沒有活出的快樂。

困境3 不符期待的對待，深感失落

拯救者人格容易投射自己的理想在對方身上，渴望對方幫自己扮演某種角色，完成這份美好的理想。然而，每個人都有自己的性格，不可能總是配合對方，當拯救者人格發現對方做不到，和他所期待的不同時，便會深深地失落、受傷，甚至覺得幻滅。

案例 不斷的失落和失望，這還算是愛嗎？

小琪和男友在一起很久了，雖然彼此相愛，但相處上始終存在一個問題。男友神經大條，小琪敏感細膩，有時男友不經意的一句話就會令她受傷，覺得他沒有懂她的感覺。小琪反應希望他多理解一下自己的感受，多同理她，但男友常常搞不懂到底是要怎麼同理？男友本身性格並非細膩，所以很難理解。小琪渴望的是男友溫柔對待，希望他願意和她的感受貼近，男友有努力調整，但過程十分吃力，始終不明白要怎麼做才好。長久下來，小琪感覺男友的對待方式和她所期待的仍舊有落差，她一再感到失落、失望，為此與男友爭吵，甚至有時還懷疑，這是否表示男友並不愛自己呢？

小琪想像中美好的感情生活，對象必須要能完全理解她的感受，並且細膩溫柔地對待。但是，實際上男友並不是這樣的人，這中間的落差與失望，便是由於她心中已經有個想像，但男友的行為反應與想像不符。

深入覺察拯救者人格——更透徹的自我觀察與分析

從前述困境中，也許你已經發覺自己的生活中也有過類似經驗。接下來，我們還可以更進一步針對拯救者人格進行深入覺察。看看困境的背後，是否還有什麼值得我們探索學習的？

是否常覺得自己或他人可憐？

當我們覺得一個人可憐時，內心的意識是：這個人是環境或他人迫害之下的受害者、犧牲者，他沒有力量為自己發聲、為自己改變，所以是非常值得同情憐憫的。

所以，當我們覺得自己可憐的時候，表示我們自認為沒有力量為現在的處境做些改變，我們自認無法扭轉劣勢的情況，於是對自己產生了憐憫與同情。這就表示，一旦我們認同自己是可憐的，也等於認同自己沒有力量。越自憐，就越容易停留在沒有力量、感覺無能為力的情況，結果就是只好持續忍受下去。

同樣地，當我們覺得對方很可憐，也表示我們認為他沒有力量可以改變自己的處境。而當我們越是這麼想，而一直同情他或想拯救他的時候，他也會更加感到自己是可憐的、沒有力量的，更不容易去思考如何重拾人生主導權。

我們每一個人都是有力量的。如果想要改善處境，不成為環境或他人逼迫下的受害者，第一步就是要相信自己有力量。因此，最好能隨時覺察自己是否有自憐或憐憫他人的想法。

是否常想被拯救？或想拯救對方？

拯救，意味著一個較有能力的人，把另一個較無能力的人救起來，讓他脫離痛苦深淵。想拯救對方的心理意識，便是認為對方比自己缺乏力量，自己是在一個較高的位置、較好的處境，自己若不伸出援手，對方便將無以得救、持續受苦。

拯救者的心態其實是把自己看得較高的，有時可能在透過拯救來感覺自己被需要、有價值，經由拯救對方來證明自己的能力（這包含了嚴師人格的自卑，可參考該篇來療癒平衡）。反之，期待被拯救的人，便是看低自己，認為沒有對方自己是沒辦法的。因此，拯救與被拯救的關係，其實是一種不平等、不對等的關係。

被拯救者一旦有了想被拯救的心態，就會對拯救者產生期待，然而終有一天，拯救者無法如自己期待的將他救起，他勢必深深失落與自憐，甚至覺得被對方拋棄。相形之下，總是扮演拯救者角色的一方，會不斷付出、耗費心力，但對方只期待被拯救，並未運用自己的力量站起來，心力耗費到最後，只會感到不值得，甚至可能達到心力交瘁、再也不願付出的臨界點。

互相拯救的關係最後終將幻滅，雙方都會感到挫敗沮喪。事實上，當我們能夠信任彼此都是有力量的，拯救的模式就不需要存在。取而代之的是，各自都能為自己的人生負責與努力，在對方的支持與陪伴下，更堅強地面對問題、脫離困境。

是否常覺得自己付出到筋疲力竭了？

如果已經開始因為付出而感到疲憊，就是個重要的警訊了。表示你的付出並未被對方好好珍惜運用，對方可能只是用你的關心與愛來讓自己暫時好過一點，但並未打算用自己的力量改善處境。例如，朋友總是一再抱怨同樣的問題，而你總是花很多時間聽他訴苦，但他訴苦完後絲毫沒有改變，也沒有聽從你的建議反省調整，到了後來使你非常疲憊。這種情況下，你的付出是一種消耗，不斷地給出去，但沒有化成可運用的能量，發揮的價值有限，關係也失衡了。一段健康的關係，是雙方在交流時都能保有足夠的能量，彼此的接受與付出也是平衡的。付出到筋疲力竭表示已經失衡，你的付出過多成了犧牲，而對方只是一味接收，沒有建設性地運用你的能量。

這時我們不用責怪對方，可以把心力放在自己內在的觀察：為什麼會想付出這麼多？是因為價值感不足，想透過犧牲付出來換得對方的肯定與愛嗎？還是覺得對方很可憐，想要拯救他？若是如此，請讀第342頁至第343頁的「是否常覺得自己或他人可憐？」以及「是否常想被拯救？或想拯救對方？」這兩段。請記得，關係是互相的，當我們內在有著付出犧牲的心態，對方才可能一味地索求這份付出。因此，隨時意識到自己的犧牲行為，並加以調整，才有可能恢復關係的平衡，並讓你的付出更有價值。

是否常感到幻滅與失落？

令拯救者人格幻滅的對象可能很多種：情人、配偶、師長、偶像等等，面對這些人，我們往往有著「將快樂寄託在此人身上」的被拯救心態，如果他們如我們想像得那樣美好，就能帶給我們快樂。當我們想像失落時，可能會以為他們變了，認為對方怎麼變得跟我們想得不同？但事實往往是：對方從來沒有改變，是我們一開始就在對方身上投射了自己的美好想像。我們一開始，就沒打算看清楚對方，因為比起真正地認識對方，我們更希望他們就是自己所想像的那樣。

幻滅來自幻想，失落來自期待。若我們能放下想像，看清楚並接受對方本來的面貌，就沒有幻滅可言；減少因想像而來的期待，也能減少失落的感受。

在深入覺察之後，接下來，我們將更進一步學習如何療癒拯救者人格。

拯救者人格的療癒方法

拯救者人格的療癒方法分為三種，三種方法分別以「**其他人格運用**」、「**信念**」、「**行動**」來幫助我們放下舊模式，療癒拯救者人格。你可以三種都試試看，在嘗試後感覺一下哪一種方式對你而言較有效，並持續運用。每一種療癒方式都需要長時間的覺察與練習，一次又一次地清理與釋放舊的想法與行為，因此請持之以恆，讓「相信自己可以改變」的信念幫助你進步。

❶ 運用其他人格來療癒

我們可以用「**完美主義者人格**」、「**嚴師人格**」、「**戰士人格**」、「**改革家人格**」來療癒失衡的拯救者人格。

▼「完美主義者人格」的分析辨別、看清真相

總是無止盡為他人付出犧牲的拯救者人格，可試著運用完美主義者的「辨識能力」，來過濾一些不適合繼續付出的狀況，以避免失衡後感到委屈與不值。例如，有些人受到你的幫助後，並沒有認真努力地進行改變，反而因為你的付出而更加消極或逃避，這時便可以檢視：自己的付出真的發揮了效用、幫助對方找回自己的力量嗎？還是對方只想拿取你的關心和幫忙，但沒有意識到自己需要做些什麼？透過觀察、確認、分析，看清楚此時的局勢繼續下去是否對兩邊都有助益與進展，你從過去到現在的幫忙是否產生了實質的推動力？還是只是維持原樣、甚至加強了彼此的依賴而退步？「與其給他魚吃，不如給他一支釣魚竿。」這句老生常談的話，正是拯救者人格所需要謹記於心的。你的付出，是助長了他自己求生與成長的能力，還是助長他的依賴與無力呢？

透過辨識與分析，你會明白何時得找回界線與停損點。看清楚自己的付出是否有效，而非在想像中繼續盲目犧牲，便能夠保有更多能量，運用在更有效益、更能助人的地方。

辨識與分析也能幫助你一開始就不被自己的想像蒙蔽，能看見對方的缺點與不完美，了解對方

的真實面貌。若我們一開始就能在實際的相處中辨識對方真實的模樣，就不會多加投射自己的想像與期待，也會減少因期待而來的落空與失望。我們會允許對方做真正的自己，並學習與另一個真實的人相處磨合，從中改變與成長。

▼▼「嚴師人格」的承擔責任、落實努力

拯救者人格常常害怕面對現實的困難，因而逃避與退縮。這是非常可惜的。拯救者人格的夢想與細膩敏感，如果落實在生活中一步步實踐，最後往往能為大家帶來精神上極為美好的感受與提升，在精神層次上有很大的貢獻。

但前提是，必須真正落實於生活，讓夢想成為事實。這時，我們最需要的就是嚴師人格的「自我鞭策」，在紀律與要求中，好好地實踐夢想的每一步，讓夢想一點一滴的成形。

一旦有靈感，就真正地落實。對於可能發生的困難，踏實地面對，一次執行一個步驟，好好解決問題，不去預想延伸其他尚未遇到的困難。把想像力用在靈感的延伸而非編織困難上，把注意力放在目前可以做的事情。決心擔起責任，並相信自己的力量足以承擔，建立起明確的目標，訂定清楚的執行計畫與步驟，按照計畫來實踐。有一天，你會發現自己已經不知不覺走了許多路，而夢想已近在眼前。

嚴師人格非常明白因果的道理，選擇了什麼因，便會得到什麼果。選擇逃避與消極，最終沒有成果也是顯而易見的；選擇面對與實踐，不管多少，都能累積能力與收穫。無論願不願意，因果法

則都會讓我們為自己的選擇負責，而曾經做過的努力，也絕不會白費與消失，終有一天會累積出成果。

「戰士人格」的勇敢行動、果決捍衛

拯救者人格缺乏自我界線，力量難以集中在明確的目標與行動上，有時也會容易被人侵犯界線、遭到利用與欺騙。有的人還會因此迷失、迷惘，不知道自己的人生該何去何從。這時，請讓戰士人格站出來，讓他為你勇敢地行動，達成目標，並適時捍衛自己的權益。

一旦發現自己迷失於想像，不知該怎麼做時，先選定一個最重要、最渴望的目標，然後直接去做，不用考慮太多，也不要讓想像出來的困難阻礙你。在行動中，你會直接面對需要解決的困難，也會更容易感覺自己想要什麼；若遲遲不行動，只會停留原地被想像困住，事情不會有任何進展。

一旦發現自己迷失了，立即將自己拉回到目標上，為此目標做些努力。不用覺得自己一定要尊崇命運或老天的安排，我們是自由的，也是自己命運的主人，我們可以創造自己渴望的人生，而這樣的創造必須從「為自己決定做主、為目標付出行動」開始。

信任宇宙，指的是為自己決定，並開創命運，但面對預期之外的狀況仍保有彈性；而非一開始就只交由命運安排，消極地等待事情發生。

在行動中，我們才會感覺到自己的力量，才能一次次鍛鍊出更多力量供我們使用。

面臨受害的感覺時，果決地為自己發聲、表達，或者做出新的選擇來改變現況（離開也是一

種），清楚地意識到：「除非你允許，否則沒有人可以傷害你。若你不允許，就清楚地表達你的不允許。」

例如，有些人公司環境不佳，上司要求多、工作量重，常常因為加班累得半死，覺得總是被逼迫壓榨，感覺受害。然而，我們還是有「選擇」的權力，可以選擇拒絕加班，可以選擇溝通，表明自己無力做這麼多，若溝通失敗也可選擇離職，若有經濟壓力，害怕待業的空窗期，而不敢選擇離職，也可以一邊做一邊找，等找到新工作再離職。凡事總有選擇權與出路，只要我們願意，總能做出新的選擇，改善自己的處境。

重點並非能否改變別人，而是我們能否勇敢地捍衛自己的界線。他人是自己內在的鏡子，他人的侵犯越界，反映了我們對自己的不尊重；當我們願意尊重自己，確立自己的界線，就不會一再吸引來那些傷害我們、侵犯界線的人，也能更勇敢地選擇離開那些不符我們需求的處境。

▼▼「改革家人格」的抽離客觀、研究改善

當拯救者人格感覺委屈自憐，陷入受害者情結時，往往耽溺於自己想像的受害情節而難以自拔。這時便需要改革家人格的「抽離」，來讓我們脫離耽溺的狀態。

請試著明白，現在的處境並非唯一的劇情，而是根據我們目前的想法所編出的受害情節。把自己變成觀眾的角度，試著感知到自己正在上演一齣戲，漸漸地把自己抽離出來。客觀地省視整體情況，把鏡頭轉向那個「彷彿」傷害你、令你失望的人，去了解他為什麼有這種反應？從你對他的客

觀了解，明白他的出發點；或轉換一下立場，就像觀眾一樣理解這個角色。再反過來看看自己，你本來感覺到的傷害或失望，是基於你的什麼立場？源於你和對方的什麼不同？

拉遠鏡頭，觀看全局，每個角色都因自己的性格，而有他的立場與選擇。

通常傷害與失落的造成，是源於兩方有不同的獨特性，雙方的落差帶來不解與痛苦。如果能抽離地觀看雙方的差異與立場，明白這僅僅是不同性格的人所構成的情節，並沒有哪一方受害，受傷的感覺也會降低許多。我們也能較理性冷靜地與對方溝通這種差異，討論該怎麼協調，讓兩方都比較能接受，並真正地改善關係問題。

② 幫助信念轉換的肯定語

除了運用其他人格來療癒拯救者人格，我們還可以利用肯定語，經過長期練習，有助於內在信念轉換。

請找一個可以放鬆獨處的安靜空間，大聲唸出或心裡默唸以下肯定語，與拯救者人格對話，使其獲得療癒。在唸肯定語的同時，可以試著覺察自己內心有什麼感受。

- 我有足夠的力量改變並脫離困境。
- 我是自己命運的主人，我用每一次的選擇，創造渴望的人生。
- 我的愛與付出能有最建設性的運用。

- 我願意找回界線，也讓對方找回自己的力量。
- 我能看清楚對方真實的樣子，接納他的本來面貌，學習與真實的他相處。
- 我相信每個人有自己的力量，沒有人需要被拯救，包括我自己。
- 沒有人可以逼迫我，我不委屈也不是受害者，我是有選擇的。

3 以行動來療癒

我們可以運用「**投入細瑣工作**」、「**照顧寵物或植物**」、「**冥想**」等方法，使拯救者人格獲得療癒。

▼▼ 投入細瑣工作

選擇一些需要處理許多細節的工作，因為細節越多，越需要集中地觀察與注意，可以幫助拯救者人格專注於當下、練習辨識與分析，避免在過度的想像中迷失或無止盡地延伸困難；也可以在專注的過程中感覺到自己的力量一點一點成形，感覺到力量落實於現實世界的成就感與滿足，有助於找回自己的力量。

細瑣工作包括：手工藝、藝術創作（製作過程最好是較細緻的）、瑜珈（需專注於身體各部位細節）、行政工作、數字的處理與計算等等。

照顧寵物或植物

愛很多的拯救者人格，可透過照顧動物或植物，將愛落實在生活中，並用較有秩序的方式來實踐，為混亂迷失的生活建立秩序。因為無論動物或植物，都需要按時給予食物或水，而動物還需要適當的運動或玩樂，如果沒有時常注意適當照顧的話，他們就會以生病或狀態不佳來反應，提醒主人生活可能有些失序與混亂了。他們的存在，能適時地提醒拯救者人格，是否有忽略現實與失序的狀況。

而動物們直接而無條件的愛，也會讓拯救者人格內心獲得充分的滋養與療癒。

適合拯救者人格的冥想：強化自我力量與界線的冥想

敏感細膩、容易受影響的拯救者人格，可以透過冥想來幫助強化自身力量與界線，並加強穩定與落實的能量，釋放因受害者情結所生的委屈情緒。

●關注脈輪（脈輪位置請參考第44頁的脈輪說明）

眉心輪：辨識分析與洞察。

太陽神經叢與下腹：增強意志力與強化界線。

心輪：修復傷痛，重新感覺被愛。

海底輪：與大地之母連結，幫助落實。

●冥想步驟

1.坐下，閉上眼睛。找到一個舒服的姿勢，脊椎稍微挺直，頭與身體成一直線。

2.做幾次深呼吸。讓每一次的呼吸都越來越深，越來越緩慢。

3.焦點放在眉心輪的位置，想像眉心輪有藍色的光，隨著呼吸擴大增強，包圍整個額頭。感覺這藍光引發你內在的智慧，強化你的洞察，幫助你更客觀地觀察全局，幫助你獲得新的洞見與思考。

4.焦點來到心輪，吸氣，將氣吸到你的心輪，吐氣，把氣吐到坐骨、腳底，釋放掉。約做五、六次。感覺在吐氣的時候將過往的怨氣一併吐出，釋放掉受傷的感覺。

5.想像粉紅色的光環繞心輪，為你的心修復，感覺你是被愛的，你依然相信愛，願意愛，明白如何有智慧地給出愛。

6.焦點來到太陽神經叢，吸氣，將氣吸到你的太陽神經叢，吐氣，把氣吐到坐骨、腳底，釋放掉。約做五、六次。

7.接著，想像金黃色的光在你的太陽神經叢擴張，像一顆金黃色的光球充滿著你的上腹部，整個上腹部都被這顆金黃色光球籠罩。感覺它照亮你本有的力量，你是個勇敢的戰士，能專注地達成目標，接受挑戰。

8.再來，想像金黃色的光在你整個腹部（包含下腹）環繞一圈，像是穿上金黃色的盔甲一樣，你的力量與能量被保護著，所有外來的能量都無法侵入。感覺這金黃色的光深入你腹部的每一個細胞，成為你的一部分，為你強化界線。

9. 現在，把焦點移到你的海底輪，想像從海底輪往下射出深紅色的光，很長很長，延伸到地底。感覺你穩穩地扎根在此，你屬於這個世界，你的靈感能夠在這個世界落實，帶給自己滋養，帶給世界美好。

10. 慢慢把焦點轉移到心輪，繼續做幾次深呼吸。

11. 動一動你的手腳，睜開眼睛，回到你所處的空間。

12. 如果剛剛過程中有感受到什麼訊息，可記下來，做為日後實踐之用。如果沒有也沒關係，單純地感受到放鬆就很棒了。

給拯救者人格的〔愛的輕語〕

在認識了拯救者人格、深入覺察，並嘗試過適合的療癒方式後，請找一個安靜的空間，為自己讀一讀給拯救者人格的「愛的輕語」。讓心中的拯救者堅定決心與意願，找回自己的力量。

面對自己的感受，接受事實的真相，做出必要的改變，當這些都還只在頭腦中、尚未落實前，總是最令人害怕。

想像餵養了恐懼，助長了逃避，然而它們都不是真相。

真相是，你的力量會在行動中滋長，你的信心會隨著面對而重建，你那真實而強烈的決心，會為你帶來足夠的勇氣，面對各種挑戰與未知。

作為生命的戰士，你有一擊必中的利劍，你有防護極強的盾牌，你有隨時支持在旁的同伴。

最重要的，你擁有自己，你自己便是最強的力量，足以顯化一切渴望。

你可以選擇繼續逃避，不願面對，以便維持表面的和平與安全；

也可以選擇誠實以對，看清真相不再逃避，讓改變為你帶來創新的局面、真實的喜悅。

除非你願意，否則沒有任何人可以剝奪你選擇的權力。

除非你願意，否則沒有任何人可以逼迫你屈從於命運，放棄與逃避。

如果你願意，你能把愛化作力量，為你聚焦渴望、落實當下，實現夢想。

如果你願意，你的力量會化作彩蝶翩翩，乘愛飛翔，創造美麗希望。

只要你願意。

第四章 ▸▸
踏上療癒之路

所有的療癒，都是找回愛的過程。

和人格和諧共處，重現靈魂本來的美好

療癒，是一個迷失後回返的過程。在其中，我們受傷，不斷向外尋找愛，卻漸漸發現他人也因自身的匱乏而無法給予，發現所有外在的渴求都有限，最終得返回自身，返回內心尋找。

我們幾乎可以說，受傷是注定的。但這絕對不是悲觀的宿命論。

如果沒有傷痛，就沒有這一段回返的過程，我們也抵達不了內心那片明亮。

有時候，我們需要受傷，需要去尋求不可能的慰藉，需要一段時間的迷失，我們才會明白，自己有多麼強韌的愛、智慧與力量。

我們才會明白自己有那麼多的可能。

在我們出生之前，靈魂透過設計、安排這些傷痛，讓我們經歷這一段段療癒的過程，重新發現自己的力量，重新看見自身靈魂的美好*。

因此，面對傷痛，與其哀嘆或逃避，不如試著視之為成長的禮物，用以接觸你不曾深入了解的自己，用以揭露，那很久很久以前，被你塵封起來的傷口，和壓抑的情緒。

塵封與壓抑都不會讓痛苦真正消失，唯有面對處理，才會帶來療癒的可能。

讓你內在的人格一一現形，注意他們挫折難受之處，那就是他們對你的呼求。他們在那個難受的關卡裡，失去了平衡，也不知該怎麼回應處境，需要你的關照，幫助他們恢復平衡。

他們是你，但卻不是全部的你，你不會被他們佔據，相反地，**你可以像個領導者，引導他們怎麼表現**，讓他們發揮最好、最平衡的一面。

但首先，你必須先看看哪些人格有傷痛，好好照顧他們，當他們被充分滋養療癒了，才有可能恢復人格的平衡與健康狀態。或者，你也可以把他們當好朋友。面對好朋友，你得關心他們的感受，才能與他們攜手共伴，愉快相處。

重要的是，你得願意照顧他們、關心他們，他們才會有足夠的能量得以復原，恢復和諧與快樂。

你會發現他們多可愛，你原本的樣子多美好。

＊作者注：靈魂在投胎到肉身前，會與其他靈魂們開會討論，安排今生大致的成長計畫，包含將要遇到的傷痛，藉此學會某種課題。這類概念已經從許多通靈者、心理諮商師的催眠中獲得證實。請參考《從未知中解脫》、《靈魂的出生前計畫》、《靈魂的旅程》等書。

走上療癒之路

帶著比平常多一點的決心，走上這個可能需要多一點勇氣的療癒之路，往往是比想像中更值得的。

首先，你會發現你能控制的變多了。所謂控制，不是指控制外在環境的人事物，而是自己的心境。你會較少從外在擷取力量，減少依賴，你會把力氣用在處理自己的內在，而不是控制外在的情況。而外在情境，往往也是內心情境所吸引來的，內心處理好，不僅外在情境可能改善，即使外在沒有改善，也能在內心情境的轉換下，開始有了全然不同的反應與感受。

當我們明白自己內心，就等於明白了一切。

當我們處理自己內心，就等於處理了一切。

接下來，你會與自己更加靠近與親密，增加根深柢固的幸福感。

曾經有個個案，在做完療癒後過一陣子寫信給我，她說，經過一些日子的自我陪伴，好好地與自己相處，她發現，原來認識自己、陪伴自己，是多麼幸福的事。

我們往往認為某件事成功才是幸福的，像是有完美的婚姻、家庭，成功賺錢的事業，可是，到了真正得到的那一天，內心卻沒想像中快樂，仍有一點說不出來的空虛。

也許這是因為，到了成功的那一天，我們也離自己好遠了。

如果可以，我們提早和自己在一起，透過療癒的過程，好好認識與陪伴每一個面向（人格）的自己，或許，就能提早與幸福靠近，而那些成功，只會是幸福的附屬品，而非必備品。

這種幸福根植在我們心中，往往不會受外在變化而動搖，是我們隨時能夠找回來的，也是最能夠由我們自己掌握的。

療癒之路的三階段：覺察、接納、改變

要根本地療癒內在創傷、恢復人格平衡，有三個階段需要經歷，也可以說是不可省略的三個步驟。

第一階段：自我覺察。

覺察的對象不是別人，而是自己的內心狀態。

在每一次情緒升起時，覺察自己正在害怕什麼，內心有著什麼擔憂。情緒背後，往往都指向一個最深的恐懼，是那個恐懼被對象觸發，使得我們開始害怕，開始延伸出許多憤怒、傷心、緊張的情緒，然後才會驅動我們做出某些行為，以預防我們害怕的事情發生。

那份恐懼，多半源自過去的傷痛，是需要療癒的。也許是今生早期，我們依稀有印象；也許是前世的經驗，我們並不記得。無論是否記得恐懼的根源，都可以進行療癒，幫助恐懼釋放。

簡言之，在第一階段，我們需要覺察自己的行為是由什麼樣的恐懼所驅動。以下是行為生成的路徑：

最深的恐懼（可能有傷痛或負面信念）↓情緒↓為避免恐懼而做出的行為

因此，在覺察時，我們要反過來從表面的行為回推，深入內在，路徑如下：

為避免恐懼而做出的行為↓情緒↓最深的恐懼

你可以在行為上自我覺察，也可以從感受到的情緒來覺察，看看背後「最深的恐懼」是什麼。

舉例來說，當你要求某人要多陪你、多關心你的感受時，這就是個「為避免恐懼而做出的行為」。此時可以覺察看看：為何自己會有這樣的行為，內心深處在害怕什麼？是害怕被遺棄？害怕不被愛？或是害怕欠缺安全感？

也可以從「情緒」覺察，你因為對方沒有陪你而開始心慌、擔憂，那麼請感受這些情緒：你在慌什麼呢？你擔心的是他不在意你，覺得你不重要？還是沒有他的陪伴，你沒有安全感？如此一來，就能發現自己在這件事上「最深的恐懼」是什麼。

用這個路徑來覺察，再加上我們對內在十二種人格的了解，會更容易明白自己的恐懼何在。

心理學家榮格曾經說過：「你沒有覺察到的事，就會變成你的命運。」

在未覺知的無明之中，我們會重複一樣的行徑與模式，自然就會創造相同不變的命運；未覺察到恐懼，就會在生命中經歷更多恐懼。然而，一旦讓覺察照亮內在的恐懼，從內在療癒轉化、進而改變外在行為，生命的劇情就會開始改變。

幾乎可以說，命運總是在提醒我們，我們從內在創造了什麼。

命運為果，內在是因。直接改變外在的人事物往往徒勞無功，只有了解自己內心深處的恐懼或創傷，才是從根本改變生命的方法。

也因此，自我覺察，是非常重要的第一步，一旦有了覺察，你就等於開啟了療癒之路，生命也將因此有更多可能性。

第二階段：接納。

當我們覺察到內在的恐懼時，切記，不要批判，如實地接納它。

批判與譴責非常容易在覺察之後產生，因為我們都希望不要痛苦、排斥痛苦，往往覺得恐懼、負面情緒這類會帶來痛苦的東西是不好的，而面對它們，第一個反應就是批判。

覺察到恐懼後，很容易忍不住批判，認為這些恐懼是不好的、不應該存在，要趕緊除之而後快。

然而，越多的批判，常常越無法讓恐懼與情緒消失。所有恐懼與情緒，就像一個受傷膽怯的孩子一樣，當他害怕的時候，如果對他說：「你不應該害怕，你這樣太膽小了。」孩子只會覺得自己好糟，勉強自己表面上忍下來，但內心還是害怕得不得了。

同樣地，恐懼與情緒受到批判後，或許會暫時壓抑下來，但不會消失。只會累積下來，日後又在同樣情境下被勾起來，變成更大的恐懼、更多的情緒。

請記得一件事：**最有效的療癒是愛**。只有愛，才能讓一個人變得有力量，讓內在傷痛得以療癒。

接納是一種愛的表現。接納意味著：我不認為這樣好或不好，我就是全然地接受它，接受它本來的樣子，接受它存在著。

我看見自己的沒安全感，就接受自己正處於這種沒安全感的狀態，這種狀態並無好壞，我此時此刻便是如此，這便是我此時此刻的樣貌，是我當下存在的方式。

這不代表我們打算賴在這個狀態，不做任何改變，或給自己找理由：反正我就是沒安全感，所以我這樣是「應該」的，「應該」盡量向別人索求陪伴。

接納，是「拿掉所有的應該或不應該」。我沒有應該要改變，也沒有應該維持原貌。「應該」與「不應該」是二元對立的思考，在愛與接納的角度來看，則是容納一切，沒有好壞對錯的二元想法，不做切割。

容納一切，當然也就包含我們所面臨的恐懼、傷痛、情緒等等。這些表面上看來負面的東西，是為了幫我們找回內在的愛與力量，其實無法區分好壞。它們只是此時此刻，你的狀態之一。

一個療癒師能讓個案感受到被療癒，除了本身所具備的療癒技術之外，更重要的是他所散發的能量。對個案的狀態保持中性態度、全然接受，不做任何批判，因而建立並散發愛的能量場，這能量能擴及個案，讓個案感受到被愛，感受到被接納的美好。療癒因此發生。

我們總是容易在自身上設定條件，一定要做到該條件才願意接納自己、愛自己。成功的自己才是好的、才能被愛；漂亮的自己才值得被愛，才能接受。卻很少沒有任何條件地愛自己，很少給自己無條件的愛。接納，就是一種無條件的愛，是我們每一個人都渴望的，也是療癒師能帶來療癒的原因。如果我們可以如此對待自己，當然就能成為自己的療癒師，自我療癒。

每一種情緒或狀態，都帶有振動頻率。越負面的情緒，震動頻率越低，越正面的情緒，振動頻率則越高。頻率高的可以轉化頻率低的，加以提升。而愛，就是一種非常高的頻率，它能轉化負面情緒，將它們提升成高頻的能量。

有時候我們的情緒傷痛附著於能量體中，不易清除，這時除了用心理上的愛來創造高頻、提升能量之外，也可以運用光的頻率來幫助清理釋放、轉換能量。光的振頻是高的，接近愛的振頻。因此本書在每個人格的療癒方法中，冥想的部分都加入了光，讓不同顏色光的高頻來幫助我們轉換低頻，提升能量層次，也能發揮療癒的效果。

第三階段：改變。

當一個恐懼或傷痛已經被覺察，也被接納之後，就可以來到第三階段：改變。

改變，意謂著：放下因為這份恐懼所形成的舊模式、重複的行為，重新選擇新的行為模式。所以這個階段也包含「放下」。

放下，談何容易。人是有慣性的，因為需要安全感。用過去的模式過生活，雖然不見得舒服，但至少熟悉、可預測，較不會有意料之外的結果，相對來說是安全的。為了這份安全感，我們往往緊抓著一種固定的想法、做法，也因此常常用慣性來過生活。

所以，生命常常安排一些意外，來幫我們打破慣性，突破舊的生命模式。意外往往措手不及，連預防都沒辦法，只能當下立即做出改變。例如，假設你原本的工作已經做得索然無味，毫無成長性可言，但為了安全感，你還是想停留在熟悉已知的生活方式，因此不想適應新的工作與挑戰，也不願主動離職。結果有一天，公司宣布裁員，而你就是其中一個。這突如其來的意外，逼得你不得不離開原本的工作，找份新的工作，但也因此促使你開啟了新的人生方向，改變過去得過且過的生活方式。

意外多半是為了促使我們改變而發生的。

但如果我們已經覺察到自己需要改變了，於是主動放下、主動做出新的選擇，便不需要由意外來逼迫我們行動了。

因此，到了這個階段，請試著多拿出一點點勇氣，放下不再適用的想法、行為。人在剛要改變之際，是最容易害怕的。所以頭腦會開始緊抓過去的負面想法，像是把傷痛歸咎於他人、都是別人的錯、自己很可憐、怎麼可能好轉等等。如果想改變時有這類恐懼產生，請再回到覺察的階段，看看自己在害怕什麼，再一次依照「覺察、接納、改變」的順序進行療癒。

不用著急，好好接納自己對於改變的恐懼，再來進行改變。

療癒的路上不能急，急會容易心生批判，帶來反效果，例如批評自己：「我的改變怎麼那麼慢？」急也意味著恐懼仍在，想趕快排斥情緒，一樣是種不接納。

同樣都要走上療癒之路，不妨讓療癒從容一點，用「享受過程」取代「急著改變」。這也是一種陪伴自己、增加幸福感的方式，不是嗎？

本書的每一篇人格中，都有具體的療癒方式。這個部分特別適用於「改變」階段，你可以選擇自己適合、較有感覺的方式來持續療癒，會更容易放下與改變。

對自己有深入覺察之後，直接從行動做改變，也是一個很好的方法。

在戲劇的表演技巧上，有分「由內而外」，以及「由外而內」。由內而外是心裡先有感覺，再依從這個感覺行動，是寫實派表演法較常使用的。但由外而內也是個有用的技巧，例如想演生氣的時候，如果心裡感覺不到憤怒，可以先做一些生氣會有的舉動或身體狀態，如摔東西、呼吸變急促等，讓內心情緒隨著外在行為產生。

生活中的改變也是如此。如果從內心改變不容易，試著從行為上做起，也會帶動心理的變化。直接從行為上做出「新的選擇」，多做幾次，也會越來越相信自己是能夠改變的，越來越有信心。

也因此，每篇人格都有「以行動來療癒」的部分，而在「以其他人格療癒」之中，也可取其他人格的正向行為來實踐，幫助我們由外而內調整，回歸平衡。

在這個階段中還有一點很重要，就是「保持信心」，相信自己能夠改變。初期改變不易，在想改卻改不了的時候，容易對自己失去信心，以為自己只能這樣了、沒救了。遇到這種情況，不用擔心，撞牆期會發生是正常的，它考驗的是我們的信心與決心。做過的努力不會消失，如果我們能持續下去、不放棄，撞牆期一過，改變也會遽然來到。

所有的療癒，都是找回愛的過程

到了本書尾聲，我相信，有些讀者已經發現了。

所有的傷痛，都是缺乏愛而造成。
因此，所有的療癒，都是找回愛的過程。

療癒，不是要讓我們隔絕所有負面的感受，排斥所有負面的情緒；而是在面對這些感受與情緒時，能帶著愛，能用愛與溫柔，來減緩痛苦與不適。

甚至，能找回因愛而生的，來自自己的力量。

並不是要成為一個沒有情緒、沒有缺點的人。

並不是要成為一個時時刻刻平衡的人。

並不是要成為一個沒有任何痛苦的人。

我們只是要找回因為傷痛而失去的愛，一點一點地，從內心深處找回來。漸漸地，自己的力量就會油然而生。

既然我們要找回愛，就更需要溫柔地善待自己。能如此對自己，才能如此對待他人。千萬別為了療癒而苛責自己，否則那就是為了找回愛，反而失去更多的愛。把批判化為接納，把譴責轉化成改變的行動，一有進步，就給自己一點鼓勵與讚賞。

用愛，找回更多的愛。

不用擔心無法擁有或做不到，我們的本質是愛，只是被恐懼遮蔽，而暫時失去愛的能力。我們只要在療癒中，一點一點地放下恐懼，一點一點地恢復愛的原貌，愛的能力便會重新出現。

願我們都能在愛中重生。祝福所有。

感謝

這本書的誕生，要感謝許多人有形無形的幫忙。

謝謝歷來的個案與學生們，你們的信任與自我探索的意願，成為了這本書不可或缺的養分，特別是大方貢獻自身案例於此書的你們。

謝謝歷來的前輩老師，包括占星、靈性、心理、劇場領域的前輩們，有你們的研究為基礎，我才有辦法整合出這個助人自我療癒的方法。特別謝謝琄姊（王琄）義不容辭地推薦這本書，給予我深刻的鼓勵，還在百忙中抽空撰寫推薦文，謝謝妳。

謝謝我的父母家人，你們儘管百般擔心，還是支持我做自己想做的事，這本書才有機會誕生。希望出書後可以讓你們安心一些，哈哈！

謝謝一起在劇場打滾的朋友們，劇場演出對我的影響難以言喻，要是沒有你們與我共闖共修，這本書也不會是現在的風貌，你們真的扮演了很重要的角色，舞台上人生中都是。

謝謝我的編輯，謝謝妳費盡心力讓這本書好上加好，讓它能幫助到更多人。這段時間妳辛苦了！

謝謝麥田出版，能夠看到本書的價值，也願意和我這個新作者一同推動創新，謝謝你們的信任與幫忙。

謝謝我已逝的愛犬小晦，陪伴我寫這本書，還體貼地選擇了最適當的時間離去。雖然不捨，但相信我們會再重聚。

最後，謝謝我的靈魂團隊和宇宙，我知道祢們都在看顧著，讓一切有最好的安排。

感謝一切。

附錄

情緒索引

在此將失衡時常見的情緒與狀態分為三類，分別為傾向朝外反應的「憤怒、批判、嫉妒」、傾向朝內反應的「憂慮、不安、害怕」、傾向反應低迷的「茫然、空虛、失落」。並列出相關聯的人格。

【憤怒、批判、嫉妒】

憤怒　目標受到阻礙而憤怒。▼第54頁戰士人格

憤慨　對於不平等、不自由的狀況感到憤怒。▼第305頁改革家人格

任性憤怒　以自己為中心，當他人不願迎合便容易生氣。▼第153頁孩童／英雄人格

義憤填膺　見到不符合心中正義道德之事，便為之憤怒譴責。▼第253頁旅人人格

暴躁　易突然生氣發飆，情緒不受控制。▼第54頁戰士人格

敵對較勁	容易感覺受到挑戰，產生敵我意識，與之競爭。▼▼第54頁戰士人格
攻擊傷人	受挫後反擊對方，是一種捍衛自我的防衛機制。▼▼第54頁戰士人格
大發雷霆	長久壓抑吞忍，到最後再也忍不住而突然爆發。▼▼第79頁製造者人格
煩躁抗拒	不想面對變動的麻煩與危險，抗拒改變；不得不改變時則異常煩躁。▼▼第79頁製造者人格
浮躁不定	好奇心太強，注意力分散，不易專心、持續或穩定。▼▼第102頁信使人格
急躁無耐心	急於達成目標、急於行動，缺乏耐心難以等待。▼▼第54頁戰士人格
挫折	溝通困難，對於不能被理解感到挫折、心急、煩躁。▼▼第253頁旅人人格
	渴望有所表現、受矚目，得被認為重要得無可取代，否則就會挫折。▼▼第153頁孩童／英雄人格
	想法做法前衛獨特，經常不被理解而感到挫折。▼▼第305頁改革家人格
厭惡批判	對自己與他人採取高標準要求。▼▼第177頁完美主義者人格
失衡怨懟	長期付出多過接受，感覺到不公平、不平衡，心生怨氣。▼▼第200頁女神人格
強迫症	事情一再重複確認，害怕出錯。▼▼第177頁完美主義者人格
無法放鬆休息、失眠	表示對生命沒有信心而過度控制，不能信任宇宙的安排。▼▼第177頁完美主義者人格
緊張緊繃	要求自己做到完美，又害怕自己無法達到。▼▼第177頁完美主義者人格
戲劇化言行	為了吸引他人目光，情緒與行為都誇張放大。▼▼第153頁孩童／英雄人格

【憂慮、不安、害怕】

憂鬱	認為自己必須樂觀正向，不接納負面情緒，長久累積後情緒反撲陷入憂鬱。▼第253頁旅人人格
壓抑憂鬱	不願接受自己的情緒與脆弱面，長久壓抑之後情緒反撲陷入憂鬱。▼第279頁嚴師人格
壓力沉重	責任感強，覺得自己必須一肩扛起，超出了自己能負荷的範圍。▼第279頁嚴師人格
批判譴責	無法接受自己不夠好或失敗，一旦不及標準就批判與譴責。▼第279頁嚴師人格
愧疚罪惡	覺得事情的不完美與錯誤都是自己造成的。▼第177頁完美主義者人格
悲觀	為了保護自己不受傷害，容易先往負面的狀況設想。▼第279頁嚴師人格
害怕	害怕離開依賴對象後無從歸屬、缺乏力量，對分離恐懼萬分。▼第127頁嬰兒／母親人格
	害怕不被愛，害怕在他人眼中自己不夠好而有負面評價。▼第200頁女神人格
	害怕失敗、沒自信能成功，容易先預設失敗的狀況。▼第279頁嚴師人格
害羞怕生	脆弱、害怕受傷，對陌生人或初識對象較為懼怕、不敢親近。▼第127頁嬰兒／母親人格
戰戰兢兢	害怕被討厭，因此謹慎斟酌自己的表現，看他人臉色取悅迎合。▼第200頁女神人格

【茫然、空虛、失落】

孤單寂寞	覺得一個人的自己並不完整，容易感到孤單寂寞。▼第200頁女神人格
悲傷無力	覺得自己沒辦法、改變不了任何事，只能持續承受同樣的痛苦與悲傷。▼第330頁拯救者人格
失落受傷	期待他人為自己帶來快樂與美好，難以實現時頓感幻滅與失落。▼第330頁拯救者人格
受害感	認為所有痛苦的處境都是他人造成與命運使然，自己是受害者。▼第330頁拯救者人格
委屈自憐	犧牲奉獻付出過多，他人不領情時便感到委屈，憐憫自己的遭遇。▼第330頁拯救者人格
沉悶無趣	自由受限，缺乏創新，因而動力不足感覺沉悶。▼第305頁改革家人格
疏離孤寂	與社會格格不入，以這份獨特自傲卻也有點寂寞。▼第305頁改革家人格
抽離冷漠	待人處事冷靜抽離，總像隔岸觀火，難有熱情投入。▼第305頁改革家人格

RG8019

每一次困境，都是療癒的開始

遇見內在12種人格原型，重新找回生命主導權

•作者：天海•美術設計：高偉哲•內頁設計：megx•責任編輯：徐凡•國際版權：吳玲緯、蔡傳宜•行銷：艾青荷、蘇莞婷、黃家瑜•業務：李再星、陳玫潾、陳美燕、枡幸君•副總編輯：巫維珍•編輯總監：劉麗真•總經理：陳逸瑛•發行人：凃玉雲•出版社：麥田出版／城邦文化事業股份有限公司／104台北市中山區民生東路二段141號5樓／電話：(02) 25007696／傳真：(02) 25001966、發行：英屬蓋曼群島商家庭傳媒股份有限公司城邦分公司／台北市中山區民生東路二段141號11樓／書虫客戶服務專線：(02) 25007718 ; 25007719／24小時傳真服務：(02) 25001990 ; 25001991／讀者服務信箱：service@readingclub.com.tw／劃撥帳號：19863813／戶名：書虫股份有限公司•香港發行所：城邦（香港）出版集團有限公司／香港灣仔駱克道東超商業中心1樓／電話：(852) 25086231／傳真：(852) 25789337／E-mail：hkcite@biznetvigator.com•馬新發行所／城邦（馬新）出版集團【Cite(M) Sdn. Bhd. (458372U)】／41, Jalan Radin Anum, Bandar Baru Sri Petaling, 57000 Kuala Lumpur, Malaysia.／電話：+603-9057-8822／傳真：+603-9057-6622／E-mail：cite@cite.com.my•印刷：前進彩藝有限公司•2016年（民105）10月初版•定價380元

國家圖書館出版品預行編目資料

每一次困境，都是療癒的開始：遇見內在12種人格原型，重新找回生命主導權／天海著. -- 初版. -- 臺北市：麥田出版：家庭傳媒城邦分公司發行, 民105.10

面；　公分. --（不歸類；RG8019）

ISBN 978-986-344-377-3（平裝）

1. 人格心理學　2. 人格特質

173.75　　105015242

城邦讀書花園
www.cite.com.tw

cite城邦媒體 麥田出版
Rye Field Publications
A division of Cité Publishing Ltd.

廣	告	回	函
北區郵政管理局登記證			
台北廣字第000791號			
免	貼	郵	票

英屬蓋曼群島商
家庭傳媒股份有限公司城邦分公司
104 台北市民生東路二段141號5樓

▼
請沿虛線折下裝訂，謝謝！

即日起，購買本書寄回「讀者回函卡」，即可參加抽獎！
獎項：【認識內在．天海的靈性諮詢】讀者專屬優惠（共5名）

靈性諮詢說明：http://goo.gl/hdxLy8
使用說明：中獎者將可以1000元/1hr之優惠價格，進行天海老師的靈性諮詢（原價：2000元/1hr）。此優惠需於2017/01/31前預約使用完畢，資格限中獎本人使用，不得轉讓。

回函收件日期：即日起~2016/11/18（郵戳為憑）
得獎名單公布：2016/11/21（詳見麥田出版臉書公告）
麥田出版將同步以email通知得獎者，並掛號郵寄使用卡至得獎人收件住址，詳細使用說明請參見該卡並妥善保管。

※主辦單位保有修改、提前或取消活動之權利。
麥田出版臉書 https://www.facebook.com/RyeField.Cite/

書號：RG8019 **書名：每一次困境，都是療癒的開始**

讀者回函卡

cite城邦媒體

※為提供訂購、行銷、客戶管理或其他合於營業登記項目或章程所定業務需要之目的，家庭傳媒集團（即英屬蓋曼群島商家庭傳媒股份有限公司城邦分公司、城邦文化事業股份有限公司、書虫股份有限公司、墨刻出版股份有限公司、城邦原創股份有限公司），於本集團之營運期間及地區內，將以e-mail、傳真、電話、簡訊、郵寄或其他公告方式利用您提供之資料（資料類別：C001、C002、C003、C011等）。利用對象除本集團外，亦可能包括相關服務的協力機構。如您有依個資法第三條或其他需服務之處，得致電本公司客服中心電話請求協助。相關資料如為非必填項目，不提供亦不影響您的權益。

□ 請勾選：本人已詳閱上述注意事項，並同意麥田出版使用所填資料於限定用途。

姓名：________________ 聯絡電話：________________

聯絡地址：□□□□□________________

電子信箱：________________

身分證字號：________________（此即您的讀者編號）

生日：____年____月____日 性別：□男 □女 □其他________

職業：□軍警 □公教 □學生 □傳播業 □製造業 □金融業 □資訊業 □銷售業

□其他________

教育程度：□碩士及以上 □大學 □專科 □高中 □國中及以下

購買方式：□書店 □郵購 □其他________

喜歡閱讀的種類：（可複選）

□文學 □商業 □軍事 □歷史 □旅遊 □藝術 □科學 □推理 □傳記 □生活、勵志

□教育、心理 □其他________

您從何處得知本書的消息？（可複選）

□書店 □報章雜誌 □網路 □廣播 □電視 □書訊 □親友 □其他________

本書優點：（可複選）

□內容符合期待 □文筆流暢 □具實用性 □版面、圖片、字體安排適當

□其他________

本書缺點：（可複選）

□內容不符合期待 □文筆欠佳 □內容保守 □版面、圖片、字體安排不易閱讀 □價格偏高

□其他________

您對我們的建議：________________

____